神話起源 × 人格特質 × 情商評

12星座探案
推理思維訓練

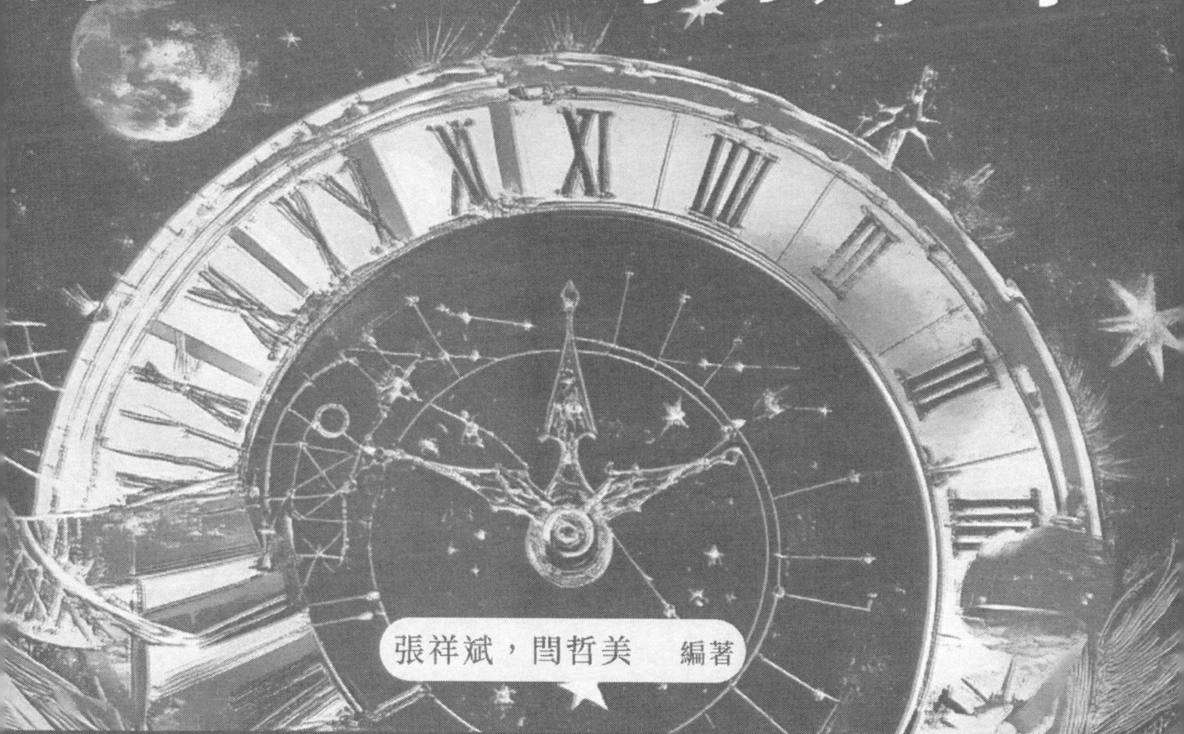

張祥斌，閆哲美　編著

從性格剖析到邏輯思維，分析12星座的偵探潛力！
當「星座」遇上「推理」，邏輯、判斷、想像、觀察⋯⋯
從神話起源談到星座關鍵字，
最精明？最理性？最固執？
十二星座破案能力大分析！

目錄

前言   005

第 1 章　白羊座（Aries）3 月 21 日～4 月 19 日   007

第 2 章　金牛座（Taurus）4 月 20 日～5 月 20 日   035

第 3 章　雙子座（Gemini）5 月 21 日～6 月 21 日   073

第 4 章　巨蟹座（Cancer）6 月 22 日～7 月 22 日   111

第 5 章　獅子座（Leo）7 月 23 日～8 月 22 日   143

第 6 章　處女座（Virgo）8 月 23 日～9 月 22 日   169

第 7 章　天秤座（Libra）9 月 23 日～10 月 22 日   199

第 8 章　天蠍座（Scorpio）10 月 23 日～11 月 21 日   229

第 9 章　射手座（Sagittarius）11 月 22 日～12 月 21 日   255

第 10 章　摩羯座（Capricorn）12 月 22 日～1 月 19 日   289

第 11 章　水瓶座（Aquarius）1 月 20 日～2 月 18 日   313

第 12 章　雙魚座（Pisces）2 月 19 日～3 月 20 日   339

目 錄

前言

　　查案遊戲是讓全世界偵探迷和推理愛好者瘋狂的遊戲，它不僅刺激有趣，更重要的是，破案過程可以幫助參與者提升細膩的觀察能力、驚人的推理能力、迅捷的反應能力，與此同時，更可獲取豐富的知識，鍛鍊積極的探索能力。它不僅能為你帶來緊張和興奮的感覺，更是一個向自己挑戰的思維過程。

　　每個人都有自己的星座，在思維方面，每個星座都可以說是「尺有所短，寸有所長」。本書以每個星座的不同人群均喜聞樂見的形式，把各種不同的思考、觀察、想像、邏輯、判斷、推理、辨析等思維能力，與查案遊戲結合，讓讀者根據自己的星座，了解自己的思維特點，提高自己的思維水準。

　　本書所蒐集的查案遊戲，時間上囊括古今，地域上橫跨中外，內容上精彩絕倫。故事內容雖然簡短，卻妙趣橫生，作為腦力挑戰的媒介，毫不遜色於一般偵探小說。我們可以一起走進跌宕起伏、充滿懸念的案件中，驚險曲折、扣人心弦、撲朔迷離、案中有案……查案過程是智慧的較量；查案遊戲是益智的遊戲。做查案遊戲就是做智力體操，它可以讓你享受到閱讀的樂趣，更可以讓你聰明。你可以跟隨不同星座偵探的腳步，一起進入驚險的凶案現場；透過他智慧的眼睛，仔細觀察凶手遺留下來的蛛絲馬跡；運用他縝密的思維，對案情進行仔細、嚴謹地剖析，一層層抽絲剝繭，巧妙地揭開那些凶案背後的真相……讓我們跟隨遊戲中的人物，去體驗驚心動魄的破案歷程吧！

　　本書的目的不在於考驗你是否能成為一名出色的偵探，而在於看你是

前 言

否已掌握身為偵探所必備的思維素養。如果你具備了這些素養，那麼你在日趨激烈的競爭中，無疑將處於更有利的位置。

第1章
白羊座 (Aries)
3月21日～4月19日

第1章 白羊座（Aries）3月21日～4月19日

【神話由來・象徵意義】

弗里克索斯（Phrixus）乃涅斐勒（Nepele）之子，因蒙上玷汙碧雅蒂（Biadice）的不白之冤，而被判處死刑。臨刑之前，一隻金色的公羊及時將他和妹妹赫勒（Helle）一起背走。不幸的是，妹妹因不勝顛簸，一時眼花，落下羊背，弗里克索斯則獲救，他將公羊獻給宙斯當祭禮，宙斯將它的形象化為天上的星座。後來，傑生為了奪取這金羊的羊毛，還展開了一段精彩的冒險故事。

白羊座是黃道十二宮星座裡的第一個星座，象徵旺盛的精力、勇往直前的個性，善用頭腦，積極、活潑、直爽，喜歡新鮮事物。

【智商代表詞彙】

我應是

白羊座天資並不聰穎，但很擅長鑽研，善於把隱藏在事物背後的規律、標準分解為自己所用，因此在通常情況下，我們看到的白羊都很聰明。

白羊座擁有充沛的活力和良好的學習效率，只是他們厭倦的速度，快到讓所有優點都來不及發揮作用。任何有生命的智慧體，只要與白羊座相處超過十分鐘，便能完全了解他們腦袋裡的東西，直接、簡單到你只需要十分鐘便能完全了解。

白羊們絕不會相信與認同你一切的思想、發言，你也絕對不要試圖改變他們的行為，此舉將會為你帶來無與倫比的失落與挫折感。

那種諸葛亮等劉備三顧茅廬來挖角的事，白羊絕對做不到，他一定自

己搭飛機，外加計程車，一路飆到劉備的總部，直接自我推薦，而且不必等明天，立刻挽起袖子，馬上上班。他就像一個獵人，一旦瞄準獵物，便會毫不猶豫地衝上去，而且胸有成竹──「我應是」這個位置！

白羊座的人極為熱情、愛挑戰、愛刺激，可惜耐性不足，不能對他做出任何考驗，他只接受明爭，受不了暗鬥。白羊座的人並不思考天時、地利、人和，也不為別人的反應放慢自己的腳步。他的思考方式是主觀、強勢的，自信、不服輸，會強烈地想影響對方。

公認智商指數：75～80

【情商代表詞彙】

我要

白羊座自我意識和主觀意識很強，充滿自信且固執；不會等待機會從天而降，會積極爭取或製造，無畏艱難和困苦。雖然有時會顯得衝動──「我要……」「我一定要……」，但基本上還是會保持理智和果決，是個適合面對競爭壓力、熱情，且永遠天真未泯的人。

白羊座個性很急，做事雖然果斷，但往往都會把事情看得太簡單，而且情緒反應強烈，喜歡時就大笑，不喜歡時就大哭，給人頭腦簡單的感覺。「三思而後行」這句話，白羊永遠都用得著。

白羊座的人喜歡無拘無束和自行其是，不願步人之後塵。他從來不掩飾自己的感情，要麼熱情洋溢，要麼怒髮衝冠。如果他的願望受阻，他也絕不悄然收兵。無論在家裡還是在外面，他都不怕爭執，但事後總是棄之腦後，從不記恨在心。在困難和危險的關頭，他能充分表現出自己的品格和勇氣，得到人們的敬佩和讚揚。白羊座的人做事從不吝惜氣力，寧可付

第 1 章　白羊座（Aries）3 月 21 日～4 月 19 日

出巨大的代價，也要力爭前茅。總之，他從來不在任何困難和失敗面前低頭。

白羊座的人富有首創精神，但容易給人「獨裁者」的印象，這一點往往不利於他的工作和與周圍人之間的融洽關係。另外，白羊座的舉動常常帶有啟動性和影響力，能吸引別人進入他所希望的軌道，並使其發揮出更大的作用。

與白羊座的人相處時，必須注意一些重要的關鍵，他是個喜歡爭先的人，這是所有白羊座的天性，所以有時你必須要有心理準備。他說話或做事都相當直接，很少會跟你拐彎抹角；他也相當誠實，只要一說謊就很容易被人察覺。

公認情商指數：70～96

【智商‧情商之最】

最易被理解

最不怕上鏡頭

最好辯

好奇心最強

最喜歡刺激

最容易煩惱

最易與人相處

最大膽

最敢愛敢恨

最衝動

災難中最不冷靜

最勇於改變

最積極

最大而化之

最不怕挫折

最自我

最具領導者風範

最熱情

最單純

最愛新鮮感

【智商・情商綜合評價】

白羊座智商、情商的綜合特點如下：

1. 學習、工作非常投入，進取、敢作敢為，但是容易衝動。

2. 不勢力眼，不趨炎附勢，他們看重自己的理想和追求，並為之奮鬥。

3. 對一切新事物都給予極大的關注，希望弄清楚。接受新事物快，業務能力非常強。凡事都希望盡快得到結果。

4. 有時作事決定得快，改變得也快。要善於接受善意的建議。

5. 天真，總認為良好的願望就是現實，把事情看得過於簡單和自信。

6. 健談、樂觀，有時憑感情用事，跟著感覺走。

7. 反對靜止、過度休息，反對服從命運。

8. 聰明，考試一般都在前十名以內，在同行中居前列，有業餘愛好。

9. 缺點：缺乏耐性、暴躁、衝動、自私、以自我為中心，尖酸刻薄、好鬥、粗枝大葉而不夠細心。

第1章　白羊座（Aries）3月21日～4月19日

【白羊偵探訓練案例】

以理服人──以柔克剛的白羊偵探

◆ 龐統斷案

三國時，劉備派龐統當萊陽縣令。一天，有個大戶人家的兄弟倆，不知為何，打了起來。他們告到龐統那裡，都把自己的理由說了一遍。龐統聽了，一言不發。龐統叫他們先回去，聽候處理。弟弟站起來，氣呼呼地走了。夜裡，哥哥派人送給龐統二十兩銀子當禮物。龐統收下了。第二天一升堂，龐統傳令：「來人，把哥哥重打三十，押下去！」別人問他：「你為什麼未審就直接斷案？」龐統說：「我是以禮斷理。」

如果你是得知上述線索的白羊偵探，請你說明這是為什麼？

答案：有理膽壯，無理心虛。哥哥送禮是因為他無理心虛。龐統以此斷案。

◆ 死鬼報案

唐縣令曾經審理一個殺人案，案子已經定結。一天晚上，他秉燭獨坐，忽然聽到有哭泣的聲音，要婢女出去看，見是一個死鬼血淋淋地跪在臺階下，說：「殺我的是某某人，而縣官你誤判了某某人，此仇不雪，我死不瞑目！」

唐公對鬼說：「知道了！」鬼才走了。第二天提訊，眾人所說的死者穿著，果然與他見到的一樣，於是更加堅信，竟然聽從了鬼的話，改判了某某。

此時，唐公的一位幕友來拜訪他，聽了唐公的敘述後，忽然哈哈大

笑，並和唐公說他笑的原因。唐公思考了很久，第二天便又恢復了原判。

如果你是得知上述線索的白羊偵探，知道幕友為什麼要笑嗎？

答案：這是囚犯賄賂一個強盜所做的，因為「世界上並沒有鬼」，「鬼」走過的地方留下了足跡，這不是人所為，又會是什麼呢？

✦ 找出不合理之處

野外飄著鵝毛大雪，深夜回家，冷得發抖。他趕緊把門窗關緊，在屋子裡生起煤爐。加夠煤炭後，他鑽進被窩，不一會兒就睡著了。

他開始做夢，夢中，他瀏覽了許多名勝古蹟，品嘗了好多美味佳餚；他看到了百花盛開的花園、氣勢雄偉的廟宇、高聳入雲的寶塔、晶瑩清澈的湖水……他高興極了。後來他興致勃勃地攀登終年積雪的高山。他越爬越高，也越來越累，突然他感到胸悶氣急、呼吸困難。「真要悶死我了，真要……」沒等他喊完，死神便降臨在他的身上了。

第二天，人們發現王老伯因煤氣中毒窒息而死。

如果你是得知上述線索的白羊偵探，請說出這個故事不合理的地方。

答案：沒人知道死人想的是什麼。

✦ 機智的老闆

有三個強盜，偷了一顆價值連城的鑽石，他們在如何保管贓物上達成協議：「在鑽石沒兌換成現金之前，鑽石由三人同時保管，三人須同時同意，方可取出鑽石。」

一天，他們來到澡堂洗澡，便把裝鑽石的盒子交給老闆，並吩咐：「要在三人同時在場時，方可交回盒子。」在洗澡時，丙提出向老闆借把梳子，並問甲、乙是否需要，二人都說：「需要。」於是丙到老闆那裡，向老闆索取盒子，老闆拒絕了。丙向老闆解釋，是另外二人要他來拿的，並大

第1章　白羊座（Aries）3月21日～4月19日

聲對甲、乙說：「是你們要我來拿的吧？」甲、乙還以為是梳子這件事，就隨口應道：「是的。」老闆聽後無話可說，便把盒子交給丙。丙帶著盒子逃走了。

甲、乙二人等了一會兒，不見丙回來，感到事情不妙，趕緊到老闆那邊拿盒子，發現已被丙拿走了。二人揪住老闆要求賠償。老闆說是徵得你們二人同意的，二人堅持說丙問的是梳子，且三人也沒同時在場。甲、乙強行要老闆交回贓物，正僵持不下，老闆說了一句話，二人聽了，只得垂頭喪氣地走了。

如果你是得知上述線索的白羊偵探，你能判斷出老闆究竟說了什麼話嗎？

答案：老闆說：「你們只有兩個人，我不能給你們。你們去把那個人找回來吧！」

◆ 總經理老婆之死

五個人，一個是公司總經理，一個是他的朋友，是心理醫生，一個是總經理老婆，一個是總經理老婆的妹妹，一個是總經理老婆妹妹的男朋友。

一天，五人駕車去露營。總經理開車，老婆在總經理旁邊，第二排是妹妹和男朋友，第三排是心理醫生。車開到一荒郊野外，總經理看了看車外，又看了看後視鏡，說了一聲：「好美啊！」可當時的情景，其他人都不覺得美。來到露營地點，總經理和心理醫生一起去爬山了，妹妹和男友又去別的地方看風景，只剩總經理妻子一人。

總經理和心理醫生，爬山爬到一半，總經理覺得氣接不上來，呼吸困難。經心理醫生觀察，需要去醫院治療。兩人停止登山。回到山下，和妻子商量後，決定先走，妻子留下字條，叫妹妹和男友自己搭車回家，他們

三人先走了。由妻子駕車來到醫院，一切安頓好，這時他們接到電報，說妻子的母親亡故了！總經理要妻子先回去，等他身體好了，自己再過去。就這樣，妻子自己駕著車去娘家。開到一偏僻小路，看見一輛轎車停在前面，由於路小，只能一輛車通過！於是妻子下車，上前詢問，並請其把車道讓出。這時車上跳下一黑衣男子，全身黑褲、黑衣、黑頭套、黑眼鏡，不過帶了個白口罩！他步步逼向總經理妻子，把她逼到一懸崖邊……最後在她死之前，說了一句：「你的眼鏡好眼熟啊！」

三個月後，總經理病好了，約心理醫生一起去散心，地點就是他妻子遇害的地方。總經理先到了，這時，心理醫生拍了拍總經理。總經理嚇了一跳，回頭一看，笑著說：「哦！原來是你啊！」

如果你是得知上述線索的白羊偵探，請你概括分析一下，誰殺了總經理老婆？為什麼？

答案：

殺人兇手：死者妹妹的男朋友。

動機：爭奪遺產。

事件過程：

（1）兇手為男性。總經理有不在場證明，先排除。

（2）心理醫生性別未知，加上心理醫生都具有良好心理特質，一般不會為情殺人。試想一下，又要發電報，發電報必然要到死者母親所在地，而心理醫生是和死者一起去醫院的，時間上不允許。結尾處，總經理和心理醫生的約會，並不能證明他們之間存在曖昧關係，只是病人和醫生的關係罷了——又有誰會在死過人的地方約會呢？應該是總經理老婆死了，內心難受，才約心理醫生出來的。

（3）最重要的一點，兇手顯然是已經在路上等待多時的、熟悉環境的人。死者妹妹的男朋友，比心理醫生機率更大一些，如果電報內容為真，動機就出來了——為了遺產！

第 1 章　白羊座（Aries）3月21日～4月19日

◆ 背上的子彈

白羊偵探和旅行團的其他遊客，正凝視著地上幾片腐爛的木片，聽導遊抑揚頓挫地講解著：

「這裡葬著的就是70年代因殺了兩個優秀警察而臭名遠揚的阿萊。那天晚上，這裡發生了一樁搶劫大案，聞訊趕來的警察和強盜發生了槍戰。槍聲剛停，一個陌生人闖進普萊斯門醫生家裡，他對醫生說：『我聽到槍聲時正穿過南大街，我看見兩個警察在追一個人，於是我也追了上去。那人在你屋子後面埋伏著，打死了兩個警察，我也受了傷。』醫生從這個人的背上取出一顆零點四四口徑的子彈，然後幫他清洗傷口，又借給他一件襯衫，最後用繃帶將他的左臂吊起來。正在這時，警長佩爾和當地名流艾佛利衝進醫生家裡。艾佛利指著那陌生人說：『就是他！』警長把槍對準那個陌生人，說：『先生，一個持槍者在搶劫倉庫辦公室後，又殺死了我手下兩名最好的警察，別怪我不客氣。』『冤枉啊！』陌生人喊道，『我是在幫助那兩個警察追趕逃犯。』『不，』艾佛利指著他的背部說，『你背上的子彈說明你是逃跑的人而不是追捕的人。子彈總不會從後面飛過來吧？』」導遊說到這裡，驕傲地說：「這麼快就抓到強盜，這是我們小鎮的光榮！後來，這個強盜很快就被絞死，埋在這裡，永遠進不了天堂！」

白羊偵探聽完，笑著搖搖頭，說：「親愛的導遊，我為你們小鎮的警察先生們遺憾。這位先生肯定能進入天堂，他不是罪犯！」

白羊偵探為什麼這樣說呢？

答案：陌生人是無罪的，真正的罪犯是艾佛利。因為當艾佛利和警長來到醫生家時，那個陌生人正穿著醫生的乾淨襯衫，艾佛利怎麼會知道陌生人背部中彈呢？除非他參與了槍戰。

✦ 奧肖內西的家產

沉浸在即將老年得子的歡樂裡，奧肖內西宣稱，要把他家產的三分之二給他的「兒子」，三分之一給孩子的母親；但如果生下來的是女兒，那麼，母親得三分之二，而女兒只能得三分之一。事態的發展出人意料，生下來的孩子竟是一男一女的龍鳳胎，為此必須分家當給男孩、女孩及其母親。此時此刻，奧肖內西手足無措，不知怎樣才能實踐他以前作出的承諾，於是請教白羊偵探，並很快得到了答案。你知道白羊偵探的答案是什麼嗎？

答案：在分割家產問題上，原來的意圖是很明顯的：給母親的錢是給女兒的兩倍，而兒子的所得又是母親的兩倍。因此執行遺囑不會有什麼困難 —— 只要給女兒 1/7，母親 2/7，兒子 4/7 就行了。

✦ 毒品在哪

某夜，馬尼拉一架倫敦航線的班機降落在倫敦機場，海關人員開始檢查旅客的行李。值班的白羊偵探發現從飛機上下來的 3 個商人，神色可疑，他們帶有兩個背包、一個帆布箱。白羊偵探檢視了他們的護照，他們來倫敦的目的是旅遊，當天早上從泰國首都曼谷出發，經過菲律賓首都馬尼拉，再經過利物浦，然後飛抵倫敦。

白羊偵探拿著護照看了一會兒，便請他們打開行李進行詳細檢查，果然在夾層中發現了毒品海洛因。是什麼原因引起白羊偵探的懷疑？

答案：曼谷有直達倫敦的班機，沒必要繞這麼大圈，即使是旅遊，也不會一天飛經這麼多地方，工夫都耗在天上了。另外，以長途旅行來說，行李卻非常簡單，也違背常理。

第1章　白羊座（Aries）3月21日～4月19日

✦ 接頭

一天，白羊偵探收到消息，黑老大正潛伏在碼頭附近，他是來與「東方神祕號」船上某個人接頭的，似乎準備商量一筆「大買賣」。於是，白羊偵探命令加強對「東方神祕號」上所有人員和碼頭周圍人員的監視。

經過數天觀察，白羊偵探得到如下線索：這艘船上有1名船主、5名水手和1名廚師。每天上午10點，廚師會上街採購。他總是沿著相同的路線：先去一家麵包店，然後去調味料批發商店，再去肉店、乳品店、中餐廳，最後去報攤買當天報紙。在每個地方，他都會短暫停留。5名歐洲水手上午在船上工作，下午上街遊玩，傍晚喝得醉醺醺，嘴裡胡亂哼著小調回船，天天如此。

白羊偵探經過仔細分析，決定跟蹤廚師，果然發現他每天都在同一家商店與黑老大接頭。請問，他們是在哪家商店接頭的？白羊偵探是如何判斷出來的呢？

答案：廚師和黑老大是在調味料批發商店碰頭的。批發商店大批供貨，而船上僅有7人就餐，廚師沒必要每天採購調味料。即使需要每天採購物資，也不必天天去批發商店。

✦ 誰被拘留

一天，白羊偵探正漫步街頭，突然聽到一聲槍響，看見不遠處一個老人跌向房門，慢慢倒了下去。白羊偵探和街上僅有的另外兩個人，先後跑了過去，發現老人背部中彈，已經死去。

白羊偵探看見這兩個人都戴著手套，便問他們剛才在做什麼。

甲說：「我看見這位老人剛要鎖門，槍一響，他應聲而倒，我便立即跑來。」

乙說：「我聽到槍聲不知發生了什麼事，看到你們倆往這裡跑，我也就跟著趕來。」

鑰匙還插在房門的鎖孔裡。白羊偵探打開鎖，走進房間，打電話報案。警方人員來了以後，白羊偵探指著一個人說：「把他拘留訊問。」

你知道誰被拘留了嗎？

答案：被拘留的是甲。此人知道被害人當時是在鎖房門，而不是開房門。他一定是一直窺視著這間房子，否則他不可能知道被害人是要出門還是要進家門。

◆ 誰做案

克倫為一家洗衣店開車送貨。週二上午，他駕車來到喬治家，將車停在街道上。他大約用了2分鐘填寫上午的送貨單，然後拿著一套禮服和一套西裝下車。關車門時，他發現車子的前輪正好壓在花園的塑膠水管上，水管的另一頭通到屋後的車庫，克倫就將車往前開了幾英尺，開進喬治家的車庫。

這時，克倫發現車庫通往廚房的門正開著，只見喬治太太倒在爐子旁邊，克倫連忙跑過去，大喊道：「快來人呀！」

這時，喬治先生從車庫走進來。兩人一起把喬治太太送往醫院。經過搶救，喬治太太脫險，但精神失常，無法分辨誰是凶手。

白羊偵探先向送貨員克倫詢問情況，克倫的回答沒發現什麼疑點。

於是，白羊偵探詢問喬治：「喬治先生，當時你在做什麼？」

喬治說：「當時我正好在後花園澆水，我用塑膠水管為花圃澆了半小時的水，發現一輛卡車開進車庫。又聽到洗衣店那人的呼叫聲，我就放下水管，奔跑過去。」

白羊偵探問:「澆水時沒有發現任何異常情況嗎?」

「沒有,我一直澆了半小時水。」喬治回答道。

白羊偵探笑道:「喬治先生,不要撒謊啦!對你妻子不利的人正是你自己吧!」

你知道白羊偵探為什麼認定是喬治做的嗎?

答案:卡車前輪壓在水管上大約2分鐘,水管的出口一定會停水,而喬治卻說未出現任何異常,只能說明他當時沒有開水管。

透過現象看本質 —— 化繁為簡的白羊偵探

✦ 是酒後駕車嗎

一天晚上,英國倫敦發生了一起車禍。一輛貨車撞倒一個女子,那女子當場死亡。

因為事故發生在深夜,沒有找到旁證,當貨車司機被帶到交通事故組查問時,他身上還有一股酒氣,顯然是酒後駕車導致車禍,這類事故按法律會被重判。但是司機卻辯解道:「我根本沒有喝酒,只是去酒吧找過一個朋友,他當時喝醉了,把酒灑了我全身。我開車時的神智保證是清醒的。我看見那女子穿越馬路,從很遠之前,我就按喇叭請她躲開,可是她好像沒反應。等後來我煞車時,已經晚了。對這場意外事故我當然有責任,也感到很遺憾,但死者也是有責任的。」

白羊偵探最初半信半疑,直到法醫交給他驗屍報告,他才說:「這的確只是一場意外事故。」

問題來了,驗屍報告上寫的是什麼內容,讓白羊偵探相信這個司機並非酒後駕車呢?

答案：因為那個女子又聾又瞎，根本聽不到汽車喇叭的聲音，而她手中又沒有拿代表盲人的手杖，所以才發生了這場意外事故。

◆ 討債奇遇

白羊偵探的朋友湯姆森欠了他一大筆錢。一天，白羊偵探致電湯姆森，要求他9月底前立即還清債款，湯姆森請白羊偵探第二天下午到他家裡取回借款。翌日下午，當白羊偵探到達湯姆森家時，赫然發現湯姆森被綁在床上。白羊偵探連忙上前將他鬆綁，在鬆綁其間，湯姆森不斷表示他昨晚被竊賊入屋行劫，將他捆綁在床上，把他的財物洗劫一空，就連預備還款的金錢也被搶走，所以欠款恐怕要晚一點才能償還了！但當白羊偵探迅速地為湯姆森鬆綁後，竟然要求湯姆森立即還款。你知道為什麼嗎？

答案：因為白羊偵探知道湯姆森在說謊，這一切根本是自編、自導、自演的騙局。白羊偵探在替湯姆森鬆綁時，發現捆綁方法非常簡單，他輕而易舉地便解開了，就連湯姆森自己，一定也能解開。如果真的是竊賊捆綁，繩子絕對不可能這麼輕易被解開。否則，他可真是一個笨賊了！

◆ 中斷的足跡

一天深夜，富商傑克森的別墅被神盜西斯科光臨，將別墅裡價值千萬元的幾件古董，神不知鬼不覺地盜走了。第二天，白羊偵探接到報案後，立即趕到別墅進行偵查，卻沒有查到任何有價值的線索，只發現小偷的腳印從窗下一直延伸向海岸，但是，離開的腳印在沙灘中段卻突然消失了。

看到這種奇怪的現象，白羊偵探仔細觀察了一會兒，大笑道：「我知道他是怎麼離開的了！」

那麼，你知道小偷是怎麼離開的嗎？

答案：小偷得手後，隨即離開現場。當他沿著來的路線走到一半時，突然靈機一動，踩著來時的腳印向後退，逃離現場。

第 1 章　白羊座（Aries）3 月 21 日～4 月 19 日

✦ 灰狼脫逃

「大盜雙狼」是綽號「灰狼」和「紅狼」兩名大盜合夥做案所得的稱號。由於白羊偵探窮追猛打，終於發現了他倆的巢穴，並趁「灰狼」下樓之際拘捕了他。

突然「紅狼」在遠方出現，為了追捕他，白羊偵探就地將「灰狼」的右手用手銬鎖在柱子上。白羊偵探在追捕「紅狼」二十多分鐘後，被他逃脫，忽然他察覺到先前被捕的「灰狼」也在不遠處跑了過去。他不是被手銬鎖著嗎？而他的手腕沒有半點手銬的影子。

一邊追一邊想的白羊偵探，始終不明白「灰狼」為什麼這麼快便打開手銬。仔細回憶一下細節，白羊偵探恍然大悟，為自己的疏忽懊悔不已。你知道是什麼原因嗎？

答案：非常神妙是嗎？其實再簡單不過了，灰狼是身障人士，他被手銬鎖著的手是假的，所以能輕易脫去。灰狼跑上樓──即他的巢穴處──再拿一隻新的假手套上，所以神探再見到他時，認為他是用鑰匙打開了手銬。

✦ 誰的偽鈔

凌晨 1 點 45 分，旅館夜班服務人員傑姆在核對抽屜裡的現金時，發現一張面額為 100 馬克的鈔票是偽鈔。半小時後，白羊偵探趕到了這家旅館。

「你是否記得是誰把這張 100 馬克給你的？哪怕一點印象也好。」白羊偵探問。「我沒留心。」傑姆似乎在回憶什麼，隨即用不容置疑的語調說：「我值班時，只有 3 個旅客付過錢，他們都沒有離開旅館。」白羊偵探眼睛一亮，豎起雙耳：「沒開玩笑？」「絕不會錯！我今晚收到 731 馬克的現金，其中 14 馬克是賣晚報、明信片等物品收到的，其餘的現金都收自 3 位旅

客。考納先生給我一張 100 馬克和 24 馬克的零錢；鮑克斯先生給我兩張 100 馬克加 19 馬克的零錢；斯特勞斯先生給我 3 張 100 馬克以及 74 馬克的零錢。」

白羊偵探的手指在桌面上輕輕彈著，若有所思。「你能肯定他們都是付給你 100 馬克面額的鈔票？」他問。

傑姆肯定地答道：「請放心，凡涉及到錢，我的記憶特別好。」「那好吧！我想我已找到我要找的人。」白羊偵探說。

你知道誰是使用偽鈔的人嗎？

答案：考納。因為傑姆收款時，考納給他一張 100 馬克的鈔票，沒有其他鈔票對比，所以傑姆沒有辨識出來。若是其他兩位旅客，付兩張或三張 100 馬克，真假混在一起，傑姆就很容易會發現。

◆ 偶遇凶手

一個晚上，住在十三樓的露絲被發現倒臥在家中客廳，當晚首先發現屍體及報警的是萊茵——露絲的朋友。

萊茵訴說她發現屍體的經過：「我晚上 9 點來找露絲，按了門鈴也沒有反應，嘗試打開大門，發覺沒有上鎖，一入內，便見露絲躺在地上，手指指著大門。」

白羊偵探對此宗案件毫無頭緒，打算返回警局再作打算。因為一路思索的關係，他不小心與一個鎖匠撞個正著，鎖匠喃喃自語：「今天真是倒楣，約我上來開鎖，又沒有人在，現在又被人撞倒，真是倒楣！」

突然，白羊偵探醒悟，知道凶手並非別人，就是鎖匠。他怎樣知道鎖匠就是凶手呢？

第1章　白羊座（Aries）3月21日～4月19日

答案：鎖匠的確是凶手。露絲原本約了鎖匠上來開鎖，但鎖匠見露絲家裡布置豪華，財迷心竅，於是殺了露絲；且露絲死時手指著大門，正好給予很大的啟示。鎖匠嘴裡喃喃自語，只是自我掩飾而已。

◆ 誰割斷了油管

5男4女，共9名遊客登上遊船。4位女遊客都已50開外，5位男遊客中，亨利26歲，是倫敦一家藥店的老闆；49歲的湯姆是開雜貨店的業餘攝影愛好者，左腿有點問題；邁克是一位計程車司機，50歲；約翰和克尼都63歲，早已退休。他們此行的目的地是100年前海盜的巢穴。

下午4點30分，船靠岸了。9名遊客登上了一條被人踩出來的小路，兩旁是灌木叢林和長得與人齊高的雜草。「看呀！亨利先生，真想不到在這荒島上，竟然還長這種植物。」女旅客海蒂拔起像雜草般的植物給亨利看，船長也很好奇，走過去看了一眼。「這是什麼？」亨利問道。「這是板藍根，一種藥草，可治療感冒。」海蒂介紹道。

不知不覺繞過一堆土丘，一座頹敗的古堡赫然聳立在遊客面前。「女士們，先生們，這就是海盜曾住過的土堡，現在是4點55分，海盜幽靈將接待你們15分鐘，與你們合影留念，請你們準備好相機。」船長介紹完後，便讓遊客走進古堡，自己和4位工作人員來到離古堡50公尺處的一幢木屋裡，坐在桌前喝酒。

5點02分，船長和夥伴們剛想離開，突然見屋外有個人影一閃，待他們跑出屋外，已不見蹤影。船長知道，這絕不會是幽靈，肯定是船上的一名遊客在偷聽他們談話。他們在屋外四周搜尋了一會兒，沒有發現什麼，便匆匆回到古堡。時間是5點10分。此時，9名遊客已準時集合在一起等他們了。

5點23分，他們回到船上，等待開船返航，卻發現發動機油管被人割斷了。船長知道，一定有人搞鬼，而此人就在9名遊客當中，但他不確定

是誰，於是打電話給他的朋友白羊偵探，詳細說明當時的情況。白羊偵探聽了之後，立刻告訴船長是誰在搞鬼。你知道這個人是誰嗎？

答案：此人是亨利。原因有兩項：

1. 亨利是藥店老闆，竟然不知道板藍根這種常用的藥草具有的療效，說明亨利並不是真正的藥店老闆。

2. 在5點02分時，船長見屋外有人影一閃，這肯定是一名遊客，因為除了遊客以外，4位工作人員都在屋內。待船長等人回到古堡時，9名遊客全都在。在短短的8分鐘內，這位遊客要跑過雜草叢生的小路，去船上把發動機的油管割斷，然後再回古堡，一來一往，奔跑約1,400公尺，這只有26歲的亨利這種身強力壯的年輕人能做到。

◆ 凶手是誰

患有癌症的雕刻家艾爾曾和一樁走私案有牽連，他懷疑他的兩個弟子吉姆和漢斯是檢舉者。一天，艾爾突然被殺，發現者正是他的兩個弟子。

室內很暖和，艾爾陳屍在雕刻室的黏土與石膏之間，傷口在胸部及左手腕，左手腕上的血已經凝固，血泊中有糅合黏土用的竹片，被認為是凶器的刀子，在工作室外被找到。

白羊偵探反覆思考：「這是密室，凶手究竟是如何出去的？查過窗戶，也沒有使用線或鐵絲的痕跡……」

「這是什麼？」

新來的警察指著屍體旁的血字——「凶手是J……」字跡還未全乾。

「這是不是意味著凶手是吉姆呢？」

「昨晚我除了外出辦事之外，一直和漢斯在一起。」吉姆說。

根據調查，艾爾與吉姆平時關係不好，再加上走私案的敗露，艾爾懷疑吉姆是檢舉他的主謀。

第1章　白羊座（Aries）3月21日～4月19日

「吉姆肯定是凶手。」

「不是，艾爾胸部的傷口並不是室外發現的刀子造成的。艾爾慣用右手，而左腕傷口的血已經凝固，血字卻未乾，所以凶手不是吉姆。」白羊偵探拿著搜查到的一份病例說道。

凶手是誰，你知道嗎？

答案：凶手是艾爾自己。他自知身患癌症將不久於人世，想要嫁禍給吉姆，所以用刀割傷左腕，再把沾血的刀子丟到窗外，然後把門窗關好，拿竹片自殺，並寫下他所憎恨的吉姆的名字。左腕傷口的血已經凝固，血字卻未乾，可見從割腕到寫血字已有一段相當長的時間。

平中見奇 —— 白羊偵探的火眼金睛

◆ 乾隆捉慣竊

乾隆喜歡微服私行，最喜歡的是下江南。有一天，他到江南某處碼頭上觀光，這時一艘渡船剛剛靠岸，旅客們紛紛下船登岸。突然有個老漢，急匆匆地追上一個後生，一把抓住他的包袱說：「你為什麼拿我的包袱？」後生說：「對不起，我拿錯了。」把包袱交還給老漢，轉頭便走。

這個情景看似平常，但乾隆卻對後生的身分產生懷疑，於是上前攔住後生，問：「你自己的包袱呢？為什麼不回去找？」後生支支吾吾地無法回答。乾隆下令跟班抓住後生，將後生帶回縣衙審訊，後生果然是個慣竊。

如果你是得知上述線索的白羊偵探，你知道乾隆為什麼對後生的身分產生懷疑嗎？

答案：乾隆根據目睹的情況作了一番推理：如果後生是拿錯別人的包袱，那麼他應當有自己的包袱；如果他有自己的包袱，就應當回去尋找，

而實際上他沒有回去尋找。結論是：他不是拿錯了別人的包袱，他是個小偷。

◆ 敲門的男人

白羊偵探外出旅行，住在一家商務賓館。這裡都是單人房，最適合像他這樣的人了，一是清淨，而是安全。下午三點，白羊偵探正在房間裡看書，忽然聽到有人敲門。他開門一看，是一個陌生男人。那男人一見白羊偵探，抱歉地打招呼說：「對不起，對不起，我走錯門了，我還以為這是我的房間呢！」說完，就轉身走了。

白羊偵探關上門後，突然覺得不對勁，仔細一想，便認定這個男人是小偷。於是他打了櫃臺的電話，說小偷下樓，抓住他。賓館保全在一樓將該男子捕獲，經警方查證，男子果然是個慣竊。白羊偵探是怎麼知道那個男子是小偷的呢？

答案：因為這樓層所有房間都是單人房，所以客人回房間一般是不會敲門的，只有小偷才會敲門試探。

◆ 誰偷了錢包

早上，外出旅行、住在賓館的白羊偵探醒來，盥洗完畢後，打電話向服務臺訂了一份晨報和一杯咖啡。5分鐘後，有人敲門。一位服務人員端著牛奶站在門口：「早安，先生，這是您的早餐。」白羊偵探看後，說道：「我只要了一杯咖啡，你大概是弄錯了，這是321號房間。」服務人員說：「對不起，打擾了，應該送到327號。」說完就關上門走了。

過了一會兒，又是敲門聲。「請進！」門開了，一個男人推門走了進來，對白羊偵探喊道：「喂，你在這裡做什麼？」白羊偵探反問：「你是誰？怎麼可以在我房間裡這樣說話？」那個男人不甘示弱：「你在我房間裡做什

第 1 章　白羊座（Aries）3 月 21 日～4 月 19 日

麼？你是怎麼進來的？」白羊偵探說：「這是我的房間，321 號。」男人看了看門牌，忙說：「對不起，是我弄錯了。」退出門去，順手關上了門。

第三次敲門，另一位服務人員送來晨報和咖啡。就在這時，聽見門外有人喊：「誰趁我洗澡時偷走我的錢包！」白羊偵探一怔，馬上衝出門去，大叫：「快，抓住那個人！」

白羊偵探要抓住誰？為什麼？

答案：白羊偵探要抓第二個進他房間的男人。如果他認為這是自己的房間，進去時是不會敲門的。之所以要敲門，是為了探知房間有人無人，無人時即可行竊。

✦ 決賽前的事故

一群閒著沒事的富翁，一起購買了豪華遊艇，且他們經常舉辦遊艇比賽。為了讓比賽更刺激，他們設定優厚的冠軍獎——每人拿出 500 萬美金投入獎池，很快這個數字就達到 4,000 萬美金，這樣才能讓這些富豪全身心投入比賽。最後爭奪冠軍的是「海盜」號和「怪龍」號遊艇。比賽採三局兩勝制，「海盜」號和「怪龍」號各勝一局。可是第三天一早，航海俱樂部門口貼出海報：「由於卡倫夫婦的賽艇『海盜』號的船舵被人砸壞，今日冠軍決賽延期。」

「卡倫打電話給警察局告狀，要求查清楚是誰砸壞他賽艇上的舵。」警察對白羊偵探說。

白羊偵探說：「卡倫夫婦的賽艇技術高超，在波濤洶湧的海面上操縱自如；而奧尼爾兄弟的『怪龍』號在平靜的海面上速度更快，兩方各有千秋。勝負要看海面情況了。好吧！就把相關人員都叫來，讓我查查。」10 分鐘後，相關人員被召來了。

卡倫說：「今天早上 8 點剛過，我開車送太太去美容院做頭髮，因為

今晚航海俱樂部有個舞會，她要去參加。等我從美容院回到家，就接到俱樂部經理的電話，才知道我遊艇的舵竟然被人砸壞了，讓我無法如期參加今天的比賽。」

清潔工瑪麗證實說：「7點鐘，我上班時，天正下著小雨，我坐在俱樂部的屋裡，偶然向窗外一望，看見有一個大個子、金髮男人扛著一把槌子，正朝向停泊『海盜』號的2號碼頭走去。大約過了10分鐘，我透過玻璃窗，看到2號碼頭沒有人，大概那個男人已經走了。8點以前沒有人到過碼頭。可當我打掃時，卻發現垃圾桶上有個金髮頭套。8點以後才有好幾個人來到碼頭，這時，有人發現船舵被砸。」

白羊偵探分析道：「顯然，那個扛槌子的金髮男人是砸壞『海盜』號船舵的人！而這金髮頭套是個很好的線索。卡倫先生的頭髮是金色的，他根本不用金髮頭套，卡倫夫人不是大個子；奧尼爾兄弟，你們的頭髮是黑色的，都是大個子，你們是不是可以解釋一下呢？」

奧尼爾辯解說：「我們7點鐘沒去過碼頭，我們在吃早餐。我敢發誓！至於金髮頭套，我們沒有使用它的必要。要知道，今天海面平靜，我們的『怪龍』號完全有把握贏過『海盜』號。我們不會去做讓比賽改期的蠢事，以致讓自己喪失勝利的有利時機！」

卡倫反駁：「可是你們獨門獨戶，沒人證明你們7點鐘吃早餐。」

奧尼爾反脣相譏：「不，先生。你們也是獨門獨戶，同樣也沒有人可以證明7點鐘你們夫婦倆還在睡覺。」

這時，白羊偵探打了個電話後，笑嘻嘻地說：「剛才美容院證明8點鐘時，卡倫先生和夫人的確去過美容院……現在我判斷，砸船舵的人就是卡倫先生自己！」

白羊偵探為什麼這樣判斷呢？

第1章　白羊座（Aries）3月21日～4月19日

答案：在海上賽船時，海風會把髮型吹壞，所以比賽前不會去做頭髮。卡倫在接到通知前就送太太去做頭髮，顯然知道比賽會延期。

✦ 偽造的錄音

某地區發生一起凶殺案，死者是已婚婦女。白羊偵探來到現場觀察。法醫說：「屍體是被一把刀刺中心臟而死。」白羊偵探看見桌上有一臺錄音機，問其他警員：「你們有開過錄音嗎？」警員都說沒開過。於是，白羊偵探按下播放鍵，傳出死者死前掙扎的聲音：

「是我老公想殺我，他一直想殺我。我看到他進來了，他手裡拿著一把刀。他現在不知道我在錄音，我要關錄音機了，我馬上要被他殺死了……喀嚓。」錄音到此中止。

白羊偵探聽到錄音後，馬上對眾警員說，這段錄音是偽造的。你知道白羊偵探為什麼這麼快就認定這段錄音是偽造的嗎？

答案：是誰把錄音倒回到錄音開頭的？這是個疑問，肯定不會是死者。如果真的是他老公殺的，死者就不可能說：「他不知道我在錄音，我要關錄音機了。」如果被殺者錄音並不被凶手所知，錄音不會有喀嚓聲，因為這樣凶手就可能知道錄音機所在何處，離開時也會同時把錄音機銷毀，就不會存在這個錄音了。

✦ 錄音帶的線索

著名的足球評論家喬恩被槍彈擊中胸部，死在書房中。白羊偵探趕到現場時，先來的警察已把現場檢驗完畢。他問隔壁鄰居是否聽到槍聲，他們道：「沒有，這個書房的窗戶是雙層隔音玻璃，聲音傳不到外面。」這時書房牆上的掛鐘敲了十下，白羊偵探望著掛鐘問：「死亡時間確定了嗎？」

「是八點多，應該是八點零一分，因為我們到來時，書房裡的錄音機

還是開著的,正處於錄音狀態。我們把磁帶倒回去播放,磁帶錄的是義大利對阿根廷的足球比賽。」

說著,警察打開錄音機,喇叭裡傳來賽況轉播。突然兩聲槍響,隨之聽到了一陣呻吟聲。同時,錄音機裡傳來播報員激動的聲音:「義大利隊前鋒射進了第四個球⋯⋯」警察關掉錄音機,說:「我們向電臺查詢,他們說第四個球的進球時間是八點零二分。」白羊偵探聽完後說:「那樣的話,被害人就不是在這間書房內被打死的,而是在別處。」

但警察不理解,他們已經連續聽錄音帶很多遍了,沒有發現罪犯在別處做案後把屍體移入這間書房的蛛絲馬跡啊!白羊偵探微微一笑,說:「那麼,再好好聽聽,仔細想想吧!」

白羊偵探為何如此判斷呢?

答案:既然錄音帶能錄進槍聲,那也會錄進書房內掛鐘的敲鐘聲。現在磁帶裡沒有錄下八次敲鐘聲,證明被害人是在別處被殺後,連同錄音機一起轉移過來的。

智解難題 —— 敢吃螃蟹的白羊偵探

◆ 機智拜師

神探古德很少收徒弟,他的很多獨門絕活很有可能失傳,許多人都勸他應該傳承下去。於是,神探古德貼出招徒弟的告示,並在告示裡提了一個古怪的條件:「凡前來拜我為師的人,都應該聰明無比,不能送我任何拜師禮,也不可空著手、不帶拜師禮來。」結果,很多年輕人都知難而退了,只有白羊偵探做到了,並最終成為神探古德的徒弟。你能猜出他是怎麼做的嗎?

第1章　白羊座（Aries）3月21日～4月19日

答案：白羊偵探手裡抓著一隻山雞，走到神探古德面前鬆開手，那山雞又飛走了。

✦ 拿到金磚

南非某部落慶典上，長老將一塊金磚放在半徑2公尺的圓形地毯正中間。他大聲說：「女士們，先生們，誰能不上地毯就拿到這塊金磚？只能用手，不准用其他任何工具。誰能拿到，就把它當禮物送給誰。」話音剛落，人們全都聚在地毯周圍，爭先恐後地伸出手，但誰也拿不到。這時，前來觀禮的白羊偵探微笑著說：「好吧，我來試試！」說著，便輕而易舉地拿到了王冠。白羊偵探是用什麼方法拿到的呢？

答案：把地毯從一端捲起來接近金磚。這樣，稍一伸手就可以拿到金磚了。

✦ 琴聲的奧祕

深夜，白羊偵探站在窗前拉著小提琴，緩解一天的心情。他正拉著琴，突然發現有兩名黑衣男子拿著槍，悄悄躲進他家花園樹叢的後面。白羊偵探沒有大叫，沒有慌張，只是換了一首曲目，不一會兒，幾個鄰居趕來，兩名黑衣男子還沒弄清楚是怎麼回事，就被發現了；還沒來得及開槍，就被眾人制服，送進了警察局。你知道白羊偵探是用什麼方式化險為夷的嗎？

答案：白羊偵探換了一首激昂的曲目，在晚上，鄰居聽到這樣的琴聲，想出來制止他沒有公德心的行為，也就是這個時候，鄰居們發現了兩名黑衣男子。

✦ 沒有過不去的橋

倫敦的飛車黨十分可惡，許多女士都被飛馳而過的摩托車搶過包包。

一天下午，正在郊區休息的白羊偵探，坐在路邊與朋友聊天，忽然一輛摩托車從他眼前飛馳而過，後面傳來一個女士焦急的聲音：「搶劫啦！搶劫啦……」白羊偵探立刻站起來緊追摩托車，但怎麼可能追的上呢？碰巧，他的一個朋友開著一輛大型貨車路過這裡，時間緊急，白羊偵探跳上副駕駛座，朋友一踩油門，加足馬力，追了上去。轉來轉去，摩托車開往偏僻的街道。誰知，前面竟然有一座橋，橋洞比貨車低，貨車開不過去。

　　看著揚長而去的歹徒，貨車司機急得直罵，白羊偵探嘿嘿一笑，吩咐司機趕快去做一件事。貨車順利開過這座橋，很快就追上飛車黨。你知道他們是怎麼過去的嗎？

　　答案：把汽車輪胎的氣放掉一些，貨車的高度就會降低一點，這樣就能穿過橋洞了。

◆ 白羊偵探的主意

　　一輛商務車飛馳闖入機場，後面跟著幾輛警車，原來是 4 個恐怖分子劫持了議員，想要搭乘飛機離開。鑑於 4 個劫匪都有武器，警方只好答應恐怖分子的要求，為其提供一架大型噴氣式波音客機。

　　「飛機上只能留下機長和機械師，其他人都離開，飛機做好隨時起飛的準備。」恐怖分子命令塔臺。「知道了。機長已經在駕駛艙待命，後部艙門處為你們準備了舷梯，隨時可以登機。」塔臺上的人員回答。

　　2 分鐘後，恐怖分子以議員為人質，下了車。2 個恐怖分子用衝鋒槍抵著議員的後背和腦袋，另 2 個人用槍指著警察，他們緩慢地走向波音飛機。考量到人質的安全，所有警察都不敢輕易下手。這時，匆忙趕到現場的白羊偵探，透過祕密通訊管道，與機長進行一番通話，在場的人聽後，立刻信心倍增，放鬆了下來。

　　恐怖分子臉上露出無所畏懼的笑容，一邊注視著四周，一邊通過波音

第 1 章　白羊座（Aries）3 月 21 日～4 月 19 日

飛機主翼後的舷梯。但就在這時，事態急轉直下，恐怖分子幾乎沒做什麼抵抗，就被白羊偵探為機長出的主意制服了。究竟是什麼主意，輕易制服了兩個恐怖分子呢？

　　答案：波音客機主翼下有四臺噴氣發動機。當恐怖分子與議員一起穿過機翼後方時，飛機駕駛艙的機長按照吩咐發動噴氣發動機，噴射出的巨大氣流，將恐怖分子和議員吹倒，這時就可以迅速拿下恐怖分子了。

第 2 章

金牛座 (Taurus)
4月20日～5月20日

第 2 章　金牛座（Taurus）4 月 20 日～5 月 20 日

【神話由來・象徵意義】

傳說素以風流著稱的眾神之王宙斯看上歐蘿芭（Europa），為了避開耳目，他自己化身為白牛，將歐蘿芭馱在背上，以遂其所願。事後宙斯又恢復原形，將他的化身大公牛置於天上，成為眾星座之一。

金牛座象徵穩重、堅定的信念，不為外力所動的耐力與持久力。他們行動緩慢、溫和，外柔內剛得近乎頑固。

【智商代表詞彙】

我要具有

繼充滿熱情的白羊座之後，是不輕易浪費自己能量的金牛座。金牛座不願意毫無意義地說教、無緣無故地行動和失去理智。他不放任感情，也沒有緊迫感，是一個強烈抑制精神和思想、總是按一定分寸執行的人。從積極正面的意義上來看，性格平穩、有毅力和耐力，勤勞智慧，富有實做精神。為人處世小心謹慎，感情真誠、專一。此外，有極其敏銳的感官，內心懷有各種欲望。喜歡舒適的生活環境，大自然的壯麗景色、花草和動物。從消極的意義上來看，這些優點的背後，還隱藏著多疑、多慮、嫉妒、悲觀、失望、沉默寡言、陰鬱、孤僻等性格特點。金牛座很難改變自己的觀念，固執己見，對事物極易產生偏激和狹隘的看法。

金牛座拿標準作為自己對事物的確認，這也是我們有時會覺得與自己溝通的金牛座顯得固執的原因。他為人審慎、保守，受到好影響會顯出機警、勤勉而堅強的人格；受到不好的影響，則會有窺探、干涉、冷漠、極端、健忘、表情太多等傾向。

金牛座的思考方式緩慢而保守，不要奢望從他們的口中聽到石破天驚的言論或新奇的見解，然其思想卻時有建設性。金牛座對自己的計畫最能貫徹到底，並徹底發揮所長，但常因日常生活的瑣事和不重要的困擾而沮喪或灰心。

　　金牛座思想趨於保守，但善於理財。當你擁有一定數量的財產，手頭從不短缺時，你方能感到坦然自若。經濟上，你的現實感非常強，十分善於安排自己的物質和家庭生活。事業上，你也是強者，具有天生無懈可擊的才華。你的成功之路往往是漫長的，但又是確定無疑的，尤其在農業、建築和商業等方面。

公認智商指數：105～110

【情商代表詞彙】

我有

　　正面的金牛座性格實際、有耐力，愛好美與藝術，充滿感性，善解人意；負面的金牛座性格太固執、不願接受改變，太重現實，考量太多，退縮不前，易怒。

　　這個星座的人情緒穩定，忍耐力很強。不過難免有些死氣沉沉，頑固不化，無論做什麼事都慢條斯理。金牛座似乎天生就有憂鬱和壓抑的性格，當這些累積到頂點時，就會如同火山一般爆發。他們在十二星座中，算是工作最勤勉、刻苦耐勞、堅忍不拔的，耐心、耐力、韌性是其特點。他們忠誠、真心、善解人意、實際、不浮誇、率真、負責，凡事講求規則及合理性。喜歡新的理念並會花時間去接觸、證明，是自我要求完美的人。同時，他們對物質和美的生產力方面，也是超人一等。

第 2 章　金牛座（Taurus）4 月 20 日～5 月 20 日

金牛能冷靜分析每件事的好與壞。他們很懂得保護自己，與第一次見面的人會保持距離，先觀察一下對方有什麼企圖，確定對方安全無害後，才會放心與人溝通。想捉弄金牛座滿難的，除非你是捉弄人的專家。

金牛座是一個喜歡按自己人生哲學走路的人。他不輕易改變生活習慣，固執己見是他性格上的突出特點，同時也是他的主要缺點。平時溫文儒雅，一旦受到激怒，他會變得令人望而生畏。金牛座家庭觀念很強，把家庭視為寄託幸福和安居樂業生活的可靠殿堂。

金牛座對逆境的適應較慢，挫折和失敗常會使他意志消沉，甚至會把自己囚禁在無聲的憤怒之中，拒絕與外界的一切接觸。一旦境況有所好轉，又會重新振作起來，以空前的工作熱情去實現自己的目標。

金牛座相信擁有愛情、美麗與富有的喜悅，是生命存在的證明，也是他信仰的真理。為了這個目的，他們會選擇最安全、確實的途徑（通常是長期的醞釀和深思熟慮的結論），一旦下定決心，沒有人可以改變它。

金牛座忠誠、真心、善解人意、實際、不浮誇、率真、負責，凡事講求規則及合理性，喜歡新理念並會花時間去接觸、證明，是個自我要求完美的人；同時，他們的藝術細胞很豐富，對美學的鑑賞力也是超人一等。

公認情商指數：74～82

【智商‧情商之最】

最勤奮

最會吃

最固執

最怕改變

最守秩序

最有耐心

最喜歡烹飪

最一本正經

最愛好和平

最會利用時間

最有藝術氣質

最喜歡好聽的音樂

最引人注目

最禮尚往來

最愛錢

最細心

【智商・情商綜合評價】

1. 工作認真負責，思考問題仔細，有法律保障的事才去作，組織能力強。

2. 第六感強，有預見性，有沉著平靜的意志力，穩重且耐心的獲得成功。

3. 有很強的決斷力，心中的夢想一定要達到。

4. 工作中喜歡和平和安靜，團結合作的精神很強，信奉莫惹是非的原則。

5. 對確信的東西、信仰、信念堅定不移，很少改變主意；驚慌失措的時候非常少，穩重而大方。

6. 生活中不信任那些多變的人。

7. 節儉，很注意開支，勤於去銀行存錢，善於理財。

8. 對事記憶力好，什麼也不忘，積極吸取經驗教訓。

第 2 章　金牛座（Taurus）4 月 20 日～5 月 20 日

【金牛偵探訓練案例】

動物不會騙人 —— 精明的金牛偵探

✦ 鱔魚毒案

很久以前，有一個農民吃了鱔魚，之後肚子就痛了起來，不一會兒就死了。鄰居們懷疑是妻子故意毒死丈夫，就把這件事告了官。縣官聽了鄰居們的敘述以後，開始仔細審閱這個案子。幾天後，縣官沒有治農婦的罪，卻出人意料地召來幾個漁民，要他們一起捕鱔魚。

漁民們捕來數百斤鱔魚。縣官要人把所有鱔魚都放到水甕裡。這些鱔魚有些仰起頭，從水裡出來兩、三寸，數了一下，一共有七條，縣官覺得很奇怪，於是向漁民們請教，終於恍然大悟，為婦人洗清了不白之冤，於是縣官宣判 —— 婦人無罪，當庭釋放。

你知道關於鱔魚有什麼祕密嗎？如果你是得知上述線索的金牛偵探，知道縣官又憑什麼去判斷婦人無罪嗎？

答案：鱔有兩種，一種叫蛇鱔，有毒。辨別蛇鱔和鱔的方法是：每當捕到鱔，全放到水甕中，夜裡用燈照牠，脖子下有白點的、全身浮在水上的，就是蛇鱔，那個農民就是誤吃蛇鱔才會中毒身亡的，所以與婦人無關。

✦ 女馴獸師慘死

馬戲團的獅子已經和女馴獸師合作過無數次，每次女馴獸師在演出時，把頭伸進牠的嘴，牠都很配合，從不弄傷女馴獸師。而在這一天，當女馴獸師把頭伸入獅子嘴時，獅子做出一個彷彿微笑的表情，隨後便一口

咬碎她的頭。

在表演前，獅子吃過許多肉，所以不可能是因為飢餓。這隻獅子也不可能是在發情期內，因為馬戲團是不會讓處於發情期的猛獸上臺表演的。

如果你是得知上述線索的金牛偵探，知道獅子在咬死女馴獸師前的微笑表情是怎麼回事嗎？

答案：這是一宗巧妙地利用獅子殺人的案件，獅子的微笑表情，實際上是牠想打噴嚏的表情。凶手事先把一種刺激性很強的藥物噴在女馴獸師的頭髮上，當女馴獸師在臺上把頭伸入獅子口中時，獅子因藥物的刺激而打了個噴嚏。由於獅子力氣太大，嘴一張一合，無意間便咬碎了女馴獸師的頭顱。

✦ 被殘殺的鴕鳥

在某動物園，鴕鳥慘遭殺死，不僅是殺害，還被剖腹。這隻鴕鳥是最近剛從非洲進口的，是該動物園最受歡迎的動物。凶手是深夜悄悄溜進鴕鳥的小屋裡，將其殺死的。儘管如此，何以採取如此殘忍的殺法呢？如果你是得知上述線索的金牛偵探，能解開這個謎團嗎？

答案：這是犯罪集團利用鴕鳥的胃走私鑽石所為。鴕鳥有與眾不同的特殊的胃（能吞小礫石或小石子），雜食性的鳥因沒有牙齒，所以用沙囊來弄碎食物，幫助消化。這種小石子不排出，會永遠留在胃中。因此，罪犯在從非洲出口鴕鳥時，讓其吞了大量昂貴的鑽石。這樣一來，便可躲過海關的耳目，走私鑽石了；且在入境成功後，再殺掉鴕鳥，從胃中取出鑽石。

✦ 特殊的諜報人員──蜘蛛

1794年深秋，拿破崙率軍進軍荷蘭。在強敵入侵的緊要關頭，荷蘭人開啟了各條運河的水閘，想用洪水擋住拿破崙的進攻。不到半天的工夫，

第 2 章　金牛座（Taurus）4 月 20 日～5 月 20 日

本來並不寬闊的瓦爾河波濤洶湧，難以踰越，而且水越來越大。正當拿破崙開始被迫撤退時，有人報告說看見蜘蛛在吐絲織網。拿破崙聽後，大喜過望地說：「真需要感謝這位特殊的諜報人員。」他立即命令停止撤退。奇蹟出現了，拿破崙的軍隊第二天便越過了瓦爾河，攻下荷蘭要塞烏得勒支城。

如果你是得知上述線索的金牛偵探，知道為什麼會出現這樣不可思議的奇蹟嗎？

答案：蜘蛛吐絲織網，預示著冷天即將來臨。結果，不出所料，寒流來臨，一夜之間江河封冰，「天塹變通途」了。這是一個將自然規律運用到軍事上的成功例證。

◆ 密封的蜘蛛網

古董商劉易斯的倉庫裡放有 10 個裝有珍貴古董的箱子。昨天一早他檢視倉庫時，發現箱子少了一個，於是立即報警。他對金牛偵探說，倉庫的鑰匙只有他一人有，而且整天貼身掛在脖子上，不可能有人動過。金牛偵探檢視現場，發現這是個封閉式的小屋，只在屋頂上開了個小天窗，窗上安裝著拇指粗的鐵柵欄。雖然鐵柵欄已掉了兩根，但上面有 3 隻大蜘蛛織滿了縫網，說明不會有人從這裡鑽進去。

金牛偵探問劉易斯：「除了你本人，還有誰知識倉庫裡有古董箱子？」劉易斯答道：「還有我的外甥斯圖卡，不過因為他嗜賭，早已被我趕出去了。蜘蛛網沒破，他也鑽不進呀！」金牛偵探說：「如果確實沒有第三人知道倉庫藏有古董箱，那麼，這箱古董就是您外甥偷的。」偵破的結果，證實了金牛偵探的推斷。

那麼，斯圖卡是怎麼進入倉庫的？金牛偵探又是根據什麼斷定斯圖卡是小偷的呢？

答案：斯圖卡拆下倉庫天窗的兩根鐵柵欄後，從那裡潛入盜走箱子，然後再在天窗上放幾隻蜘蛛。只要三隻蜘蛛，就足夠在第二天清晨織上網，因此即使鐵柵欄缺了兩根，倉庫仍好像處於密封狀態。

✦ 蜜蜂殺手

安娜和傑瑞斯正在通電話。安娜說：「喂！我有急事跟你說，但我不能講很久，因為我是用公用電話亭⋯⋯呀！」傑瑞斯聽到「呀！」的一聲後，就聽到話筒掉落地下的聲音。傑瑞斯知道不妙，馬上打電話向警局報案。

金牛偵探很快查到安娜是在郊外一個公用電話亭內，於是立即開到現場，發現安娜已經倒臥在地上。經過仔細檢查，並沒有發現任何可疑的地方，地上只有一隻已經死去的蜜蜂。安娜為什麼會死呢？

法醫到場作進一步檢查後，發現安娜原來是被這隻蜜蜂刺死的。你知道蜜蜂刺中了什麼部位，安娜才會致死的嗎？

答案：蜜蜂刺中了安娜頸部的神經中樞。

✦ 毒蜂行凶

某天清晨，一名少女被發現死在一輛汽車內，車門和窗戶都關得緊緊的，車裡面有隻毒蜂飛來飛去。少女就趴在方向盤上。根據警方調查，使少女致死的正是這隻毒蜂的毒液，這是當地一種很厲害的毒蜂。但負責此案的金牛偵探經過全面調查，卻認為這個少女是死於謀殺，其中很重要的一個原因，就是這種毒蜂雖然厲害，卻不致於使人喪命。可是，這名少女為什麼會死呢？金牛偵探向專家請教了相關的醫學問題，終於發現凶手謀殺的方法，並順利破了此案。

事實上，凶手還真有淵博的醫學知識呢！他是某醫院的主任醫師，少

女是他的情婦。少女懷了孕，逼他和妻子離婚，他迫不得已就殺了她。那麼他是用什麼手法殺人的呢？

答案：凶手利用人體的過敏現象作為殺人方法。由於人體內或多或少都有輕微過敏的現象。如果把某種特定動物的分泌液注射到人體內，經過一段時間，再把同樣成分的分泌液注入人體，就會引發人的過敏現象，嚴重的會導致休克而死亡。凶手正是利用這種人體特徵，提前把毒蜂的毒素注入死者體內，幾天後，再把毒蜂偷偷放入車內。被害者被螫後，因過敏反應而導致死亡。

◆ 非同一般的狗

金牛偵探在街上蹓躂時，遇到同鄉傑姆。傑姆牽著一條普通的牧羊犬，為了還賭債，傑姆想把此狗高價賣給金牛偵探。「老兄，我這條狗的名字叫梅森，牠可非同一般啊！」傑姆接著繪聲繪影地往下說，「在我家的農場旁邊，有一條沿著山崖修建的、坡度很大的鐵路。一天，有塊大石頭滾到鐵軌上，此時遠遠見一列火車飛快衝來。我想爬上山崖發警告訊號，但扭傷了腳，摔倒在山崖下。在這緊要關頭，我這隻寶貝狗梅森飛奔回家，拉下我曬在鐵絲上的紅色衣服，叼著它閃電般衝上山崖。那紅色衣服迎風飄揚，就像一面危險訊號旗。司機見了立即煞車，這才避免了一場車翻人亡的惡性事故。怎麼樣，我這寶貝梅森有智有謀，非同一般吧？」

傑姆正欲漫天要價，不料話頭被金牛偵探打斷：「請另找買主吧！老弟，不過，你倒很會編故事，將來一定是位大作家！」這顯然是諷刺之言。

金牛偵探為何要諷刺傑姆呢？

答案：因為所有狗都是色盲，所以，牧羊犬梅森不可能知道訊號旗或衣服是紅色的。

◆ 汽車的聲音

　　深夜1點多鐘，金牛偵探接到卡洛姆的報案，說他妻子被殺了。金牛偵探驅車火速趕赴現場，下車走近大門時，那裡突然有條狗汪汪地吼叫起來。那是一條狼狗，被一條長長的鐵鍊拴著。「不許叫！」卡洛姆走出門來，那條狗便乖乖地蹲在他的腳下。看來是一條訓練有素的狼狗。

　　死者身穿睡衣，倒在廚房的地板上，是頭部被打傷致死的。卡洛姆聲淚俱下地向金牛偵探訴說：「我為一點小事和妻子吵了一架，憋著一肚子氣開車出去，在外面兜了兩個小時的風，回來一看，家中財物被盜，妻子被殺，那時是11點，我出去後可能妻子沒關門，肯定是強盜闖進我家，被妻子發現，於是殺人後逃走了。」

　　「你去兜風時有帶你的狗嗎？」

　　「沒有，我一個人去的。」

　　第二天一大早，金牛偵探就命令助手到鄰居家了解情況。不一會兒，助手跑回來報告說：「西邊的鄰居家裡有一個準備升學考試的學生，昨晚複習功課，整夜沒睡。聽他說，在罪犯做案的時間裡，他沒聽到什麼異常的動靜。」

　　「也沒有聽到汽車的聲音嗎？」

　　「聽到過，有過汽車的聲音，是晚上11點左右，聽到汽車由車庫開出的聲音，這一點與卡洛姆說的完全一致。」

　　「沒錯，罪犯就是卡洛姆。」

　　果然，經審訊，卡洛姆承認由於與女同事約會被發現，和妻子吵了架，怒不可遏地拿起啤酒瓶，往妻子的頭部砸去。本來無意殺死妻子，但事後又害怕去自首，因而偽造成盜竊殺人的假象。之後他出去兜風，順便把當做凶器的啤酒瓶扔進河裡。

第 2 章　金牛座（Taurus）4 月 20 日～5 月 20 日

金牛偵探憑什麼證據識破卡洛姆的犯罪行為？

答案：狗不叫就是證據。如果真的有強盜潛入，受過嚴格訓練的狼狗會大聲吼叫。然而，西邊鄰居家準備考試的學生，只聽到了汽車的聲音，這說明凶手是狼狗熟悉的人，也就是狗的主人卡洛姆。

◆ 奇怪的狗吠

文森是著名的企業家，獨居於郊外的一幢豪華別墅，只飼養了一隻北京狗陪伴他。他非常寵愛這隻北京狗，因此，請一名傭人照顧牠。

一天晚上，小偷潛入他的寢室，盜走了公司的重要檔案。文森發覺後，憤怒異常，立即責問那些保全人員。

其中一名保全對文森說：「那晚我們一直守在這裡，沒有察覺到任何異狀；只聽見那隻北京狗在叫，我們以為牠肚子餓，所以沒理睬。對不起，這次是我們的疏忽。」

文森把上述情況反映給金牛偵探，金牛偵探聽罷，隨即將照顧北京狗的傭人抓起來，並在他的房間裡找到了那些檔案。

金牛偵探是憑什麼蛛絲馬跡，發現小偷就是那個傭人呢？

答案：因為北京狗對陌生人向來是不吠叫的，甚至懶得連眼睛都不睜開。當牠張嘴吠叫時，是因為見到熟人的緣故。因此當照顧狗的傭人潛入寢室時，狗才叫喚不已。

◆ 誰殺了長頸鹿

有一次，金牛偵探到非洲去度假。忽然，他聽到有槍聲。於是他順著槍聲追了過去。還好，死的是長頸鹿而不是人，真是不幸中的大幸，但是殺保護動物也是犯法的。

不遠處有一個人走了過來，這個人穿了一身牛仔裝，戴著一頂帽子，

抽著香菸。金牛偵探問他：「嗨！老兄，你看見是誰開槍殺死了這隻長頸鹿嗎？」

「哦！我看見一個大概30多歲的人朝北邊跑了，他帶著槍。我真為這隻可愛的小長頸鹿表示難過，我聽到了牠的哀鳴後，馬上趕了過來，但還是在槍聲的後面。」

「我為你的卑鄙行為和愚蠢的謊言感到遺憾。舉起手！」金牛偵探拔出了槍。

請問金牛偵探是怎麼知道他在撒謊的，破綻在哪裡？

答案：因為長頸鹿是不會叫的。

◆ 識破假照片

一個盛夏中午，某市內某居民區發生了一起搶銀行案。幾天後，警方找到了嫌疑犯。當金牛偵探向他要當天不在場的證明時，他交出一張照片，並說：「那天我去森林公園旅遊了，你看，這是那天有位遊客幫我拍的。」照片上，長著美麗長角的梅花鹿正吸引不少遊客。

「不要用假照片騙人，這是秋天或冬天拍的。」金牛偵探乾脆地說。

那麼，金牛偵探是怎麼一看照片就識破謊言的呢？

答案：梅花鹿只有雄性長角。鹿角春天脫落，而後又開始長出新茸。新茸包在皮裡漸漸長大，到深秋才從皮裡裸露出來。若照片是夏天拍的，不會拍出長角的梅花鹿。

◆ 無辜的廚師

冬季的某日，三位客人在日本一家河豚餐廳品嘗河豚風味料理時，突然其中一人四肢抽動，語言不清。驚恐的同伴趕緊通知店家，撥打報警電話。救護車趕來將那位客人送往醫院。

第 2 章　金牛座（Taurus）4 月 20 日～5 月 20 日

看樣子是河豚中毒。金牛偵探隨後來到店中詢問廚師：「你有料理河豚的廚師執照嗎？」「當然有。而且我在加工處理上沒有出錯，客人中毒絕對與我無關。」因為受到懷疑，廚師顯得很氣憤。

「你能肯定過程絕對沒出錯嗎？」金牛偵探繼續追問。

「當然能肯定！如果你們認為我說謊，請看看這個」，廚師從裝垃圾的塑膠桶裡拿了些東西擺在警察面前，「這就是我無辜的證據。」

廚師究竟拿了什麼來證明自己的清白呢？

答案：廚師拿的是鯖河豚的頭，即被害人所吃的是日本近海產的鯖河豚。一般能夠做菜的河豚有四種，河豚的內臟、皮和魚籽等部位，都含有致命毒素，但日本近海產的鯖河豚卻無毒。

✦ 判定逃跑方向

夏夜，金牛偵探追捕一名逃犯，當追到一片稻田時，斷了蹤跡。金牛偵探稍停片刻，側耳聽了聽，就知道罪犯的逃跑方向。你知道金牛偵探是怎樣判定罪犯逃跑的方向嗎？

答案：金牛偵探是根據青蛙的叫聲判定的。青蛙不叫的方向即是罪犯逃跑的方向。

✦ 吹牛大王的破綻

亨特爾是個吹牛大王，他經常在和別人閒聊時吹牛。他誇口說自己跑遍了全世界，連非洲大沙漠都去過，還順手拿出一張照片來：「你們看，這就是我在非洲大沙漠上騎著駱駝拍的照片。」

正在這時，金牛偵探開門進來了。「哈哈，你在非洲騎的就是這種駱駝嗎？別吹牛了，我看這是在動物園拍的！」

請你猜猜亨特爾的破綻在什麼地方？

答案：照片中亨特爾騎的是雙峰駱駝，但雙峰駱駝只在亞洲有，非洲的駱駝都是單峰的。

✦ 怪賊

有一天，金牛偵探到郊外一座別墅處理一起竊案。失竊現場是一幢度假別墅的 3 層樓，失竊者是前來度假的西佐夫人。據西佐夫人說，案發時她在浴室洗澡，出來後，發現放在梳妝臺上的三樣飾品中，丟失了一個最廉價的鑽石戒指，而梳妝臺上不知為什麼留下了一根火柴。

金牛偵探仔細觀察現場，特別研究這根火柴上的咬齧痕跡。他又去了解整個別墅環境和人員的情況，知道別墅附近有一座大花園，園中養了不少熱帶雀鳥、獵鷹、相思鳥等，他還了解到管理員負責照顧這些鳥，有人還見過他訓練這些鳥。最後金牛偵探肯定地說：「管理員就是此案的主謀，但竊賊卻是無罪的。」

你知道金牛偵探是根據什麼下的結論嗎？

答案：公園的管理員訓練鳥，並利用牠們行竊，他最大的可能是利用獵鷹。獵鷹喜歡用嘴叼物體，為了防止牠發出怪聲，所以，在牠的嘴裡先放了一根火柴棒，獵鷹飛入屋內叼走戒指。

植物也會作證 —— 精明的金牛偵探

✦ 鬱金香的祕密

許妍小姐在外出旅行時，常將珠寶藏到自家窗邊的花盆底下，因為她認為放到保險箱裡反而容易引起注意。可是，某春天的夜裡，在她外出旅遊時，竊賊悄悄溜了進來。他站在院子裡，藉著手電筒的光，隔著窗戶玻璃打探黑暗的臥室。

第 2 章　金牛座（Taurus）4月20日～5月20日

「哎！那盆鬱金香可真怪，一定是假花。該不會是盆裡藏著什麼寶貝吧？」竊賊看到一盆鬱金香花瓣合在一起，而另一盆卻開著花，比較了一下，認定一盆是假花，便潛入室內，不客氣地將花盆下的珠寶全部盜走。

如果你是得知上述線索的金牛偵探，知道竊賊是怎麼知道假花盆下有珠寶的嗎？

答案：因為鬱金香這種花，在晚上天黑後，氣溫一降低，花瓣就會合攏，這就是睡眠運動，是光和溫度的外部刺激，使花和樹葉張開或合攏。不過，鬱金香在花期過後開始凋謝時，即便到夜裡，花瓣也不會合攏了。

◆ 鬱金香花開了

某天夜裡，羅伯特在宴會上盜取了珍貴的項鍊之後，溜出來，回到自己的祕密住所，急忙摘掉裝扮用的假髮和鬍鬚，穿上絲綢長袍，坐到書房的沙發上。他剛鬆了一口氣，門鈴響了。進來的是金牛偵探，於是羅伯特內心警覺起來，但還是擺出一副笑臉，熱情地把這位不速之客引到書房，在一張桌子旁坐下。桌子上擺著一個插滿紅色鬱金香的花瓶，而鬱金香的所有花瓣都是閉合的。

「今晚你在哪裡做什麼了？」金牛偵探開門見山地問道。

「我一直待在家。你到來之前，一直是我一個人安靜地在書房裡看書。你看，就是那本書。」羅伯特指著桌上合著的那本書。

金牛偵探把羅伯特遞過來的書翻了一下，放在桌上，他突然發現花瓶裡插著的鬱金香不知什麼時候花瓣都張開了。他拔出一枝看了看，又把花插進去，然後肯定地說：「你裝也沒用，你那套不在做案現場的證明純屬謊言，還是把項鍊交出來吧！」

金牛偵探是如何識破羅伯特的謊言的？證據是什麼？

答案：鬱金香一到夜裡花就會合上，燈先照射十五、六分鐘，還會自然張開。金牛偵探進門時，花瓣是閉著的，而現在張開了，這說明書房在金牛偵探進來時一直是黑著的，羅伯特不會在黑暗中讀書。

✦ 盛開的牽牛花

某人獨自到野外寫生，遭到匪徒的劫持。在小溪邊的劫持現場，人們發現了此人的畫夾、畫筆等物品。畫夾上只畫了幾朵盛開的牽牛花，畫筆等撒的滿地都是。看到這些，金牛偵探很快就判斷出案發時間。此案被偵破後，證明金牛偵探的判斷果然沒錯。

你知道金牛偵探判定案發時間的依據是什麼嗎？

答案：案發時間是上午9點之前。因為此人所畫的牽牛花只有早晨才盛開，過了9點就開始凋謝，金牛偵探就是根據畫中所畫的牽牛花，推斷出案發時間的。

✦ 美麗的偽證

夏日早晨，某大型超市的保險箱被撬開了。金牛偵探經過仔細勘查，發現了罪犯留在箱體上的指紋，確定做案時間是凌晨2至4點。

經過偵查，發現為超市送貨的食品公司貨車司機是嫌疑犯，並採取了他的指紋，經比對後，認定與罪犯留在保險箱上的指紋一致。金牛偵探傳訊了這名司機，可司機卻說凌晨2至4點時，他正在自己家中拍攝牽牛花開花的全過程，並提供連續照片為證，審訊陷入僵局。

金牛偵探來到植物研究所，請教了植物學專家。專家證明，這種牽牛花的確是在夏日凌晨開放。專家來到司機家中，經比對照片和花盆，確認不可能還有第二盆同樣的花。

這就怪了，難道世界上竟有兩人的指紋和細節特徵完全相同？不可

第 2 章　金牛座（Taurus）4 月 20 日～5 月 20 日

能！科學早就證明了這一點。那麼司機究竟是不是盜竊者呢？如果是，那他又是採取什麼方法分身的呢？金牛偵探經過深入的調查，揭開了謎底。你知道罪犯是怎麼偽造不在場證明的嗎？

答案：司機就是盜竊犯。他用特殊的方法（比如用紙做成套子套在花蕾上）推遲了牽牛花開花的時間。做案後他迅速趕回住處，拿掉紙套，牽牛花仍然會開花，他再拍攝出花開全過程的連續照片，以當作不在盜竊現場的偽證。

◆ 大麗花

某別墅裡住有一男子。這天清晨，被人槍殺了。現場唯一特殊之處在於，死者手中緊握一朵火紅的大麗花。其他線索，簡直太少了。警方費了九牛二虎之力，終於理出三條思路：

1. 與同父異母的姐姐爭奪遺產繼承問題；
2. 某友曾來過，並發生爭執，是因為死者一告發事項而起；
3. 與鄰居的不愉快衝突所致。

金牛偵探得知上述線索後，要辦案警察查詢大麗花的數據或書籍，真相自明。

請問你能解答這道難題，為警方指明破案的方向嗎？

答案：大麗花含有背叛之意。果然，以後的事實證明，是死者朋友恨其出賣行為而採取的報復手段。

◆ 尋找陶罐

在一年一度的理工學院對加州大學足球賽開賽前 3 天，加州大學足球隊的吉祥物——一個古老的印第安陶罐，突然不翼而飛。

距離開賽僅 3 個小時，加州大學足球隊教練接到一通匿名電話，告知

他陶罐現在埋在理工學院足球隊狂熱的球迷、百萬富翁萊頓家的花園裡。萊頓為人傲慢，是出名的惡作劇者。

就這樣，6位加州大學的學生來請金牛偵探幫忙，因為金牛偵探與萊頓是好朋友。金牛偵探滿口答應。於是他們7人拿著鐵鍬，來到萊頓的花園。

「當然，那個陶罐是埋在這裡。」萊頓指著一大片草坪說道。加州大學的年輕人順著萊頓手指的方向看過去，這是一片剛剛開墾出來的、足足有半英畝大的草坪，剛播過草籽，草坪三面連牆，第四面以一條石砌小徑為界；草坪正中央有一個為鳥洗浴的小池子；一棵楓樹與兩棵橄欖樹各居一個圍牆角，遙遙相對。

「從現在至開賽還有6個小時，」萊頓說，「陶罐就埋在這半英畝草坪中唯一最恰當的地方。找到了，就請拿回去；若到時仍未找到，我自然會將它取出來奉還，但你們得支付為草坪重新播種的錢。」6位年輕人見狀，都打算放棄尋我，但金牛偵探告訴他們應在哪裡挖，不出半小時，他們就找回了吉祥物。

他們是在哪裡挖到陶罐的呢？

答案：「唯一最恰當的地方」就是萊頓認為不能長草的地方。這就意味著吉祥物埋在楓樹下，因為楓樹會將草的養分都吸走，使草無法生長。

✦ 女作家之死

某夏日的中午，人們發現一位女作家在自家院子裡被殺害。她是被刀子刺中背部、腹部，倒在草坪上死去的。連身邊放著的幾盆花卉，都被濺上了血跡。被害人單身一人居住，且現場又是與鄰居相隔的獨門獨院，所以死後許久才被人發現，驗屍官來驗屍時，已經過了三天。

「未解剖屍體，還無法推定確切的死亡時間，但看起來是8月9日中

第 2 章　金牛座（Taurus）4 月 20 日～5 月 20 日

午到夜間 12 點鐘之間被殺害的。」驗屍官含糊地將做案時間推定在 12 個小時範圍內。

金牛偵探在觀察到花盆上濺有血跡後斷定：「如此說來，被害人被害時間一定是 9 日晚上 8 點到 12 點鐘之間。」

金牛偵探觀察的是類似仙人掌的植物，莖端開著白蘭似的花。此時，花已經完全凋萎了。他是怎麼推斷出如此準確的做案時間呢？

答案：金牛偵探觀察的那盆花是「月下美人」。所謂「月下美人」，是仙人掌的一種，開純白色的花，直徑有 15 公分，但花期只有一夜，是只在夏夜開的一種短命漂亮的花。一般是晚上 8 點開始開花，4 個小時後開始凋謝。金牛偵探是看到凋謝的「月下美人」的花瓣內側也濺有血跡，去推測死亡時間的範圍。

◆ 襲擊人的玉米

屋內突然傳出男人的一聲呼救聲，然後就沒有聲息了。鄰居們擔心發生了凶殺案，馬上通知警方。金牛偵探到達後，按那房間的門鈴，卻沒有人應聲開門，於是撞開了房門。只見屋內有一名男子昏迷在地上，他的頭正流著血。而他的妻子則坐在一旁，似乎是個神經不正常的女人，正在吃煮熟了的玉米。從這種情況來看，顯然是那個女人精神病發作，打暈了自己的丈夫。那個男人被救醒後，驚慌地說：「她用玉米襲擊我。」屋內並沒有其他硬物曾被用作襲擊人的物品，但幾個辦案警察都不相信玉米能襲擊人，且造成重傷。但金牛偵探卻說，這完全有可能。

難道真的是用既脆又易斷的玉米來傷人？你能悟出其中奧妙嗎？

答案：那玉米曾長時間被放在冰箱中，變得又硬又結實，但打傷人後，又再被煮熟，所以不易察覺。

✦ 越獄的囚犯

囚犯文森斯被關在監獄的單人牢房,可就在一天深夜,他用線鋸的細挫刀,鋸斷窗戶的鐵欄杆後,越獄逃跑了。

在文森斯被關在單人牢房期間,從沒接受過外部送的東西。雖然他妻子常來探監,但只是在會客室隔著玻璃窗用互通電話交談,傳遞線鋸是不可能的。而且,他在被關進單人牢房前受過嚴格的搜身檢查。那麼,囚犯文森斯是如何弄到線鋸的呢?

金牛偵探在檢視牢房被鋸斷的窗戶欄杆時,見窗臺上有鳥糞,便看出了名堂。你知道為什麼嗎?

答案:是鴿子運來的。囚犯文森斯每天在鐵窗上撒麵包屑。在監獄外,其妻放出信鴿,信鴿發現麵包屑,便往文森斯的牢房飛來。這樣反覆進行幾次,等信鴿記住了單人牢房的位置後,其妻在信鴿腿上綁上線鋸的挫刀,然後放掉信鴿。於是,囚犯文森斯便順利地拿到了挫刀。鴿子可在監獄的高牆上自由飛進飛出,而且監視的看守人員也是不會注意到鴿子傳遞線鋸的。

人體科學 —— 懂人的金牛偵探

✦ 兩樣相貌

斯諾克從家裡門窗的縫隙中,看見鄰居家發生了一起凶殺案。據斯諾克的供詞,由於嫌疑人幾次閃身經過窗門前,所以他能清楚地記得,嫌疑人是一個臉型瘦削的人。但後來竟有一名圓臉的人到警局自首!如果你是得知上述線索的金牛偵探,知道到警局自首的人是否是真正的凶手嗎?

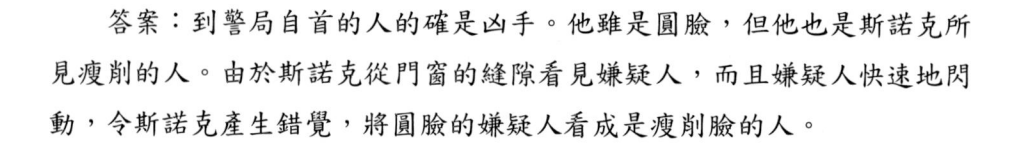

第 2 章　金牛座（Taurus）4 月 20 日～5 月 20 日

答案：到警局自首的人的確是凶手。他雖是圓臉，但他也是斯諾克所見瘦削的人。由於斯諾克從門窗的縫隙看見嫌疑人，而且嫌疑人快速地閃動，令斯諾克產生錯覺，將圓臉的嫌疑人看成是瘦削臉的人。

◆ 誰是凶手

有兩兄弟，為了爭奪家產結了仇，見面都互不理睬。有一天，人們發現哥哥死在街頭，而弟弟卻失蹤了。

警方在現場調查發現：死去的哥哥血型是 A 型，而在他身上，發現有 AB 型的血跡，警方認為是凶手留下的。

據調查，死者的父親血型是 O 型，母親的血型是 AB 型，但死者弟弟的血型是什麼，卻不清楚。有人認為殺人凶手一定是死者的弟弟。如果你是得知上述線索的金牛偵探，判斷一下，失蹤的弟弟會不會是凶手？

答案：不是。AB 型和 O 型的人結婚，子女不會有 AB 型。

不同血型的人結婚和生出子女血型的對應關係如下：

雙親的血型	子女的血型
O　O	O
A　O	O　A
A　A	O　A
B　O	O　B
B　B	O　B
A　B	O　A　B　AB
AB　O	A　B
AB　A	A　B　AB
AB　B	A　B　AB
AB　AB	AB

✦ 奇怪的血型

某日晚上，一個年輕的女子被車撞。開車的人裝成要送她去醫院，將其弄上車，然後逃走。由於被害人已經死亡，所以毫無疑問，屍體會在途中某個地方被丟棄。

因是惡劣的肇事逃逸事件，警方立案偵查，經檢驗現場被害人的血型，是 O 型和 A 型。這麼說，被撞的被害人有兩個人嗎？但根據目擊者的證詞，被害人是一人。而且，肇事司機沒有任何擦傷，所以絕非是他的血混到裡面。

如果你是得知上述線索的金牛偵探，知道被害人的血型到底是什麼嗎？

答案：被害人擁有兩種血型，該被害人的血型為 O 型和 A 型。這是非常特殊的事例，也就是說，被害人一人卻擁有兩種血型，稱為血型嵌合。另外，雙胞胎的一方也常有兩種血型，將此稱為血型嵌合體。

✦ 血型辨凶

某公司董事長有兩個兒子——哥哥彼得和弟弟查理。一天夜裡，新婚 3 天的彼得橫死街頭，查理也突然失蹤。警方調查獲得的結果是：

1. 彼得和查理為爭奪財產繼承權，平時已經互不理睬，甚至揚言要殺死對方。

2. 死去的彼得是 A 型；他身上還有別人的血跡，是 AB 型，看來是凶手的血。

3. 彼得的父親是 O 型，母親是 AB 型。他弟弟已失蹤，無法調查血型。

4. 彼得衣服上有他妻子瑪麗的指紋，但瑪麗的血型是 B 型，且已懷孕兩個月。

第 2 章　金牛座（Taurus）4 月 20 日～5 月 20 日

5. 瑪麗在彼得死去前一星期跟前夫西茲離婚，西茲在彼得死後第二天離開當地，無法調查血型。

6. 此案沒有發現其他嫌疑人。

面對如此複雜的案件，金牛偵探三言兩語便指出癥結所在。警方也很快將凶手捕獲。

根據以上線索，請你推測誰是凶手？

答案：西茲是凶手，瑪麗是幫凶。金牛偵探是透過血型遺傳法識破凶手的。弟弟查理的血型不是 AB 型，因為其父是 O 型，其母是 AB 型，這樣兒子的血型只能是 A 或 B 型。所以查理不是凶手。西茲跟瑪麗是假離婚，目的是預謀以彼得的遺腹子名義奪取財產。

✦ 嬰兒的眼淚

倫敦警察局接到匿名檢舉，有個拐賣嬰兒的犯罪集團近日準備將一批嬰兒販賣到一個偏僻山村。

某火車站出口處，一列車即將發車。一位俏麗少婦，抱著啼哭的嬰兒，正隨著緩緩流動的人群走近驗票口。

「這孩子怎麼啦？生病了？」假裝成車站服務人員的金牛偵探關切地問。

俏麗少婦幽怨地嘆道：「唉！這孩子剛滿月，我們夫妻倆忙得沒時間照顧她，結果她得了感冒，真是讓人煩惱。」邊說邊幫孩子擦眼淚。她的一舉一動，當然逃不過金牛偵探銳利的眼光。

金牛偵探上前摸了摸女嬰的頭，果然很燙，又關切問道：「這孩子多大了？」

「今天才剛滿月又三天，唉！」俏麗少婦又是一嘆，不停地幫孩子擦眼淚。

「真的嗎？」金牛偵探的眼裡射出冷光，「我是警察，請跟我走一趟！」

在審訊室裡，金牛偵探面對又哭又鬧的俏麗少婦，說出了拘捕她的原因。你知道原因嗎？

答案：嬰兒的淚腺在出生後三個月才會長出，而金牛偵探看到這「才剛滿月不久」的女嬰，竟不斷流出眼淚，顯然有假，因而斷定這女人是嫌疑犯。

✦ 說溜嘴的美術老師

初夏的晚上，因一個案件的調查，金牛偵探拜訪了美術老師羅琳娜。她住在豪華公寓的最頂樓。

「請問昨天下午三點左右，您在哪裡？」金牛偵探請她提出不在現場的證明。

「在陽臺上寫生，就是這幅畫。」羅琳娜給他看放在畫架上的一幅油畫。畫的是從頂樓上仰視摩天飯店的景觀，畫得很好。「因交通事故在醫院住了三個月，前天剛出院，所以從昨天起一直在畫畫，好解解悶，而且連續大晴天，是多好的日光浴呀！」「怪不得臉紅紅的，滿健康的樣子，我想也是晒出來的。現在幾點啦？我忘了戴錶。」金牛偵探若無其事問道。

「六點半。」羅琳娜看了看戴在左手腕的手錶答道。她的左手指白皙細嫩，美極了，粉色修長的指甲也格外漂亮。

她察覺到金牛偵探敏銳的視線在注意自己的手，「我的手怎麼啦？」她不安地問道。「不由得被您漂亮的指甲迷住了！您最習慣用右手吧？」「嗯！是的，那又怎麼啦？」「您晒了兩天日光浴，還畫畫，但左手卻一點也沒晒黑，我覺得有點奇怪。」「左手因端著顏料板，所以沒晒到。」羅琳娜話說一半，突然覺得說溜了嘴，慌忙閉上嘴，這是為什麼呢？

第 2 章　金牛座（Taurus）4 月 20 日～5 月 20 日

答案：如果羅琳娜的話是真的，她的姆指應該是晒黑的。寫生油畫時，因一隻手端著顏料板，被板遮住晒不到。但只有姆指會露在顏料板的洞外面，照理是會晒到的。而羅琳娜的左手五個手指頭都很白，所以才引起金牛偵探的懷疑。

✦ 實驗辨謊

警方最近多次接到海濱度假村客房裡盜竊遊客貴重物品的報案，並漸漸摸清這個罪犯的體貌特徵，於是請專家畫了罪犯的模擬畫像四處張貼，提醒遊客注意，發現後及時通知警方查緝。很快，一位賓館服務人員通知警方，該賓館新入住的一位客人與模擬畫像上的犯罪嫌疑人極為相像。

金牛偵探獲訊後迅速趕到該賓館，在服務人員指點下，打開了這位客人的房門。這位客人的確長得和畫像上的犯罪嫌疑人極為相像，唯一的差別是，客人梳的是大背頭，而犯罪嫌疑人則是三七分頭。

當金牛偵探拿著模擬畫像要求客人去警局接受調查時，客人立即指出頭髮的差別，並稱自己來這裡休假半月有餘，有許多大背頭的照片可以作證，只是剛換賓館而已。說著，客人拿出許多彩色照片，來證明自己一向是梳大背頭髮型。

在場的人有些疑惑，會不會只是長得相像而已？金牛偵探帶客人到理髮廳做了個實驗，結果弄清問題了。這是什麼實驗呢？

答案：把此人帶到理髮廳剃成光頭，三七分的分界線就會明顯地暴露出來。因為盛夏在海濱住半個月以上，分界處的頭皮和臉部一樣，會受到日光的強烈照射，剃光後，光頭上就會出現一條深色的分界線。

✦ 糊塗間諜

A 國的間諜 006 叛逃後，被 B 國的間諜機關保護起來，將他藏在某高山滑雪場附近的山莊裡。A 國間諜部門在得到可靠情報後，派殺手 008 去除掉

他。008貼了假鬍子，混在大批滑雪的國外遊客中，一邊滑雪，一邊觀察地形，思考暗殺方案。他在晴朗的天氣下滑了兩天雪，到第三天晚上，他終於溜進山莊，刺殺了006。不過他在逃跑時，被B國保全人員看到，B國反間諜機關根據目擊者的描述，為他畫了畫像，在各個關口都安排人員捉拿他。

008早有準備，他撕下貼了幾天的大鬍子，相信B國警方一定認不出。但結果他在第一個關口就被金牛偵探一眼認出而被捕，問題點還恰恰出在鬍子上，你知道是什麼原因嗎？

答案：由於殺手008連兩天都在晴朗的天氣下滑雪，所以臉上已被雪地反射的陽光晒黑了，但他卻忘了這一點。由於他臉上貼鬍子的位置顯得特別白，所以金牛偵探一下子就發現他曾經化過妝。

◆ 血液之謎

這件案子發生在夏天的晚上。漁民A和B坐在遠離村子的河堤上，一邊乘涼一邊閒聊，可能因為天氣悶熱的緣故，蚊子特別多，咬到人覺得很煩。兩人聊著聊著突然大吵起來，A一氣之下，拿了塊石頭擊中B的頭部，沒想到一下子就把B打死了。A雖然非常後悔，但為了逃避罪責，還是匆忙用草將B的屍體蓋住後逃離現場。當然他在逃走前，沒忘記把自己的腳印和指紋都抹掉。

第二天，屍體被人發現後，金牛偵探對現場進行調查，雖然誰也沒見到A和B吵架，但警方還是一下子就抓住了A。事實上，金牛偵探是根據A的血液破案的。

但是，A並沒有受傷，那天怎麼會在現場留下血跡呢？

答案：在乘涼時，由於蚊子不停地吸A和B的血，A打死了不少蚊子。這樣，落在現場的蚊子身體中，便留下了A的血液。金牛偵探正是以蚊子所吸的血，檢驗出凶手的血型。

第 2 章　金牛座（Taurus）4 月 20 日～5 月 20 日

✦ 指紋的祕密

　　一天傍晚，金牛偵探一個人到酒吧喝酒。他的目光很快被坐在隔鄰的一個漂亮女子所吸引，這個女子大約二十五、六歲，化了很濃的妝，且指甲塗了透明的指甲油，獨自在喝酒。金牛偵探覺得這個女人似曾相識，但又記不起是誰。直至那女人離開座位，金牛偵探才突然記起她名叫盧琳，是個詐騙犯，正被警方懸賞通緝。金牛偵探立即起身追出去，但那盧琳已無蹤影，金牛偵探於是向警方報案。

　　警察到場後，立即展開調查，他們把女子喝酒的酒杯加以檢驗，但是，上面竟然沒有留下指紋。「奇怪，那個女嫌犯喝酒時戴著手套嗎？」警察問道。「不，她沒有戴手套，而且，也沒有貼上膠帶那類的東西。」金牛偵探回答。「那到底是怎麼一回事呢？」警察迷惑地自言自語，金牛偵探告訴他其中的原因。你知道是什麼原因嗎？

　　答案：詐騙犯盧琳的手指，指紋部分也塗上了指甲油，所以，沒有留下指紋。

✦ 吊死之謎

　　某夜，罪犯 A 偷偷溜進某公寓，把一名了解自己底細的女子殺死，並將她偽裝成上吊自殺的樣子。被繩圈勒住脖子的屍體，兩隻赤腳離地大約有 50 公分。A 還將化妝臺邊的凳子放倒在死者的腳下，那是一個圓凳。這樣一來，就變成是那名女子用這個凳子來墊腳而上吊自殺的。

　　但當屍體被人發現後，金牛偵探檢查了那房屋後說：「這絕不是自殺，而是他殺！」

　　那麼，罪犯 A 究竟犯了什麼錯誤呢？不過，由於做案時 A 戴著手套，所以絕不可能在現場留下指紋。

答案：手上有指紋，腳指頭也有指紋，叫足紋。然而在那個圓凳上，沒有被害者兩腳的足紋，這就是 A 最大的敗筆。如果那名女子真的是踩在凳子上自殺的，那她在自殺後，必定會在凳子上留下兩腳的足紋才對。

◆ 水中命案

有 4 個朋友，相約一起去泰晤士河潛水。他們 4 個人，平時都是很要好的朋友，常相約去爬山或游泳。

「今天泰晤士河漲潮了，我們游泳時可以帶氧氣筒。」湯姆說，「我把 4 個氧氣筒都裝好氧氣了，夠用 3 個小時，現在是 12 點，我們游到下午 3 點集合，返回船上。」

4 人各自下水，下午 3 點，湯姆和另外一個潛水者邁克上了船，15 分鐘後，另一位潛水者喬治也上了船，一位叫約翰的潛水者還沒上船。3 人在船上又等了大約一小時，感覺事情不妙，馬上報警。

金牛偵探派游泳能手潛到水底，在那裡找到了約翰的屍體，他已經死亡多時了。經法醫檢查，約翰死亡的原因是呼吸和心臟麻痺所引起。他在水中像睡覺那樣昏迷過去，然後才窒息的。

經過調查，那個氧氣筒並沒有什麼問題，也沒有故障。警方發現，筒中裝滿了純氧氣，沒有混雜其他氣體。金牛偵探問：「是誰準備氧氣筒的？」

「是我。」湯姆說。

金牛偵探把他戴上手銬，說：「你涉嫌謀殺約翰，因而要拘捕你。」

到底是什麼原因使金牛偵探要拘捕湯姆呢？

答案：人不能吸入純氧氣，否則會進入麻痺狀態，以致死亡。因為是湯姆準備氧氣筒的，所以要拘捕湯姆。

第 2 章　金牛座（Taurus）4 月 20 日～5 月 20 日

◆ 村長的詭計

金牛偵探有一次在美國南部旅遊時，來到一個村莊。當時村民們正在慶祝豐收，再過一會兒，慶祝活動就要進入高潮，那就是激動人心的 26 英里長跑比賽。可是不知為什麼，金牛偵探發現人們的臉色都陰沉沉，似乎不太高興。於是他找到負責這次比賽的唯一一名裁判，詢問原因。

裁判說道：「這個村子每年都會舉行一次長跑比賽，冠軍可獲一千美元的獎金。老村長死後，他的兒子掌權。他讓自己的兒子傑克參加比賽。從那以後，傑克每年都拿冠軍，一千美元的獎金也總是落到他手中。村長為長跑制定了新規矩：運動員不是一起出發，而是每隔五分鐘起跑一個，穿進那邊的森林，在那裡轉個圈，然後再跑出森林，回到原先的起跑線上。而傑克總是第一個跑，我肯定傑克只是跑進森林後就躲在裡面，等到差不多的時候再跑出來。你知道，這場比賽就我一個裁判，我是從另一個村子被請來的。我不怕這裡的村長，我想揭穿傑克的把戲，但沒人幫我的忙。這裡的村民敢怒不敢言。村長命令不許任何人跟在運動員後面。而且，如果村民們不參加長跑比賽，村長就威脅說要增加稅收。」

聽完裁判一席話，金牛偵探說道：「你沒必要請誰來幫忙，你只需要一卷皮尺，就足夠揭穿他的詭計。」

裁判聽從金牛偵探的建議，果然揭穿了村長的真面目。

金牛偵探是怎樣揭穿村長詭計的？

答案：比賽結束時再量一下。在跑完 26 英里後，運動員小腿肚的周長大約會增加 1 英寸左右。

◆ 深海查案

在海底 40 公尺深的地方，有一個水生動物研究所。研究所裡有主任懷特和三個助手博卡、邁勒、萊茵。那裡的水壓相當於 5 個大氣壓。

一天，吃過午餐，三個助手穿上潛水衣，分頭到海洋中去工作。下午1點50分左右，陸地上的文森斯來到研究所拜訪。一進門，他驚恐地看到懷特滿身血跡躺在地上，已經死去。

　　金牛偵探到現場調查，發現懷特是被人槍殺的，做案時間在1點左右，據分析，凶手就是這三個助手之一。可是三個助手都說自己在12點40分左右就離開研究所。

　　博卡說：「我離開後大約游了15分鐘，來到一艘沉船附近，觀察一群海豚。」

　　邁勒說：「我與往常一樣，到離這裡10分鐘路程的海底火山那裡去了。回來時約一點，看見博卡在沉船旁邊。」

　　萊茵說：「我離開研究所後，就游上陸地，到地面時大約12點55分。當時琳琪小姐在陸地辦公室裡，我倆一直聊天。」琳琪小姐證明萊茵一點鐘左右的確在辦公室裡。

　　聽了三個助手的話，金牛偵探說：「你們之中有一個說謊者，他隱瞞了槍殺懷特的罪行。」

　　你能判斷出誰是說謊者和誰槍殺懷特嗎？為什麼？

　　答案：萊茵是說謊者，她也是槍殺懷特的凶手。因為研究所在水下40公尺處，大約有5個大氣壓，想從這樣的深度游向地面，必須在中途休息好幾次，使身體逐漸適應壓力的改變。如果只用15分鐘游到地面，那一定會有潛水夫病。

✦ 凶手怎麼逃走

　　一個夏夜，天氣又熱又溼，莎莉遲遲無法入睡。而住在樓上的安娜，剛巧回家沐浴，水聲吵醒了莎莉，滴答滴答的流水聲長時間響個不停。莎莉終於忍不住，打電話給警衛，請他去檢視。不久警衛走上來，對莎莉

說：「我剛才打電話給安娜，她家裡沒有人接電話；到她家去敲門，她好像已在洗澡，只聞水聲，卻沒有任何反應，門反鎖了，我怕她可能……」

莎莉見事態嚴重，慌忙報警。金牛偵探抵達現場後，用力撞開大門，衝入浴室，只見一具屍體浸在浴缸內，水龍頭仍開著，顯然，她已被謀殺。

「奇怪，門被反鎖，氣窗緊閉，凶手怎麼逃走的呢？」莎莉和警衛自言自語道。

金牛偵探經過深入調查後，終於發現浴室的門後有一條斷了的門閂，門上纏著幾根長髮，那是屬於死者的。此外，還發現兩顆釘子，分別釘在門的上下兩端，釘子上又纏著幾絲長髮。最後，金牛偵探憑這些線索，終於找到凶手逃走的方法了，你知道是什麼方法嗎？

答案：凶手殺了死者後，拔了她幾根長髮，結成一長線，綁在門閂前面，把它斜斜吊起，再調整長髮的長度，掛在門上那顆釘子上，接著連接門下的釘子。一切工作完成後，打開水龍頭，把門輕輕關上，藉以掩蓋他逃離現場的證據。不久，當水蒸氣漸漸上升，頭髮遇熱伸長，最後門閂慢慢纏緊軸承，門便自己反鎖了。

機率 —— 善於博弈的金牛偵探

◆ 有勝算嗎

有一個賭徒經常用撲克牌賭博，而且是變花樣地賭。一天，他擺出做了記號的 3 張撲克牌（如圖）。撲克牌正、反兩面分別畫勾或 ×。他說他可以把這 3 張撲克牌給任何人，在不讓他看到的情況下選出一張，放在桌上，朝上的是正面或反面都沒有關係。只要他看了朝上那面後，會猜出朝下的是什麼記號。猜對了，就請對方給他 100 元；猜錯了，他就給對方 200 元。撲克牌上勾和 × 占總數各半，也沒有其他任何記號。

如果你是得知上述線索的金牛偵探，你覺得他有勝算嗎？

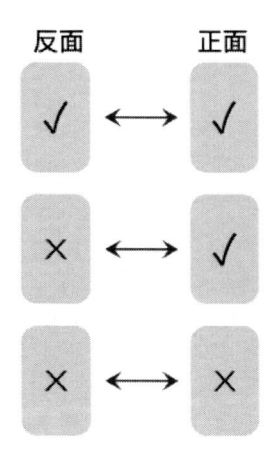

反面		正面
✓	↔	✓
✗	↔	✓
✗	↔	✗

答案：有勝算。

假設朝上的是勾，朝下的是勾或✗的機會並不是一半一半。

朝下的是勾的機會有兩個：一個是第一張卡片的正面朝上時；另一個是第一張卡片的反面朝上時。

但朝下的是✗的機會，只有當第二張卡片正面朝上的時候。

也就是說，只要回答朝上那面的圖案，他就有 2/3 機會會贏。

✦ 無情的船長

卡塔尼亞和多格尼亞兩個公國之間的戰爭一直持續數百年，戰亂使兩國百姓都不得安寧。為了促使兩國人民和平相處，經過協商，兩國國王共同簽署了一項法令，明確規定所有來往於兩國之間的商船，都必須同時有來自兩國的船員，而且其人數必須相等。在某個具有歷史意義的日子裡，這樣的船終於開始通航了。

這艘商船上共有船員30人：15個卡塔尼亞人和15個多格尼亞人，船長則是強壯而冷酷無情的多格尼亞人。出航沒多久，船就遇到風暴，受到嚴重的損壞。船長表示，唯一能救這艘船的方法，就是把一半船員扔下

海，以便減輕船的負荷。為了公平起見，他決定讓船員抽籤決定：所有人都站成一排，由船長讀數，每數到第九的船員，就會被扔下海。大家都同意這個方法。

奇怪的是，因這種方法而被扔下海的船員，全是卡塔尼亞人，沒有一個多格尼亞人。

如果你是得知上述線索的金牛偵探，知道船長是怎麼將船員進行排列的嗎？

答案：船長讓船員們排成一個圈的一列隊，從數字1開始，每數到第九的船員被扔下水。多格尼亞船員的數字是：1、2、3、4、10、11、13、14、15、17、20、21、25、28、29。不幸的卡塔尼亞船員所站的位置則是：5、6、7、8、9、12、16、18、19、22、23、24、26、27、30。

◆ 恐怖遊戲

這是一個恐怖遊戲。在這個遊戲中，用的是真槍實彈。對決雙方轉輪決鬥，首先在可以放6顆子彈的左輪手槍彈匣中，放進一顆子彈，放在哪個位置則不得而知，然後兩個人開始輪流朝自己的頭開槍。6次射擊的其中一次，實彈會被發射出來，而玩家就性命不保了。

如果你是得知上述線索的金牛偵探，請回答：在這個遊戲中，是先開槍的人有利，還是後開槍的人有利？

答案：一般來說，後開槍的人有利。如果以數學機率做嚴密計算，會發現兩個玩家的死亡機率都是1/2。但從邏輯的角度來看，應該是後開槍的人有利。比方說當兩個玩家發現彈匣裡只有最後一發子彈時，後發的人可以朝對方先開一槍，然後逃跑。

✦ 三人決鬥

三個年輕人同時愛上一個女孩，為了決定誰能娶這個女孩，他們決定用手槍進行決鬥。甲的命中率是30％；乙比他好一些，命中率是50％；最出色的槍手是丙，他從不失誤，命中率是100％。由於這個顯而易見的事實，為公平起見，他們決定照這樣的順序：甲先開槍，乙第二，丙最後。然後這樣循環，直到他們只剩下一個人。

如果你是得知上述線索的金牛偵探，知道這三人中誰活下來的機會最大嗎？他們都應該採取什麼樣的策略？

答案：A ── 甲、B ── 乙、C ── 丙。

只有 AB 相對：

A 活下來的可能性為：

$30\% + 70\% \times 50\% \times 30\% + 70\% \times 50\% \times 70\% \times 50\% \times 30\% + \cdots\cdots = 0.3/0.65$。

B 活下來的可能性為：

$70\% \times 50\% + 70\% \times 50\% \times 70\% \times 50\% + 70\% \times 50\% \times 70\% \times 50\% \times 70\% \times 50\% + \cdots\cdots = 0.35/0.65$，恰好等於 $1 - 0.3/0.65$。

只有 AC 相對：

A 活下來的可能性為30％；

C 活下來的可能性為70％。

只有 BC 相對：

B 活下來的可能性為50％；

C 活下來的可能性為50％。

三人相對，A 活下來有三種情況：

（1）A 殺了 C，B 殺不死 A，A 又殺了 B，機率 $30\% \times 50\% \times 0.3/0.65$；

（2）A 殺不死 C，B 殺了 C，A 殺了 B，機率 $70\% \times 50\% \times 0.3/0.65$；

第 2 章　金牛座（Taurus）4月20日～5月20日

（3）A 殺不死 C，B 殺不死 C，C 殺了 B，A 殺了 C，機率 70% ×50% ×30%。

所以 A 活下來的可能性為 0.105+3/13≈0.336，大於三分之一，非常幸運了。

✦ 抓火柴定生死

5 個囚犯，分別按 1～5 號順序，在裝有 100 根火柴的口袋內抓火柴，規定每人至少抓一根，而抓最多和最少的人將被處死，而且，他們之間不能交流，但在抓的時候，可以摸出剩下的火柴數。如果你是得知上述線索的金牛偵探，他們之中，誰的存活機率最大？

答案：首先來分析第一個人，「可以摸出剩下的火柴數」的條件，對他來說毫無意義，因此他只能拿多少算多少。如果他拿走 96 根，那大家只有一起死；如果他拿走 20 根以上，那他是拿最多的，必死無疑了；如果他拿走 20 根以下，後面的人可以讓他成為最少的；如果他正好拿走 20 根，這是他唯一可能存在的活路。後面的人可以計算以提高活的機率，而第一個人有機率活，但絕對是純靠運氣。

來看看第二個人。如果第一個人拿走 20 根以上，哪怕是 21 根，第二個人 100% 不會死，這樣就增加了 50% 的存活機率；如果第一個人正好拿走 20 根，第二個人也拿走 20 根，那麼他會和第一個人一起死，這種情況，拿走 19 根是最好的選擇。因此第二人存活機率是 0～75%。

接下來是第三個人。如果前兩個人拿走火柴的總數在 40 根以上，那麼第三個人 100% 不會死，他的存活機率多了 50%；如果前兩個人拿走火柴的總數在 40 根以下，那第三個人生死的機率各 50%。因此第三個人存活機率是 0～75%。

接下來是第四個人。如果還剩 2 根，那死的可不只是第四個人了，而至少是有三個人必須死；如果還剩 3～20 根，第四個人就能活下來；如

果還剩 21～39 根，說明前面有人多拿，第四個人就拿 20 根，也能活下來。因此第四個人存活機率大於 75%，是最高的。

最後來分析最後一個人。如果剩下的火柴在 20 根以上，他可以選擇最靠近 4 個人的均數，因為當有餘數時，捨掉餘數就不會是最大的，加上去就不會是最小的，這樣機率就會提高一半；如果正好是均數 20 根，只要不都死，那最後一人肯定活下來；如果就剩下 1 根，那只有死了。因此最後一人存活率是 0～50%。

✦ 揭穿「玩撲克牌」的騙局

在公園或路旁，經常看到這樣的遊戲：攤販前畫有一個圓圈，周圍擺滿了獎品，有鐘錶、玩具、小梳子等。然後，攤販拿出一副撲克牌讓遊客隨意摸出兩張，並說好往哪個方向轉，將兩張撲克牌的數字相加（J、Q、K 分別為 11、12、13；A 為 1），摸到幾，就從幾開始按照預先說好的方向轉幾步，轉到數字幾，數字幾前面的獎品就歸遊客，唯有轉到一個位置（如圖），必須付 2 元，其餘的位置都不需要付錢。

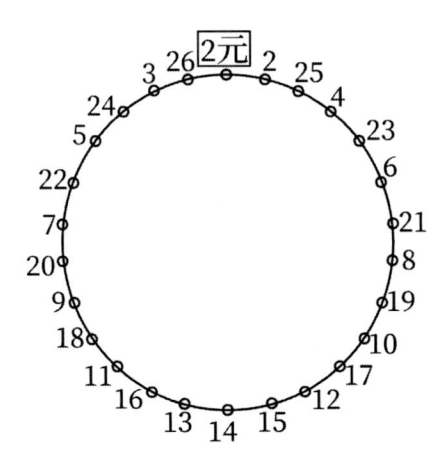

真是太便宜了，不用花錢就可以玩遊戲，而且得獎的可能性「非常大」，付 2 元的可能性「非常小」。然而，事實並非如此，金牛偵探透過觀

第 2 章　金牛座（Taurus）4 月 20 日～5 月 20 日

察可以知道，凡參與遊戲的遊客，不是轉到 2 元，就是轉到微不足道的一些小物品旁，而鐘錶、玩具等貴重物品，就沒有一個遊客轉到過。這是怎麼回事呢？是不是其中有「詐」？金牛偵探沉思片刻，就揭穿了這個騙局，你知道其中的奧祕嗎？

　　答案：這其實是騙人的把戲。透過圖可以看到：圓圈上的任何一個數字左轉或右轉，到 2 元位置的距離恰好是這個數字。因此，摸到的撲克牌數字之和，無論是多少，或左轉或右轉，必定有一個可能轉到 2 元的位置。即使轉不到 2 元，也只能轉到奇數位置，絕不會轉到偶數位置，因為如果是奇數，從這個數字開始轉，相當於增加了「偶數」，奇數＋偶數＝奇數；如果是偶數，從這個數字開始轉，相當於增加了「奇數」，偶數＋奇數＝奇數。我們仔細觀察就會發現，所有貴重的獎品都在偶數字前，而奇數字前只有梳子、尺等微不足道的小物品。由於無論怎麼轉也不會轉到偶數字，也就不可能得貴重獎品了。

　　對小攤販來說，遊客花 2 元與得到小物品的可能性都是一樣的，都是 1/2，所以相當於小攤販將每件小物品用 2 元的價格賣出去。

第 3 章

雙子座 (Gemini)
5 月 21 日～6 月 21 日

第3章　雙子座（Gemini）5月21日～6月21日

【神話由來‧象徵意義】

在埃及，雙子座的名稱為「孿子星」，是以這星座中最明亮的兩顆星卡斯托（Castor）和波路克斯（Pollux）命名。這兩顆星另外還有兩組名稱，分別為海克利斯（Hecules）、阿波羅（Apollo），崔特勒瑪（Tritolemus）、艾遜（Iasion）。埃及人觀念中的孿子座為幼童，而非一般常見的成人形象。

雙子座代表雙胞胎兄弟，象徵二者心智上的關聯，以及兩人對客觀環境的共識。

【智商代表詞彙】

我要思考

雙子座的人天生聰明，反應敏捷，對各種新奇事物都有興趣去了解，使自己的思維不斷擴大。他們足智多謀，擅長溝通，容易讓人清楚自己的意念，以及影響別人的思路。況且凡事都懂一點的表現，令人崇拜。這些優點可能是因為雙子有兩個「頭腦」吧！

他們具靈性、聰明、心智活躍、敏銳，喜歡忙碌和追求新的概念及做事方法，有活力，口才一流，胸懷大志，人緣很好，且都有語言天分。對事物的思考很快，改變主意也比一般人快。雙子座反應迅速，伶牙俐齒，是非常好的玩伴和娛樂型人才。

雙子座有著雙倍於別人的力量、思考力，卻也需要比別人多一倍的時間去恢復。所以，雙子座是一個善良與邪惡、快樂與憂鬱、溫柔與殘暴兼具的複雜星座。只要是能夠得到認同的，就是他們的標準，這也是我們發

現雙子座在最初時總能輕易得到大家的認同和崇拜，也很能感染眾人思想的原因。

在決定及思考邏輯上，永遠都在變動。因為變，所以沒有堅持的原則，也不會放入任何固定的框框中。雙子擅長在任何環境裡找尋對己最有利的處境，這使「八面玲瓏」、「知人知面不知心」等用語，時常出現在對雙子族群的評語中。

雙子座討厭呆板、一成不變，周遭的人也喜歡和他親近，享受源源不絕的生活創意。因此，對雙子座而言，學著跟別人好好相處絕不是問題。但正因為多變的性格，使身旁的人偶而會懷疑他的誠意。

公認智商指數：125～130

【情商代表詞彙】

我變

來無影、去無蹤、心神不定、腳步不停，這便是金牛座之後的多變雙子座。盎然的春意表現在雙子座性格上的主要特徵是無拘無束，對外界包羅萬象的事物，擁有永無休止的好奇心。正面的雙子座性格是充滿想像力與創造力，聰明靈活、思路敏捷、妙語如珠、生動有趣、外向活潑、機智、反應快；負面的雙子座性格是多動、不安於室、注意力容易分散、容易產生雙重性格。

雙子座的雙重性格常讓別人和自己頭痛萬分，對於事業與愛情，如果肯多花點心思經營，應該會很好。雙子座的意志一直都是一體兩面的——積極與消極、動與靜、明與暗，相互消長，共榮共存。通常多才多藝，也可同時處理很多事情，有些則會表現出明顯的雙重或多重人格，

第 3 章　雙子座（Gemini）5月21日～6月21日

這種多變的特性，往往令人難以捉摸。

　　雙子座有雙重複雜的個性，所以對音樂的偏好大多是高低起伏、抽象、對比性強，有時甚至喜好令人感覺有點難以負荷的高度分裂的樂曲。但雙子座也特別重視文字及樂曲之間的結合度，再加上屬於陽性的風象星座，這多種組合，使這個星座唯有更多變、更豐富的內涵，才能相得益彰。

　　雙子座是所有星座中最能保持青春和活力的星座，對於呆板及枯燥的事物容易感到厭煩，導致半途而廢。他們並非真的心機很重，只是很少有真正的自我想法，通常他們會隨著潮流或大環境走，除了可避免衝突，也因為他們的認同範圍可以無限擴充。雙子座是最容易說話不算數的星座，來者不拒、喜歡交際的他，會因為突然插隊的邀約或臨時擔任招待活動等因素，而讓他在各種情況下，忘記他對你的承諾。忍受他的「不專心」是必修課。

公認情商指數：74 ～ 82

【智商・情商之最】

最多重性格

最矛盾

最好辯

最有想像力

最會突發奇想

最多女強人

最會投機取巧

離婚率最高

最喜歡刺激
最會看人臉色
反應最快
最不體貼
最會攀關係
最可能當黑馬
最會臨時抱佛腳
最會口是心非
最不正經
最善變
最易神經質
最易緊張
最拿得起放得下
最會自我解嘲
最有人緣
最易分心
最怕無聊
最恨透露隱私
最會學第二語言
運氣最好
最會肢體語言
最可愛幼稚
最會安慰自己
最敢想敢做

第 3 章　雙子座（Gemini）5 月 21 日～6 月 21 日

【智商・情商綜合評價】

1. 工作踏實肯做，總是身不由己地忙來忙去；機敏靈活，應變能力強。
2. 對生活永遠充滿熱情，永遠激發活力，總有新鮮的想法改進工作，有向自己和世界挑戰的勇氣。
3. 一個人等於兩個人，善談而有豐富的想像力，經常使氣氛非常熱鬧。
4. 能很快分析出周圍人的性格和品德，擇友非常嚴格。
5. 善於保守祕密，嚴保真實的祕密。
6. 快樂比別人多一倍，愛取小名和藝名。
7. 愛講故事，愛改編故事，愛看偵探推理小說。
8. 不願意被束縛，喜歡自由，易優柔寡斷，喪失良機。

【雙子偵探訓練案例】

獨闢蹊徑——善於應變的雙子偵探

✦ 容易出逃

某婚紗店的化妝師瑪利亞 4 點鐘就起床了，今天她要去為一個新娘子全程服務。按照約定，她必須在 5 點到達新娘子的家裡，現在才 4 點多，完全來得及。

瑪利亞開著車，剛轉進新娘家附近的街道，一個男子突然衝到車前，幸好煞車及時，否則後果不堪設想。瑪利亞打開車窗，剛要說話，男子一把拉開車門，坐在後面，一把刀子抵在瑪利亞的脖子上。「開車，照我說

的做，否則別怪我不客氣！」男子惡狠狠地說道。瑪利亞嚇得全身發抖，戰戰兢兢地開著車重新回到馬路上。汽車一路開出市區，眼看著離城市越來越遠，男子也放鬆了警惕。

　　男子放下刀子，自我介紹道：「明人不說暗話，我剛殺了我女友，我要逃得遠遠的，妳身上有錢嗎？」

　　「只有不到300塊，我是個化妝師，今天要去工作，沒帶多少錢。」

　　「做什麼的化妝師？」

　　「幫新娘、新郎化妝的。」

　　「噢！很賺錢的吧！」男子往副駕駛座上一看，一個黑色的手提箱放在上面。男子說：「妳既然會化妝，現在警察肯定已經開始抓我了，只要我一露面，隨時都有被抓的危險，如果妳能幫我化妝，變個樣子，我就放了妳！」

　　瑪利亞立刻說：「好吧！我幫你化妝，我會讓你滿意的。」

　　瑪利亞在路邊停下車，叫男子坐下後，拿出化妝工具，精心化起妝來。一會兒，瑪利亞說：「化妝完畢，你看看是否滿意？」男子對著鏡子照了照，高興得差點跳起來。鏡子裡的人完全換了另一副相貌。他樂滋滋地說：「妳幫了我大忙，我就不殺妳了。不過為了我自己的安全，請妳還得受點委屈。我得將妳的手腳捆綁，嘴巴封起來。」瑪利亞迫於無奈，乖乖地被反綁雙手，捆住雙腿，推倒在路邊的草叢裡，還用一條毛巾堵住了嘴巴。

　　男子駕駛車子一路前行，在高速公路的收費站，他開著車、排著隊，跟著車流走。一想到就要順利逃出去了，他開心的不得了，還把窗戶搖下來，呼吸新鮮的空氣。

　　就在這時，旁邊一輛車上有個女孩大吼大叫，衝下車與他合影，還要他簽名，不一會兒，他的車就被圍住了。所有人都和他合影，索取簽名。

第 3 章　雙子座（Gemini）5 月 21 日～6 月 21 日

他莫名其妙地想離開，可是已經晚了。幾個警察走過來疏散人群，想把他帶到空地上。結果，男子汗流滿面，臉上的妝全花了。男子想逃，警察也大驚失色，一把抓住他。男子用力反抗道：「你們抓錯人了，快放了我！」

如果你是得知上述線索的雙子偵探，知道女孩為什麼要攔住男子嗎？

答案：瑪利亞把逃犯化妝成一個大明星的樣子。

✦ 樹頂上的銀元

某富商要外出，他不放心留太多錢給老婆，擔心被偷，於是他留給老婆一張字條，告訴她，沒錢時可以去哪裡找。果然，富商走後不到一個星期，在她老婆去買米的時候，家裡就來了小偷，他們翻箱倒櫃，只找到 1 個銀元，又拿走一些值錢的衣物走了。

富商的老婆回到家後，報了警，收拾完屋子，拿出老公留下的字條，上面寫：「下午 3 點，後院楊樹頂。」她到後院查看，這棵楊樹並不高，顯然銀元根本不在光禿禿的樹頂上。然而她急需用錢，就找雙子偵探幫忙尋找。雙子偵探認真推敲富商那句話的意思，最後終於在正確的位置，將他留給老婆的 10 個銀元取出。請問雙子偵探是如何發現銀元的所藏之處？

答案：銀元埋藏在下午 3 點時楊樹樹頂在地面的投影處。

✦ 找不到的走私物

雙子偵探負責邊境安檢，最近幾年擒獲無數個走私犯，不過他有一個憾事，一年多來，他每天早晨都看見一個人騎著腳踏車，帶一大捆稻草到鄰國去。每次，雙子偵探都會仔細檢查那捆稻草，甚至每一根稻草他都會捏一捏，還認真搜了他的身，但沒有發現什麼可疑之處，每次都只能放他走。那人照樣天天去鄰國，雙子偵探認定其中有問題，可是卻找不到破綻。

不久，雙子偵探要調往別的安檢站工作，今天是他最後一次值班了，明天就會有新人來接替他。他在等那個人來，因為他不想被這件事影響一生。果然，快要下班時，那個人騎腳踏車來了，不過這一次車上沒有稻草。

雙子偵探凝視片刻，恍然大悟，立刻用走私嫌疑犯的理由，將騎腳踏車的人拘捕。審訊結果證明，這個人果然是走私犯。那麼，這個人在走私什麼呢？

答案：這個人一天走私一輛腳踏車。

◆ 上鎖的腳踏車

為了鍛鍊身體，雙子偵探一直騎著他那輛舊腳踏車上下班。週五晚上，他騎車經過工廠後面的林蔭路時，肚子突然不舒服，就去路邊的公廁上廁所。雙子偵探把車子鎖好，走進廁所裡，一群溜直排輪的小男孩從他身邊溜過。六、七分鐘後，雙子偵探從廁所出來，發現腳踏車不見了，就問路邊的行人：「你們有看見我的腳踏車嗎？黑色的。」行人指著遠處說：「看見了，剛被幾個小男孩推走了。你現在追還來得及。」

雙子偵探一路緊追，他一心想把腳踏車找回來，一口氣跑了二公里，最後在路旁發現腳踏車。奇怪，腳踏車是鎖著的，別人偷也不可能這麼快就把車子推到這裡來呀！不過雙子偵探深思片刻，就知道了其中的原委。你知道這到底是怎麼回事嗎？

答案：小男孩將直排輪綁在腳踏車上鎖的後輪上，腳踏車的前輪是可以轉動的，這樣就可以將腳踏車很快推走了。如果後輪沒有綁上直排輪，偷腳踏車的人推車時就要抬起車的後輪，這樣會很吃力，不可能走那麼遠。

第 3 章　雙子座（Gemini）5 月 21 日～6 月 21 日

✦ 自信的證人

一個證人出現在警察局，他很有自信地對雙子偵探說：「我可以幫你們找到凶手。」說完，他拿出手機中拍攝的凶手相片。幾天後，警察在一家酒吧抓住凶手，並帶到警察局。隨後請那位證人來確認。證人看完後，很肯定地對警察說：「就是他，我不會記錯的。我這幾天晚上做夢都是他殺人的場面。」

雖然證人一直強調此人就是凶手，可是雙子偵探一小時後，卻把嫌疑人放了。證人得知後很不理解，就來警察局問個究竟。你知道雙子偵探為什麼會放走凶手嗎？

答案：其實那個人並不是凶手。雙子偵探對證人說：「你說的長相的確沒有錯，可他的指紋和現場指紋不是同一個人，我們經過仔細調查後，得知這個人是凶手的雙胞胎弟弟。」

✦ 逃脫的游泳高手

在夏威夷的海灘上，正是盛夏旅遊的旺季，泳客正興高采烈地玩耍，盡情享受日光浴。幾個便衣警察出現在人群中，他們的目標是一個身穿藍色泳衣的長髮女子。女子似乎察覺到身邊的情況，立刻狂奔，警察從各個方向圍過來。女子見無法逃脫，就向海中狂奔，她一頭跳進海水裡，快速游向深海。當時游泳的人很多，而她卻沒有戴泳帽，長髮到腰下，在水中游泳，特別引人注意。

岸上的雙子偵探一邊密切注視該女子的情況，一邊打電話通知海岸警衛隊，派船去拘捕她。只見該女子不斷向深海方向游去，最後竟不知所蹤。當海岸警衛隊乘船前往檢視時，她已經逃之夭夭了。雙子偵探沉思片刻，立刻通知岸上警察去距離最近的沙灘附近搜捕，果然找到了這位女子。

你知道她是如何逃走的嗎？海面上找不到藍色泳衣女子的蹤跡，雙子偵探為什麼知道她已經上岸了？

答案：女子是游泳好手，雖然她的身分暴露，但她輕而易舉地游至深海，趁警察不覺，潛入水底，脫掉了假髮，也脫掉藍色泳衣，裡面是比基尼。任憑藍色泳衣和假髮在海面上漂浮，自己卻悠然游回海邊逃之夭夭了。

✦ 勒索者的真面目

議員卡西姆遇到一個難堪的事情，他在一個深秋的夜晚，偶遇一個美麗女子，兩個人在賓館度過 3 個小時，可是幾天後，他收到一封信，郵件的內容是幾張照片，正是他在賓館裡的情景。發郵件的人在信中說要 5 萬美元，「舊百元紙幣 500 張普通包裝，在明天上午郵寄，地址是利物浦市第 35 大街麗寧路 316 號信箱」。信中還說：「假使你報警，就當心照片外洩！」卡西姆非常驚慌，為了顧全自己顏面，他只得委託雙子偵探搜查。雙子偵探到勒索者所說的地址調查，發現這戶住宅空無一人，信箱早已廢棄，也就是說沒有真正的主人。

難道勒索者不擔心信投遞不了嗎？雙子偵探忽然靈機一動，終於發現勒索者的真面目。第二天，雙子偵探找到了這個人，要回全部的照片和底片。你知道勒索者是誰嗎？

答案：勒索者是贖金寄達地點郵局的郵差，因為除了他以外，沒有人能夠收到，而且也不會引起懷疑。辦理信件業務的負責人也可能拿到贖金，但問題是無法確定卡西姆在哪一個郵局投寄，所以能夠收到的人，只有當地收件的郵差。

第 3 章　雙子座（Gemini）5 月 21 日～6 月 21 日

✦ 沙灘約會殺人事件

雙子偵探的游泳水準不怎麼樣，卻喜歡晒太陽，一來有利身體健康，二來他可以躺在沙灘上思考案件。不過他也注意到，離他 5 公尺遠的沙灘上，有一把藍白相間的太陽傘，傘下有一對男女在嬉鬧。隔著傘看不到他們的人，只聽到他們嘻嘻哈哈的聲音。不一會兒，一切都平靜了下來。忽然又傳來一陣 DJ 音樂，是從他們傘下的錄音機中傳出來的。過一陣子又停了下來。一個年輕男子從太陽傘下走出來，穿著泳褲，走進海裡游泳。沙灘的左邊是海岬。這時，太陽傘下有女人在大聲呼叫，男子於是朝岸邊揮了揮手，然後游走了。

過了一會兒，雙子偵探看到一個穿戴整齊的男子走過來，他戴著一頂遮陽帽、大 T 恤、沙灘褲，光著腳，臉上戴著很大的太陽眼鏡，鼻子下有鬍子。這個人直接走進旁邊的太陽傘下，雙子偵探看到女孩的手臂摟住了這個男人，男人也消失在太陽傘下。「這個場合，竟然還有情人前來相會，真是太不可思議了。」雙子偵探想著，真為剛才下水的那個男孩抱不平。幾分鐘後，這個男人走了。

又過了一會兒，游泳的男子回來了。他身上滴著水，走向太陽傘，然後就聽到他大叫：「殺人了！」那女子已被人勒死了。後經調查，雙子偵探看到的那個有鬍子的男人成為凶手，於是警方便通緝此人，但是這個案子一直都沒破。

此案過去兩個月了，有一天，雙子偵探突然在睡夢中醒來，他想通了這個案件的另一層設計，從而幫助迅速破解此案。那麼誰是凶手呢？

答案：男孩就是凶手。他一人扮演兩個角色。為了使他不在現場的證明成立，才特意將傘架到別人附近。在第一次打開錄音機時，他就勒死了那個女人，然後利用錄音，放出女子打招呼的聲音，好像他去游泳時那女人還活著。他在出海後，繞到海岬，把事先準備好的衣服、帽子、眼鏡穿

戴好，再黏上鬍子，跑到海灘傘下，故意和已死去的女孩摟摟抱抱，讓人以為是情人約會。然後他再經由道路走回海岬，換下衣服，跳入海中游回來，假裝發現屍首而驚叫。事後，他再返回海岬，將衣服等物徹底妥善處理，就再也沒證據了。不料，雙子偵探嚴密的邏輯思維，竟然破解了此案的關鍵訊息。

智者無敵 —— 善於聯想的雙子偵探

◆ 包公斷雞蛋

少年包拯就十分出名，到他 30 歲當開封府尹時，已名滿京都。當朝太師王延齡愛才惜才，他一直想找個機會試試包拯的才能。這天早晨，按照慣例，新上任的官員得去拜訪當朝同仁，這樣便於以後開展工作。包拯自然也不例外，他一大早就去拜訪王延齡，這樣顯得有誠意。王延齡一聽，包拯要來，好！就藉此機會當面試試包拯的才能。怎麼做呢？恰好丫鬟秋菊端來他的早餐 —— 兩個雞蛋，一碗米粥，一碟鹹菜。王延齡吩咐秋菊把 2 個雞蛋吃掉，丫鬟連說不敢，無奈王延齡逼得緊，只好三口兩口吃了下去。

就在這時，包拯隨著管家走了進來。雙方寒暄幾句後各自落坐，王延齡便說：「包大人來的正好，舍下剛發生一樁不體面的事，想請包大人協助辦理一下。每天早上，我有兩個雞蛋早點。今天因鬧肚子，上廁所一趟，回來時兩個雞蛋竟不見了。此事雖小，不過太師府裡怎能容有這樣手腳不乾淨的人？」包拯點點頭，問道：「時間多長？」「不長。一盞茶的時間而已。」「這段時間內，家裡有沒有外人來了又走的？」「沒有。」「太師您問過家裡眾人嗎？」「問了，他們都說未見。你說怪不怪？」

包拯思索片刻，請太師府裡大小眾人，全部集合站立。然後請人把一

第 3 章　雙子座（Gemini）5 月 21 日～6 月 21 日

碗水和一個盤子拿來。包拯把盤子放在屋中間，然後說：「每人喝口水，再把嘴裡的水漱吐到盤子裡，不准把水嚥下肚。」

頭一個人喝口水，漱吐到盤子裡。包拯看看盤子裡的水，未出聲，又讓請第二個人把水吐到盤裡。包拯又看看，又未出聲。輪到第三人，正是秋菊，她拒絕喝水，包拯離開坐位，指著她說：「雞蛋可是妳吃的？」然後對王延齡解釋了一番，說得太師點頭稱是。不料包拯嚴肅地說：「她只是奉命而為，主犯不是她，應該是王太師。」

王延齡笑著連連點頭，轉臉對眾人說：「這事是我要秋菊做的，為的是試試包大人怎麼斷案。包大人料事如神，真是有才有智。你們回去各做各的工作吧！」

這時，秋菊臉上才出現笑容，和大家一道散去。

如果你是得知上述線索的雙子偵探，知道包公根據什麼斷定雞蛋是王延齡要秋菊吃的嗎？

答案：包公對王延齡說：「剛吃過雞蛋，一定會有蛋黃渣塞在牙縫裡。用清水漱口，再吐出來，就可以根據吐出來的水裡有無蛋黃沫來判斷。秋菊不敢喝清水漱口，不是她，是誰呢？秋菊已是個大女孩，懂得道理，犯不著為兩個雞蛋闖下禍，這是一；二是當我知道是她吃了雞蛋時，她感到羞愧和委屈；第三，這一條，也是最重要的，在全府眾人面前，她被當眾說出偷吃，這事不向眾人說清楚，秋菊就不能安分過日子，會因羞愧而尋短的。太師雖是開玩笑，試試我的才智，我要是一步處理不慎，不是會鬧出人命來嗎？」

◆ 東巴的金塊

東巴是個放牛的孩子，和爺爺、奶奶相依為命，一家人過著窮困潦倒的生活。有一天，東巴在河邊無意中撿到一塊「石頭」，洗刷乾淨後，竟

是一塊天然的金塊，足有一斤多重。在回家的路上，他遇到了一個道士，便把自己得到金塊的事情，開心地全都告訴這個人。

　　道士聽完東巴的介紹，頓時起了貪念，他陰險地說：「這一定是老天賞賜給你的，好讓你過幸福的生活。不過你必須感謝玉皇大帝，你現在把金塊交給我，我馬上到道觀去，每天三炷香，感謝老天給你的幸福。三天之後，你再來我這拿回去就行了。否則，金塊會馬上就不見了！」東巴聽聞，立刻答應道士的要求，並把金塊交給道士。

　　三天後，東巴來到道觀找道士索取金塊，可道士堅決不承認見過金塊。無奈，東巴只得來到縣衙，向縣令告狀，希望縣令能替他作主。縣令尋問兩人的情況後，便又問道士：「你能證明你沒有私吞金塊嗎？」「我能證明！金塊是我種地時挖出來的，我的三個徒弟親眼目睹。」道士說。「很好，」縣令命令道，「來人，把道士的三個徒弟都帶上來！」衙役很快把三個證人帶到大殿。

　　縣令安排這三個徒弟在縣衙內的三個角，讓他們互相之間離的很遠，然後請衙役從外面取回五塊泥巴，給每人一塊，說道：「現在開始數數，從一數到一百，在這段時間裡，你們都要把泥巴捏成金塊的形狀。」

　　五個人開始捏金塊，當衙役數完一百，檢查每個人手裡的泥捏金塊時，不禁哈哈大笑道：「大膽的道士，還不從實招供侵吞金塊的罪證！」

　　如果你是得知上述線索的雙子偵探，縣令是如何識破道士的欺騙呢？

　　答案：縣令要在場5個人每人都捏一個金塊形狀，因是東巴找到的金塊，必然能夠捏成正確的形狀，而道士見過金塊並私吞，也一定能夠捏成正確的形狀，但三個徒弟沒有見過金塊，只是為師傅作證，必然捏不出正確的金塊形狀，所以，意味著道士是騙子。

第 3 章　雙子座（Gemini）5月21日～6月21日

✦ 變身術

「神偷」蓋茲自從 15 歲步入江湖，經典的竊盜案例數不勝數。即使防守最森嚴的總統府，他都能出入自如，從未失手。蓋茲之所以這麼神奇，完全依賴於他的「易容術」。這讓他能在任何時候變成自己想扮演的人。比如在落入重圍時，他可以扮演圍捕他的某個警察、FBI 探員，甚至現場指揮官等。

在剛剛結束的一場拍賣會上，蓋茲看好一個埃及法老的權杖，價值 4,000 萬美金。按照慣例，這個權杖會由保全人員送到保險車的位置，然後再由拍賣會長一個人在車廂內檢查，檢查無誤後，方可封鎖車門，送往買方家裡。對於這支權杖的盜竊計畫，蓋茲對整個運送過程做了總結，看有什麼地方是拍賣時容易忽視、有機會下手的：如果沿途實行武力搶劫，危險太大，很有可能得不償失；如果在買方家裡動手，成功機率更小，因為能買得起如此昂貴的權杖之人，家中保護設施一定很嚴密，也不知道他會藏在哪裡。

那麼，哪個環節才是既安全又能顯示出自己無比聰明的頭腦呢？蓋茲一邊提出疑問，一邊尋找答案。思來想去，他最後決定就在這個環節下手。如果你是得知上述線索的雙子偵探，知道是哪個環節嗎？

答案：拍賣會長是一個人在車廂裡檢查權杖的，他易容成拍賣會長的樣子，利用檢查環節偷走權杖。

✦ 一張借據

一個叫亨利特的商人來到警察局，聲稱開商場的約翰斯借錢不還，並有 100 英鎊的借據為證，借據上還有兩個見證人的簽名。負責辦案的雙子偵探立刻派人審理兩位證人和約翰斯。

雙子偵探問：「約翰斯，你向亨利特借錢，可有此事？」約翰斯說：

「絕無此事！我有多少錢做多大的生意，不需要借貸。」「這張借據上的簽名可是你所寫？」雙子偵探朝他舉起那張借據。約翰斯看了一下，說：「根本就沒有借貸之事，我哪會簽名？」「那你寫下自己的姓名，我看看。」雙子偵探說。

約翰斯寫好自己的名字呈上。雙子偵探將借據拿起一比對，兩個簽名分毫不差。雙子偵探很詫異，心想：「莫非借據是真的？可如果借據是真的，這個約翰斯為何又否認，這不是等於在證實自己犯罪嗎？」忽然，雙子偵探靈機一動，想出了一個辦法，要亨利特和兩個證人分別做一件事，立刻就破案了。

請問，雙子偵探想出了什麼辦法呢？

答案：雙子偵探請他們分開站好，不准互相說話，立刻在紙上寫出借錢是在上午、下午還是晚上。這下子，亨利特等三人愕然失色，片刻後，紛紛認罪。原來，他們嫉妒約翰斯買賣興隆，於是模仿筆跡，在假借據上簽了名。

◆ 金髮女郎

一群外國遊客正走進海關大廳，雙子偵探站在通道旁注視著他們。據線報，有一個女子將攜帶黃金入關。為了搜查出這個走私販，雙子偵探及大批緝私隊員都被派到機場旅客出口檢查處。

班機準時抵達了，機上的乘客都依次出關。這次班機有很多女乘客，其中有個十分漂亮的金髮女郎。一些有嫌疑的旅客們的行李都接受了搜查，但都沒有發現什麼問題。怎麼辦呢？難道情報有誤？

當搜查即將結束時，雙子偵探終於在金髮女郎身上發現了要找的東西。你知道雙子偵探是怎麼找到的嗎？

答案：女郎的金髮是黃金絲編的，而不是金黃顏色。

第 3 章　雙子座（Gemini）5 月 21 日～6 月 21 日

◆ 指紋在哪裡

麥可再也無法忍受傑佛特對他的侮辱了，這個傑佛特雖然是他的朋友，背地裡卻和他的老婆瓊斯鬼混在一起。最可恨的是，妻子表面上還對他恩愛無比，這更讓他覺得自己是個小丑，被他們耍得團團轉。

週三下午 3 點，瓊斯突然接到電話，她的父親心臟病復發，住進了醫院。瓊斯一聽，連忙搭計程車趕往醫院，急忙中忘記通知傑佛特。麥可心情不佳，就和公司請了假，想回家和妻子理論一番。回到家不到 5 分鐘，門鈴響了，傑佛特出現在門口。傑佛特看到麥可在家，很意外，但還是笑呵呵地走了進來。麥可問他：「這個時間我在公司上班，你來我家做什麼？」傑佛特支支吾吾，無言以對，就說是偶爾路過這裡。兩人很快爭吵起來，高大的麥可用兩隻手死死地掐住傑佛特的脖子，不一會兒，傑佛特倒地，停止了呼吸。

殺死傑佛特後，麥可馬上把他的屍體拖到後院的地下室掩埋起來，然後把地面重新鋪上地磚，再認真清理了沙發、地板和傑佛特所有可能碰過的東西，不留下一個痕跡。晚上，瓊斯回到家，見丈夫沒有異樣，就放心地睡了。

兩天後，正當麥可幻想著可以逃脫法律制裁時，門外響起急促的敲門聲，雙子偵探和兩位警察站在門外。儘管麥可十分鎮定，但雙子偵探還是不費吹灰之力就找到了傑佛特留下的唯一一個指紋。

你知道這個指紋在哪裡嗎？

答案：傑佛特是按門鈴進來的，所以門鈴按鈕上還留有一個指紋，而雙子偵探一行人敲門進來的原因，就是為了不破壞這最後一個沒有被清除掉的指紋。

✦ 主謀是誰

勞倫斯夫人被發現死在家裡，她是在和外甥通話時，被外甥養的狗咬死的。最近因外甥外出，這隻狗就委託勞倫斯夫人代為照顧，於是外甥成為嫌疑犯，但是沒有證據。因為勞倫斯夫人被咬死時，外甥在 500 公里外的度假村裡。

但是負責這件案子的雙子偵探卻有不同見解，而且斷定主謀就是外甥，後來調查證明果真如此，你知道勞倫斯夫人是怎麼被害的嗎？

答案：外甥將狗訓練成一聽到電話鈴響，就立刻對人進行攻擊。當時外甥打電話給勞倫斯夫人時，狗聽見電話鈴聲後，便依照平時的訓練去攻擊主人。

由表及裡 —— 善於分析的雙子偵探

✦ 誣陷啞人案

南宋時，有個用不法手段欺壓漁民的惡霸打死了人，卻誣陷啞巴漁民高某。由於他上下賄賂，於是有人違背良心作證，收受賄賂的縣官就治了高某的罪。後來，太守複審時，無論怎麼問話，高某只是點頭，一句話也不說。師爺問：「你是認罪伏法了嗎？」太守看到高某臉上露出痛楚的表情，好像在磕頭而不是點頭，且他上身直挺挺地跪著，並不像其他人那樣伏在地上，覺得十分可疑。仔細一查，果然其中有詐。

如果你是得知上述線索的雙子偵探，知道太守最後查出了什麼嗎？

答案：真正的罪犯惡霸串通好獄卒，事先用一根木棒綁在高某的腰際，以致他身體膝蓋以上的部分無法彎曲。因為高某是啞巴，只能磕頭示冤，而這樣磕頭申冤，就好像是在點頭認罪。眾人都受到罪犯的賄賂而不敢說出真相。

第 3 章　雙子座（Gemini）5 月 21 日～6 月 21 日

✦ 拿走關鍵證據

深夜，一個黑影潛入財物辦公室，這裡沒有人值班，他大搖大擺開了燈，坐到辦公桌前，打開抽屜，翻閱裡面的檔案。接著他又打開檔案櫃，拿出裡面的檔案，最後從裡面抽出幾張紙，疊好放在口袋裡，再把檔案櫃關好。他很得意地吹了一個口哨，然後將自己動過的痕跡全部恢復原樣。出門之前，他又仔細地檢查了自己接觸過的所有地方，確保都恢復原樣後，才把門帶上，瀟灑地離開。

「這些總公司派來查帳的人傻眼了吧！重要的數據已經在我手上，你們就算累死，也別想找到我貪汙的罪證。這個數據丟了，你們現在內部查內奸吧！哈哈。」這個人得意地想。

第二天，第一個進辦公室的人就發現了昨晚這裡有人來過。一檢查，沒有發現任何失竊的東西，到底是誰進來過呢？究竟拿走了什麼東西呢？檢查組的人員開始互相懷疑。

如果你是得知上述線索的雙子偵探，知道檢查組的人是怎麼發現昨夜有人進來的嗎？

答案：這個人走的時候忘了關燈。

✦ 堅守祖產的農場主人

376 號公路的修建計畫看來要改變藍圖了，原因是一個小農場恰好坐落在 376 號公路的必經之處，幾經協商，農場主人就是不賣，他要保護祖先留下的土地，不希望任何人來打他的主意。雖然家人都在勸他，可農場主人還是堅持自己的立場，公路建商洛卡漢姆為此很煩惱。如果改道，就要繞過幾座山，預算就會增加上億元，真是慘痛的損失啊！

有一天，洛卡漢姆在農場附近的小鎮游泳池游泳，一位穿比基尼的中年女子游近他說：「我知道你的難處，也知道你面臨的問題，那個農場對

我來說不是問題，不知道你願不願意與我合作？」洛卡漢姆笑著說：「看樣子妳有辦法幫我解決眼前的問題，但我想讓妳知道，我是不會做違法事情的，至於妳怎麼做，那是妳的事情，我對此一無所知，也否認和妳結識。不過，我會在事後向妳指定的某個公司或個人捐助一筆善款。」女子也笑了笑說：「我接受你的建議，一個月後我肯定會讓你如願收購那家農場。」

一個月後，洛卡漢姆順利收購了農場，376號公路通過了農場，中年女子也順利拿到200萬美元的捐助。可令大家不解的是，女子沒有做出任何殺害農場主人的舉動，但農場主人真的死了，警方也宣布農場主人的死沒有任何疑問。

如果你是得知上述線索的雙子偵探，知道是什麼原因導致農場主人死亡嗎？

答案：農場主人得了不治之症，他怕農場被收購，所以沒有公開這個消息。女子得到這個隱祕消息時，農場主人只剩下兩個月的時間。中年女子正是知道了這個祕密，才輕輕鬆鬆賺取了200萬美元。

✦ 收銀臺的祕密

高速公路邊的卡耐斯小超市生意很好，即使僱傭的員工在晚上9點都下班了，他也經常營業到半夜。有一天凌晨1點左右，卡耐斯一個人坐在收銀臺前邊看電視邊等顧客，希望再賣點錢就休息。突然闖進一個蒙面壯漢，用一把鋒利的匕首，指著卡耐斯說：「別逼我用暴力，快把錢拿出來，要不然我就一刀捅死你。」

卡耐斯沒有做任何反抗，他打開收銀機，裡面有很多錢。男子從貨架上拿下一個塑膠袋，扔在桌上說：「把錢裝進去。」卡耐斯按照他的要求做，但裝錢的速度很慢，男子感覺卡耐斯故意放慢速度，就在外面狠狠踢了收銀臺一腳，喊道：「別給老子耍花樣，快點！」

第 3 章　雙子座（Gemini）5 月 21 日～6 月 21 日

卡耐斯把錢裝完後，被男子堵上嘴，綁在貨架上。蒙面男子拿著錢剛走出小超市，就被從黑暗樹叢裡跳下來的四個警察牢牢按在地上，銬上手銬。原來警察早就在門口等候這劫匪多時了。

如果你是得知上述線索的雙子偵探，知道警察是怎麼知道卡耐斯超市裡有劫匪的嗎？

答案：卡耐斯的小超市收銀臺下面有報警裝置，直接連向當地的派出所。他在幫男子裝錢時，用腳觸碰了報警器，派出所聽到報警，知道卡耐斯超市裡出事了，就通知巡邏的警察立即趕來。警察來到後，看到劫匪拿著匕首，就埋伏在外面，一舉擒獲了劫匪。

◆ 無字的遺囑

老年康復中心住著十多個盲人，這裡的療養條件不錯，服務態度也好，所以很受盲人歡迎。這一天，因為眼部疾病失明了十年的盲人托克，感到自己的心臟病也日益嚴重，看來是治不好了，就想立下遺囑，除了留給自己的兒子一部分錢，他想將 30 萬美元捐贈給康復中心。托克請護工叫來自己的鄰居內斯特，對他說：「我的好朋友，我大概不久於人世了，我想寫份遺書，拜託你保管，你就照遺書把我的財產分配給我的兒子和康復中心。」

說著，托克要兒子去拿紙和筆來。托克的兒子出去一會兒，拿來了紙和筆。托克邊叨念，邊在紙上寫下他簡單的遺書：「我死後，在我的遺產中，分 30 萬美元給康復中心，用作醫療設施的購買。」寫完之後，托克便將遺書裝進一個信封，交給內斯特。

一個月後，托克病逝。內斯特找來康復中心的負責人和托克生前的律師，親手將托克的遺書交給他們。托克生前的律師當場打開信封，裡面卻是一張白紙。康復中心的負責人也覺得很奇怪，不理解內斯特的行為。內

斯特不相信，他拿過遺書，用敏感的手在上面摸了摸，隨即對律師說：「你看到的這份遺書雖然是一張白紙，但它分明寫著康復中心將得到30萬美元的遺產。不信，你們可以多找一些人驗證一下。」

如果你是得知上述線索的雙子偵探，知道這張遺書為什麼會是一張白紙嗎？內斯特為什麼說那白紙上分明寫著遺產內容呢？

答案：遺書是用沒有墨水的原子筆寫的。托克的兒子為了獨吞遺產，利用托克和內斯特都是盲人，耍了一個小小的詭計。那天，托克叫他去拿紙和筆，他拿來的筆是沒有墨水的筆。但是，筆芯雖然沒有墨水，可筆尖在紙上仍留下了痕跡。內斯特就是用他敏銳的手指觸碰到紙上凹凸的痕跡，判斷出遺書的內容。

✦ 小本子的祕密

53歲的卡洛斯肺部出現問題，不得已帶著多年累積的錢回到鄉下，購買一間公寓，準備安享晚年。在鄉下，卡洛斯遇到早年的戀人，戀人告訴他，她那個帥氣、愛賭的兒子漢密爾其實是他的親生兒子。這個消息讓卡洛斯震驚，他一生沒有兒女，沒有妻子，本以為這輩子會孤獨終老，沒想到還有個兒子。但是他一聽到漢密爾愛賭，就不想認他，因為卡洛斯十分憎惡賭博的人。不過，漢密爾卻主動上門來認他這個父親，每次來，都會向他要點錢花。雖然卡洛斯不喜歡漢密爾，但他還是打從內心關心漢密爾。卡洛斯有一個習慣，他喜歡把每天自己認為最重要的事情寫在一個日記本上。

這天，漢密爾輸得身無分文，突然想起好久都沒有看望的父親，他的動機不是因為父子感情，而是對金錢的需求。漢密爾撥通了卡洛斯的電話：「爸爸，我今晚6點想去看看你。」漢密爾笑嘻嘻地說道。卡洛斯一聽是漢密爾的聲音，高興地連連點頭道：「沒問題，只要你不向我要錢，怎樣都行。那就這樣說定了，晚上來我家裡吧！」

第 3 章　雙子座（Gemini）5 月 21 日～6 月 21 日

晚上 6 點，漢密爾來到卡洛斯的公寓。兩人一邊喝酒一邊說話，閒談之間，兩人因為錢的事情大吵，卡洛斯很生氣，說不會再給漢密爾任何錢。漢密爾憤怒之下，拿起桌上的啤酒瓶，朝著卡洛斯的頭部打過去。然而這一下，竟然結束了卡洛斯的生命。漢密爾看出了人命，急忙收拾現場，不允許自己留下任何線索。在臨走之前，漢密爾發現桌上有一個小本子，他把本子翻到最後一頁，看見上面寫有「漢密爾今晚 6 點來家裡吃飯」。漢密爾哈哈一笑，把最後一頁撕掉，然後滿意地離去。

第二天上午，有人發現卡洛斯死在自己家中，現場沒有發現任何指紋。問公寓裡的鄰居，鄰居們一致反應都是沒有看見有人來過。最後，細心的雙子偵探在本子上找到了殺人凶手。你知道本子上留有什麼線索嗎？

答案：卡洛斯的習慣為警方留下了線索。日記本的紙張很薄，所以當漢密爾把第一頁撕掉，第二頁上仍印有字跡，雙子偵探就是根據這個線索而抓到凶手。

◆ 編，接著編

雙子偵探找到一個嫌疑人，對他進行調查，以下是他和嫌疑人的一段對話。

雙子偵探：「昨天晚上 9 點 15 分以後，你在哪裡？」

嫌疑人：「昨天晚上我在哪了？噢！我在家裡。」

雙子偵探：「你說謊，你的朋友喬治說，昨晚 9 點多他去找你，按了半天門鈴，沒有人出來開門。」

嫌疑人：「他沒敲門嗎？當時屋裡很冷，我使用了高功率的電爐，房間的保險絲燒斷了，停了一會兒電，門鈴當然不會響……」

雙子偵探：「別再編下去了。你還是老實交代吧！」

請問這是為什麼？

答案：門鈴使用的是乾電池，與停電無關。

✦ 玫瑰之戀

　　33歲的瑪亞特女士是個離異女人，由於非常漂亮，追求她的人一直不斷，但是她都無動於衷。這個神祕的女人，每天都去公寓附近的花店買9朵玫瑰花，然後步行去第六大街，將其中的一朵花放在路邊的石凳處，帶著剩餘的8朵玫瑰花到3里外的公司上班。下班後，再拿著這8朵玫瑰花回家，玫瑰花的香味一路瀰漫。好多人都知道，瑪亞特的女兒就是在這條街道出車禍死去的，她的悲傷還沒有淡去。

　　可惜，瑪亞特已經9天沒來上班了，在她租用的公寓房間門外，聚集了幾個警察和公寓管理員。這是一個只有一扇窗和一扇門的房間，且都在裡面上鎖了。管理員小心翼翼地打開門，警察們進入房間，只見瑪亞特倒在床上，左腕處有一個傷口，流出的血早已乾涸。

　　警官打電話給雙子偵探，向他報告了情況：「初步看來，瑪亞特像是先鎖上門和窗，然後坐在床上，劃開了自己腕部的血管。她往自己的右側倒下去，刀片掉到地毯上。開門的鑰匙在她的小包裡。」

　　「真為這個玫瑰女郎感到可惜啊！為什麼要自殺呢？對了，她買的那些玫瑰花怎麼樣了？」雙子偵探問道。「它們都裝在一個花瓶裡，花瓶放在牆邊的小花架上，花都枯萎、凋謝了。另外，據我們分析，瑪亞特死亡至少已有8天了。」

　　「屋子裡凌亂嗎？地板上有沒有發現血跡？」「很乾淨，地板上只有一點灰塵，沒有別的東西。只在床上有血跡。」「噢？如此說來，這裡面有文章啊！」雙子偵探說道。「有人配了一把瑪亞特房間的鑰匙，他開門進去，殺害了瑪亞特，再把屍體挪到床上，讓人看起來像是自殺。然後，凶

第 3 章　雙子座（Gemini）5 月 21 日～6 月 21 日

手打掃了房間。」

根據雙子偵探的調查，警方抓住了暗戀瑪亞特的一個男子，他在瑪亞特多次拒絕他後惱羞成怒，殺害了瑪亞特。

雙子偵探為什麼如此推斷呢？

答案：地板上應該有凋謝的花瓣，而地板上只有灰塵，說明有人打掃過。

✦ 指紋之謎

一位離家很久的將軍回到家後，發現自家的保險櫃被盜了，便立刻報警。雙子偵探來到將軍家裡，保險櫃的門開著，裡面空無一物，可以確定小偷得手後沒有把保險櫃的門關上。雙子偵探問將軍：「您的保險櫃裡都有些什麼？」將軍回答：「有我累積的 20 多萬現金和一些金幣。」

雙子偵探對保險櫃上的指紋進行調查，發現保險櫃上全是將軍的指紋。雙子偵探問將軍：「剛才你觸碰過保險櫃嗎？」將軍遲疑了一下，說：「我有 3 個月沒碰過保險櫃了，我之前手腕因為槍傷做了手術，現在手還沒完全痊癒。」既然沒有碰過保險櫃，這些指紋又從何而來呢？雙子偵探思索了一會兒，終於知道該從何下手偵破此案了。你知道嗎？

答案：因為將軍手指做過手術，也就是說，他的指紋可能被手術醫生提取過，所以為將軍做手術的醫生有很大的嫌疑。

✦ 名畫失竊

「缺錢的日子真不好過啊！」「為什麼不賣掉這幾幅畫呢？」「這些畫都是我父親留下來的，他有遺囑，如果我賣掉它們，就必須把賣畫的錢捐贈給慈善機構。我父親想讓這些畫一直傳下去。」「噢！原來如此，你守著金礦卻過得像個乞丐啊！」「有什麼辦法啊？我也不想這樣。」「我有個主意，如果畫丟了，你不就可以獲得鉅額保險了嗎？」「理論上是這樣。」

「我可以讓它變成現實⋯⋯」

幾天後的一個晚上，四周漆黑一片，雙子偵探正在街道上巡邏。一輛小轎車悄悄開到後門，一個穿戴整齊的人從屋裡匆匆走出來，塞給司機一幅長軸。汽車緊接著發動開出，無意間撞翻了一個垃圾桶。

「有情況。」雙子偵探疾步走到這間屋子，剛敲一下門，房主理查就在裡面應道：「請進。」雙子偵探推門而入，只見理查光著上身，站在散亂的床邊，右腳插入褲子，左腳還在外面。「我聽見響聲，正要穿衣服出去看看。」理查有點驚慌，「發生了什麼事？」「你家可能失竊了。」理查大吃一驚，馬上穿褲子，光著腳跟偵探來到客廳。「啊！真的失竊了，那幅義大利名畫被偷了！」理查萬分沮喪：「我要報警。」

雙子偵探望著理查，若有所思地說：「還是別報警了吧！這畫是你自己拿出去的吧！」

請問，雙子偵探為何這麼說？

答案：雙子偵探進屋時，理查正在脫褲子，而不是在穿褲子。因為習慣用右手的人，脫褲子時通常先脫左腳，當時理查的左腳在褲子外面。

◆ 站不住腳的謊言

上午10點左右，在偏僻的公園後街，一輛汽車撞傷一個玩耍的孩子，孩子的同伴們說是一位身材高大的男人開的凱迪拉克車。由於駕駛逃逸，孩子們沒有看到車牌號碼。根據走訪，雙子偵探找到了嫌疑人，可嫌疑人說今天上午是他妻子開這輛車的，他一直在家睡覺。雙子偵探詢問了他的妻子，妻子身高不超過一百六十公分，和孩子們的描述差很多，顯然不是這輛車。

為了謹慎起見，雙子偵探需要檢視一下汽車，他說：「目擊者還說，撞人的汽車噪音很大，好像消音器壞了。」「那我們試一下吧！」嫌疑人

第 3 章　雙子座（Gemini）5 月 21 日～6 月 21 日

把雙子偵探帶到車庫，打開車門，然後舒舒服服地坐在駕駛座上，發動馬達，在街上轉了一圈，一點噪音也沒有。嫌疑人把車停到雙子偵探面前，雙子偵探嚴厲地對他說：「你是在我到你家前換上新的消音器吧！」嫌疑人一聽，立刻傻眼了。

雙子偵探是怎麼做出這個判斷的？

答案：嫌疑人的身材高大，而妻子身材很小，如果真的是他妻子開車，肯定會調整座位，那他不可能坐得舒舒服服的。

✦ 小警察的大麻煩

剛從警校畢業的詹姆斯一路狂追，還對打了好多個回合，將小偷追到口吐白沫，終於在一個小巷弄內將其捕獲。為了不讓小偷跑掉，詹姆斯用手銬把他和小偷銬在一起。兩人在走到食品街路口時遇見雙子偵探，雙子偵探看見兩個人戴著手銬，就上前詢問是否需要幫助。狡猾的小偷也認識大名鼎鼎的雙子偵探，他還知道詹姆斯的警察人員服務證在和自己追打的過程中丟掉了，又穿著便衣，於是就先對雙子偵探說：「這是我剛剛抓到的小偷，我受了傷，所以希望你把他帶回警局，我需要去醫院清潔一下傷口。」詹姆斯看到小偷如此狡猾，就急忙對雙子偵探說：「我是警察詹姆斯，隸屬於 J 警察局，他才是小偷。」

雙子偵探一下子無法確認誰才是小偷，正想透過對講機查詢，突然看到兩個人手上戴的手銬，他一下子就明白了，指著小偷說：「你就是罪犯，還想瞞天過海嗎？我會和詹姆斯警官一起把你押回警局的。」你知道雙子偵探是如何判斷出誰才是真的罪犯的嗎？

答案：因為警察一般都是將自己的左手和罪犯的右手銬在一起，空出右手，方便出現意外時可以制服罪犯。雙子偵探就是透過這個原因判斷出罪犯和警察的。

◆ 子彈之謎

來自法國的琳達小姐住進倫敦的某間公寓，只過了 5 天，她就在公寓裡被槍殺了，凶手是從 50 公尺外、對面的樓房用長槍射中她的。勘察現場發現，死者的窗戶是關著的，上面只有一個彈孔，也就是說，凶手只開了一槍。琳達小姐極有可能是一個間諜，知曉某些祕密，從而被滅口。但是很奇怪，琳達小姐的屍體上有兩處彈孔，分別在胸部和大腿，且腿部的傷最嚴重，被子彈射穿，胸部沒有被射穿，留有子彈。從這個現象來看，似乎凶手又開了兩槍。可是，警察找遍了案發現場，都沒有找到另一顆子彈，更不知道另一顆子彈是從哪裡射入死者房間的。

雙子偵探趕來後，很肯定地說：「凶手只開了一槍。」大家面面相覷，不知道雙子偵探為什麼這麼肯定。你知道究竟是為什麼嗎？

答案：凶手只開了一槍。因為凶手開槍時，琳達正彎著腰背對窗戶，子彈射穿了她的大腿後進入胸部，所以表面上看起來，她似乎是中了兩槍。

◆ 確認死者的身分

倫敦郊外的森林裡，一個農夫在週日早晨耕作時，發現了一具屍體，他連忙報警。警察來到現場，在郊區的雜木叢裡發現了一具被燒焦的男屍。也許是凶手想隱瞞死者的身分，所以澆上煤油焚燒死者。

「滿慘的，死者面目全非，有價值的線索也沒留下。很奇怪，死者上衣口袋裡裝著一個小鐵盒，雖然裡面都燒成黑炭了，但可以肯定是十幾塊糖融化後的結果。」法醫說道。

「糖？奇怪，被害人身上帶糖做什麼？那麼，查明死者的身分了嗎？」雙子偵探問道。

「目前有三個人被報失蹤。一個是賣騎馬裝備的商店老闆，星期六的

第 3 章　雙子座（Gemini）5月21日～6月21日

夜裡，他在酒吧喝酒時，與一個醉漢發生爭吵，離開酒吧後去向不明，至今沒有音訊。另一個是文具公司的小職員哈爾特，是個騎馬愛好者，本來打算星期六中午去騎馬俱樂部練習，離開職員宿舍後，再也沒有回來。據說他為了一匹馬和另一個騎馬愛好者發生過爭吵。第三個人是賽馬場的工作人員，星期六沒去上班，而是一大早就去了賭場，一直玩到下午，據說贏了很多錢，離開賭場後便去向不明。」一位警察回答道。

「三人全都是單身生活嗎？」「是的。所以無法詳細了解他們的私生活情況，也就沒有辦法確認屍體的身分，因此感到很棘手。三個人的年齡、身高、體重幾乎相同，血型也一樣。」「從齒型也無法辨認嗎？」「死者的牙齒沒有在近10年接受過治療的痕跡。」「那指紋呢？」「也不行，因為兩隻手的10根指頭全部都燒毀了。」「什麼辦法都不行啊！可是，三個人都和馬有關，真是奇妙的巧合啊！」

雙子偵探對三個人的數據看了一會兒，忽然，注意到了什麼，「原來如此，我知道了，死者就是他。」說著便指給警察看。那麼，死者究竟是誰呢？請說出理由。

答案：那具燒焦的屍體上帶著糖，一個男子帶糖出門，按一般人的想法是不太可能的，除非是有什麼需求才會帶著。這樣一想，那具屍體的身分就清楚了。他就是騎馬愛好者哈爾特，那方糖是他在騎馬俱樂部練習騎馬時餵馬用的。

◆ 養虎為患

老闆卡倫拍著博爾特的肩膀說：「技術總監從今天開始由你擔任，我將付給你百萬年薪。至於你，邁克，你任職技術總監的這4年中，公司的技術改良很不成功，而且總是洩密，我看你應該好好反省一下。這樣吧！你到後勤部門工作一段時間再說吧……」被降職的邁克怒火中燒，因為他

不僅喪失了這個技術總監職位，同時失去百萬年薪。本來邁克應該反省自己偷偷洩漏公司機密的罪行，他卻辜負了老闆沒有起訴他的好意，反而憎恨起老闆。邁克要報復，他等待著時機。

3個月後，老闆卡倫開了一場慶功宴，因為公司的技術改良成功了，剛與一家大型汽車製造廠簽訂10億美金的合約，這次走馬換將真的很明智。宴會後，老闆興沖沖地趕回家，一條黑影悄悄跟著他，一直尾隨到僻靜的地下停車場。突然一個黑影從後面猛地竄過來，卡倫還沒醒悟過來，脖子就被死死勒住……黑影緊張地四下張望，見四周沒人，便將卡倫抱進輪胎工廠，匆匆地將他塞到一大堆汽車輪胎中間，然後溜走了。

「是博爾特嗎？我是卡倫，請你馬上到輪胎工廠來，我在這裡等你。」黑影捏著鼻子打了個電話。已經半醉半醒的博爾特本來準備在辦公室的沙發上睡一覺，接到電話，他很不情願，不過還是趕到倉庫。當他看到工廠只有一盞燈亮時，就朝那盞燈走過去，看到了躺在汽車輪胎中間的老闆，他以為老闆喝醉了，就去拉他，結果老闆就是不醒。就在此時，邁克和幾個值夜班的警衛巡邏到此處，他們看到博爾特正在輪胎處抓著一個人的手臂。

警察很快來到現場，他們分頭詢問邁克等人發現犯罪現場的經過。邁克向雙子偵探報告了發現凶殺現場的經過：「我聽到輪胎工廠裡有動靜，就停下腳步，從倉庫的窗戶往內看，只見博爾特將一個人拖向一大堆約有10至12英尺高的白邊汽車輪胎裡，於是，我們就進去查看，看到老闆被他謀殺了。」「你是在進倉庫之前看到這些輪胎的樣子嗎？要知道，工廠裡輪胎有很多種。」「是的，我看的清清楚楚，怎麼樣？你們不相信我？」邁克叫道。

此時，醒酒後的博爾特對雙子偵探說：「我是接到老闆電話後才去的。我來的時候他就在輪胎裡，我根本沒殺他。」雙子偵探來回踱步，仔細盯

第 3 章　雙子座（Gemini）5 月 21 日～6 月 21 日

著那堆輪胎，隨後用嚴厲的目光盯著邁克：「你還是把殺人的經過仔細說一遍吧！」

你知道雙子偵探為什麼認為邁克是凶手嗎？

答案：因為輪胎工廠的工人一般會把輪胎堆成圓柱體，所以從窗戶只能看到輪胎的正面。如果邁克沒進倉庫之前就看到汽車輪胎的內圈有白邊，說明他在撒謊，代表他就是凶手。

絕密毒殺

◆ 智殺漢奸

抗日戰爭時期，一個大漢奸為了幫自己祝壽，特意請戲團唱戲三天。偽軍們為了保護他的安全，分別把守在大漢奸家的大院各個角落裡。大漢奸和姨太太們每晚都坐在戲臺對面正中央看戲，熱鬧的時候，連附近的偽軍也被吸引過來。第三天晚上，戲班演了一場武打戲《長坂坡》，精彩至極，正當大漢奸等人看得不亦樂乎時，只聽見大漢奸「哎呦！」一聲，身體往後倒，原來他被毒針刺中了頭部，不久便毒發身亡。

現場馬上被偽軍封鎖，對每個人進行搜查，因為毒針是從臺上的方向射向大漢奸，所以著重檢查戲團人員，沒有任何發現。戲團老闆說：「我們都是假把戲，不會弄這個，一定是從外面的樹上射進來的。」偽軍見查不出證據，就把戲團放了。

戲團老闆將三弦背在肩上，帶團隊走了。如果你是得知上述線索的雙子偵探，知道大漢奸是怎麼死的嗎？

答案：彈三弦的老闆利用非常有彈性的琴弦，把毒針射向大漢奸，也就是利用弓箭原理射死大漢奸的。

✦ 誰下的毒

律師事務所裡，大律師遜克尼正在為當事人的三個兒子宣讀遺囑，這是一份與三個兒子息息相關的遺囑，遺囑明確規定：三個兒子必須共同經營那個葡萄酒莊園，如果其中有一人去世，那剩餘的兩人才可以再行商討是否變賣莊園。

遺囑宣讀到一半，律師事務所突然停電了，屋內漆黑一片。遜克尼對這三個人說：「不要緊，三天前就通知了今晚會停電，我們特意買了蠟燭，稍等一下。」當事人的三個兒子都坐在原位沒有動，不一會兒，律師的助手端著點燃的蠟燭走過來，蠟燭放在桌子上，大律師又拿起遺囑繼續宣讀。突然，二兒子雙手摸著胃，一副疼痛難耐的樣子，不到一分鐘，二兒子口吐白沫死去。

雙子偵探來到現場，確定二兒子是身中劇毒而亡。三個人來到事務所後，都曾喝過咖啡，為什麼只有二兒子中毒死去呢？雙子偵探斷定凶手就在大兒子和三兒子兩人之間，但在現場沒找到任何線索，最後決定搜身。雙子偵探從大兒子身上搜出一個錢包，一支手錶，還有一盒香菸；從二兒子身上搜出一支鋼筆，一盒口香糖，一個錢包，一個打火機，並沒有從兩個人身上找到毒藥。雙子偵探看著搜出來的東西一言不發，突然眼睛一亮，拿起一個物品問：「這是誰的？把它的主人帶回警察局。」

雙子偵探拿起的物品是什麼，誰是凶手呢？

答案：鋼筆；凶手是大兒子。大兒子知道今晚10點會停電，所以就把劇毒液體放在鋼筆裡。趁著漆黑一片，把毒液滴進二兒子的咖啡杯裡。

✦ 一杯酒兩個人喝

聖誕節之夜，一群人聚在古德里的家歡慶新年。突然門鈴響了，有人打開門，原來是古德里的前女友來了。這是一個不受大家歡迎的人，所有

第 3 章　雙子座（Gemini）5月21日～6月21日

人都皺起了眉頭。

「怎麼，不請我喝一杯嗎？打擾完這一次，我就要離開美國了，來和你們道別，以前的不愉快就隨風而去吧！」前女友和藹地說。這麼一來，大家只好請她進屋。進門後，古德里為女人調製了一杯冰爽的威士忌蘇打，遞給女人。女人一飲而盡，然後她非要為古德里也調一杯。她走進廚房，接著端出一杯漂著冰塊的威士忌出來。古德里沒有接，前女友笑著說：「怕我下毒嗎？」說完後喝了一大口，然後微笑看著古德里。

在場的人都沒有說話，古德里猶豫了一分多鐘，才勉強接過酒杯，端了四、五分鐘，才禁不起眾人的勸說，一飲而盡。可是，幾分鐘後，古德里竟然中毒死了。

如果你是得知上述線索的雙子偵探，知道這是怎麼回事嗎？為什麼前女友喝了酒沒事，古德里卻會死呢？

答案：前女友事先將無色透明的毒藥藏在方型的冰塊裡，再將冰塊藏在身上。在廚房裡，她用冰塊調了一杯威士忌，自己先喝時，冰塊尚未溶解，所以酒中無毒。後來，古德里慢慢喝著剩餘的半杯，那隱藏在冰塊裡的無色毒液已經溶入酒中，因此古德里中毒而死了。

✦ 房客之死

房客愛德華住在公寓 4 樓，他喜歡賭博，而且手氣還很好，幾個月下來，公寓的住戶基本上都輸過錢。有一天，愛德華在公寓的房間中死亡了，是中毒而死。屍體正躺在餐桌旁的地板上，餐桌上方的小吊燈還亮著。

從他的遺物中，雙子偵探找到許多不同面值的現金和首飾，甚至連結婚戒指都有好幾個，還有幾張借據，上面的金額都很大。現場還發現，死者家中的門和窗戶都是從裡面緊鎖的，也就是說，他是死在一間密室裡。

桌子上的水杯中化驗出毒藥的成分，顯然，愛德華有自殺的可能，但是警方不理解，愛德華為什麼會自殺呢？

雙子偵探仔細檢查現場，把嫌疑人鎖定為愛德華樓上的房客安尼。調查結果證明，這是安尼精心設計的謀殺案。你知道安尼是怎麼做案的嗎？

答案：安尼在死者的樓上，用工具在屋內地板上鑽了個洞，正好通往吊燈的接口處，然後通過吊燈下的吊鍊安裝口，將毒液用細鐵絲引流到愛德華的水杯裡，然後再把吊鍊安裝起來，這樣就天衣無縫了。

✦ 指紋破案

罪犯在做案後，往往會盡可能擦乾淨自己留下的指紋。甚至有的罪犯還會把別人或被害者的指紋印在現場，以求製造混亂，但是也有弄巧成拙的時候。

布林肯和海頓是生意上的合夥人，布林肯後來起了謀財害命之心，將海頓殺死，然後偽造海頓自殺的現場。布林肯先假冒海頓的筆跡，用鉛筆寫了一份幾乎可以亂真的遺書。由於有點緊張，寫錯了一個字，又用鉛筆末端的橡皮擦擦乾淨，然後補寫上。做完這些後，布林肯把自己在鉛筆上的指紋全部抹掉，印上海頓的指紋。布林肯又用同樣方法，把海頓的指紋印在毒酒杯上。

布林肯以為這樣一來肯定萬無一失，沒想到雙子偵探到現場一調查，很快就判斷出海頓是被人殺死的。你知道雙子偵探發現了什麼疑點和證據嗎？

答案：雙子偵探發現遺書有擦過的痕跡，鉛筆末端的橡皮擦也曾被使用過，但鉛筆卻只在海頓握筆處有指紋。按照常理，曾用鉛筆寫遺書，又曾用橡皮擦，指紋不應只有一處，起碼在鉛筆上下兩處都會有指紋。這證明海頓的指紋是被人殺死後印上的。

第 3 章　雙子座（Gemini）5 月 21 日～6 月 21 日

✦ 可口可樂提供的線索

雙子偵探的好友約翰是位棒球教練。這天，約翰急匆匆地跑來警察局，哭喪著臉報案，並講述了事情的經過。

「今天我比較晚回家，到家時已經快 10 點了。進門後我發現女兒瑪麗趴在桌上，剛開始我以為她睡著了，叫了好幾聲，不見回答，走近一看才知道，她已經……死……了……」

雙子偵探立即趕赴現場，在桌上發現喝了半罐的可口可樂。經化驗，證明裡面混有氰化物。桌子上，零散著幾張信紙，其中一張信紙上放著半罐混有氰化物的可口可樂。那個信紙上的鋼筆字跡十分清晰。

「這個罐裝的可口可樂原本放在哪裡？」雙子偵探問道。

「是在廚房的冰箱裡。」約翰回答，「我女兒最愛喝冰鎮的可口可樂，所以我家冰箱裡總是備有大量的可口可樂，誰料到會有人藉此下毒害死瑪麗……」

雙子偵探打開冰箱看了看，又回到瑪麗的閨房。他拿起桌上的一張信紙看了看，問助手：

「這些信紙都鑑定過了嗎？」

「是的，經鑑定，上面的字跡和指紋全是瑪麗的，信紙上寫的都是有關失戀的詩句。」

「約翰，你女兒談戀愛了嗎？」雙子偵探問。

「是的，」約翰答道，「由於我不同意她小小年紀就陷入愛河，所以她與男朋友在幾天前分手了。」

雙子偵探又抽出了那張壓在可口可樂下的信紙端詳了一會兒，又問：「那罐可口可樂一直都是壓在這張信紙上的嗎？」

「是的，沒有人動過它。」約翰答道。

雙子偵探思考了片刻，判斷說：「這罐可口可樂不是瑪麗從冰箱拿來的，而是罪犯拿來讓她喝下致死的！」

請問，雙子偵探為何這樣判斷？

答案：從冰箱取出的可口可樂接觸室溫後，罐子外凝聚的水珠會浸溼壓在下面那張信紙上的鋼筆字跡。而這半罐混有氰化物的可樂罐子外面是乾的，絕非取自冰箱。

✦ 白蘭地疑案

貪汙犯威廉得知有人檢舉自己貪汙後，左思右想，決定嫁禍給同事艾伯特，並在帳目上做好手腳。當晚，威廉拿著裝有氰化鉀的小瓶子來到獨居的艾伯特家時，他正坐在沙發上邊喝酒邊欣賞電視裡的時裝表演節目。見老同事駕到，他熱情地拿酒杯為威廉倒滿酒，此時這瓶白蘭地正好空了，艾伯特又去酒櫃拿酒。趁此機會，威廉將氰化鉀倒入艾伯特正在喝的大半杯酒中。艾伯特拿來一瓶新的白蘭地後，為自己的大高腳酒杯又加滿了酒。兩人碰杯喝酒後，艾伯特只喝了一口，立即毒性發作而倒斃，摔倒時，打翻了已倒完酒的白蘭地空瓶，空瓶在地上摔碎了。

威廉立即拿起自己喝過的杯子，去廚房洗淨後，放回酒櫃，接著又將摔碎的空瓶玻璃收好帶走，並清除了自己留在裝氰化鉀的小瓶子上的痕跡，並偽造成是艾伯特所留的痕跡，然後離開現場。

次日中午，威廉被傳喚到警局接受詢問，當他表示艾伯特是貪汙公款後畏罪自殺時，雙子偵探明確回答艾伯特是被人毒殺的。驚恐萬分的威廉只得交代出下毒殺害艾伯特的罪行。交代結束時，威廉忍不住問雙子偵探：「你們是憑什麼看出艾伯特是他殺的？」你能回答嗎？

答案：

A、艾伯特酒杯裡尚存的酒比現場遺留的白蘭地酒瓶裡能倒出的還

第 3 章　雙子座（Gemini）5 月 21 日～6 月 21 日

多，因此警察判斷現場應當有一個盛酒的瓶子，可現場找不到第二支酒瓶。由此推斷該酒瓶被人帶走了，而此人一定是下毒者。

　　B、艾伯特的大高腳酒杯裡的酒是滿的，喝了一口後還有大半杯酒，若想自殺，按常理推斷，應是一飲而盡，不會剩下大半杯酒。由此推斷有人下毒殺害艾伯特。

　　C、艾伯特倒斃時，打翻了白蘭地空瓶，瓶裡剩餘的酒液濺到衣服上。將衣服上的酒拿去化驗，結果沒有氰化鉀。由此推斷，艾伯特在喝摻入氰化鉀的酒前喝過白蘭地。這與常理相違，想自殺的人是沒有心情先喝沒毒的酒，再自殺的。

第4章

巨蟹座（Cancer）
6月22日～7月22日

第 4 章　巨蟹座（Cancer）6 月 22 日～7 月 22 日

【神話由來·象徵意義】

巨蟹座最早脫胎於巴比倫的傳說。在埃及，這個星座的象徵為兩隻烏龜，有時被稱為「水的星座」，有時又被稱為 Allul（一種不明的水中生物）。可見這星座和水密切關係，但詳盡的傳說卻已佚失。

巨蟹座象徵善於滋養別人及保衛別人或自己，有很堅強的軀殼，但內在都是纖細、敏感且柔弱的。

【智商代表詞彙】

我感到

巨蟹座天生具有旺盛的精力和敏銳的感覺，道德意識很強烈，對欲望的追求也總能適可而止。有精闢的洞察能力，自尊心也很強，同時也生性慷慨、感情豐富，樂意幫助有需要的人，並喜歡被需要與被保護的感覺。大部分巨蟹座記憶力很好，求知慾很強，順從性高，想像力也很豐富。

他們不是因為自我或自戀才生活在自己的思維空間中，是因為擔心受到外界的傷害，所以他們才不得已而為之，因此他們的判斷標準，是把外界的需求與自己的想像融為一體。因此我們常常會發現，巨蟹座老闆非常容易接受別人的意見──即便是很難聽的──同時，巨蟹座也很容易吸引大眾的眼光和認同。

在這樣的思考邏輯裡，巨蟹座散發出的溫柔及體貼，都是種迷人的天性。他很能設身處地為人著想，也有敏銳的感受力，對所愛的人有強烈的專注度。在以感覺為基礎的思考邏輯中，不一定講求對錯，他要求的是你的重視程度或你是否將心比心。巨蟹座很特別的是，他喜歡被需要及付出

的感覺，這樣的互動模式會讓他很安心。

巨蟹座的天賦主要表現在想像、音樂、繪畫、小說、電影和幻想創作方面，在幻想中扮演一個角色，從中去確認自身的價值和尋找所需要的自信心。

你絕不能虧欠巨蟹座任何一件小事，他們會記得比一切回憶都清楚。巨蟹座的長處之一是記憶力甚佳，他不僅能記得孩提時的瑣事，對歷史事件和一切事物，都有很好的記性，這也許和他們喜歡不斷回憶過往有關。他們喜歡訴諸直覺，且通常都能作出正確的判斷。他們擅長將別人的思想融會貫通，再以推陳出新的手法表現出來。

公認智商指數：75～90

【情商代表詞彙】

我覺得

正面的巨蟹座性格是喜歡照顧人、保護人，直覺力強，愛家、顧家，愛心多多；負面的巨蟹座性格是多愁善感，占有慾強，很孤獨，喜歡獨居，缺乏安全感。

巨蟹座的人生哲學是：使自己和別人都幸福如意。巨蟹座敏感又心軟，容易受親近的人拖累，因為他總會盡力達到家人或愛人的要求，但你若惹火他，他說起話來可不饒人，是標準的「刀子口、豆腐心」。

巨蟹座易有極端的情緒化表現，他們的情緒陰晴不定，常會沒來由地大發脾氣，對別人的問話，也會隨性予以反駁或根本拒絕回答。但興致好時，他會變成最佳聽眾，充分發揮體諒、設想周到的優點。他們的性格時常在兩個極端間搖擺不定，只有在受到家庭影響時，才有可能安定下來，因為巨蟹座天生熱愛家庭，並珍惜婚姻關係。

第 4 章　巨蟹座（Cancer）6月22日～7月22日

　　巨蟹座常為了一點芝麻小事而耿耿於懷，缺乏容人的雅量，經常像被激怒的刺蝟，豎起渾身尖刺，拒人於千里之外。不過他自己在言詞上不小心傷到朋友時，也會有自知之明，感到內疚。應學習容忍、體諒別人，再加上其有禮貌、善交際、富幽默感的迷人個性及對人道主義的尊崇，會吸引許多朋友。事實上，巨蟹座經常在強悍外表下隱藏柔弱的內心，就像這星座的象徵 —— 螃蟹，用硬如鐵甲的外殼，將自己緊密地武裝起來。

公認情商指數：84 ～ 92

【智商・情商之最】

　　最不能開玩笑

　　最喜歡群體遊戲

　　最不愛出風頭

　　最不會做生意

　　最愛在家裡

　　最喜歡溫柔

　　最願意付出感情

　　最會撒嬌

　　最易羞澀

　　最需要愛情

　　最想結婚

　　最體貼

　　最顧家

　　最感性

　　最深情

最痴情

用情最專一

最怕沒安全感

最少女強人

最有同情心

最不會計較

最易感覺滿足

最重視傳統

最有人情味

最膽小

最愛煩惱

最會檢討自己

【智商‧情商綜合評價】

1. 外表堅硬如石，內心溫柔似水，非常敏感。
2. 在任何一種關係中，從來不抱怨和嘲笑。
3. 有領導的才幹和組織能力。
4. 舉止文雅，洞察力強，遇到危險異常強大。
5. 寬容且遇事有耐心，多為對方著想。
6. 愛國主義精神非常強。
7. 有傷心大哭的習慣。
8. 富有童心，看問題非常天真，重情義。
9. 生活節儉，注意錢的支出，有條件就喜歡攝影。
10. 遇到變化時，要掌握自己往好的方向轉化。

第 4 章　巨蟹座（Cancer）6月22日～7月22日

【巨蟹偵探訓練案例】

學以致用 —— 理性的巨蟹偵探

✦ 史前壁畫

　　某失業男子整天想著發橫財。一天，他找到一位古董商，興奮地說：「您聽說過在法國發現了山洞裡的壁畫嗎？可是我在西班牙的一個農莊，發現更堪稱無與倫比的史前古人壁畫。」說著，他遞給古董商三張照片：「這幾幅壁畫，是我鑽入差不多有 4,000 英尺深的暗洞才拍攝到的。」

　　古董商看了一眼，第一幅是長毛犀牛圖，第二幅是獵人在追趕恐龍，第三幅是奔馳的猛獁象圖。古董商笑了笑，立即指出失業男子在說謊。

　　如果你是得知上述線索的巨蟹偵探，知道古董商為什麼笑嗎？

　　答案：這位失業男子一點生物學常識都沒有，那些所謂的古人類壁畫，一看便是偽造的，因為恐龍不可能被古人類追趕，地球上的人類在恐龍絕跡數千萬年後才出現。

✦ 識破贗品

　　一天，有一個衣著破舊的男子走進古錢幣店，要求見負責人。一職員禮貌地問男子有什麼事情。

　　男子說：「我有一枚超過兩千年的古金幣，你們願意收購嗎？」

　　職員問：「你帶那枚金幣來了嗎？可否給我們看看？」

　　男子說：「好，在這裡。」說著，從衣袋裡取出一個布袋，再小心翼翼地從布袋裡拿出一枚表面已經暗到呈現青綠色的金幣。金幣正面是一個古羅馬皇帝的徽號，背面是一串古羅馬文字環繞金幣邊。職員懂得古羅馬文

字，文字的意思是「奉希律王命製，西元前7年」。

職員看完，笑了笑，把金幣交還給男子：「這枚古金幣是贗品，不值錢的。」

如果你是得知上述線索的巨蟹偵探，知道職員為什麼會說古金幣是假的嗎？

答案：這是個簡單的歷史常識。金幣上刻有「西元前7年」，試想在耶穌出生前7年的人，怎麼知道7年後會有耶穌出生而鑄造出這種年分的金幣？所以職員知道這是假的古金幣。

✦ 說謊的嫌疑犯

用紙拉門隔開的3個房間裡，每個房間的中央都吊有一個電燈泡。中間房間的居住者華萊士，被懷疑是某事件的嫌疑犯，而那天晚上10點鐘敲響的瞬間，他是否獨自一人在家，成了揭開事件謎底的關鍵。華萊士說那時自己一個人在家。兩邊的鄰居也都證明：「正好10點的時候，看到紙門上有一個人的身影。」聽了這些話，巨蟹偵探嚴厲地看著華萊士，說：「你果然是在撒謊。」

巨蟹偵探是怎麼得出這個結論的？

答案：根據物理學常識，在只有一個電燈泡的房間裡，不可能在房間的兩面紙門上都照有人影，所以中間的房間應該有兩個人。

✦ 吹牛偵探

由於最近要案頻繁，倫敦警察局打算招募一些私家偵探協助破案，此事交由巨蟹偵探負責。

在接見應徵的私家偵探時，巨蟹偵探為了考驗他們的機智及工作能力，要求他們把自己的工作成績講述出來，以便從中聘用。喬治是某私家

第 4 章　巨蟹座（Cancer）6 月 22 日～7 月 22 日

偵探社的雇員，這份工作對他極具吸引力。可是他的資歷非常淺，只有一年私家偵探的經驗。

當巨蟹偵探問及他的功績時，喬治立即說：「我記得在三年前 7 月的某天，我與朋友在城外的水塘釣魚，我們坐在堤壩旁邊，全神貫注釣魚時，突然從水影中看到兩個彪形大漢的影子。我回頭一看，記起是通緝犯之一，於是我立即轉身，把魚竿一揮，魚鉤向後，把他們鉤住，交給警方處理。」

巨蟹偵探聽後，冷冷地回答：「對不起，喬治先生，你編的故事非常動聽，可是我想聘請的是誠實的偵探，而非吹牛偵探呀！」

你知道喬治的這番說詞，露出什麼破綻了嗎？

答案：在池塘中如果看到人的倒影，那水中的影子除了自己，就是比自己更接近水塘的人，此為吹牛之一。再者，當喬治轉身想襲擊通緝犯時，自己已掉入池塘內，試問怎能制服他人呢？

◆ 玻璃鏡中的凶手

卡羅望著巨蟹偵探，遺憾地說：「您要是早來 5 分鐘，我那幅名畫就保住了。」巨蟹偵探問：「怎麼回事？」卡羅說：「這所住宅是表姐遺贈給我的，她收藏了許多名畫，生前有 6 幅油畫掛在這書房裡。10 分鐘前，我一個人在這裡找書，一個歹徒突然闖進來，用槍指著我，命令我臉朝牆站著，他取下了 5 幅，又命令我把面前那幅畢卡索的作品也取下來給他，隨即逃走了。」巨蟹偵探問：「這麼說，你肯定不知道他的長相了？」

「不，在鑲這幅畫的玻璃鏡中，我看清楚了他的長相，我能認出這個人。」

巨蟹偵探笑了起來：「年輕人，我可不會為你騙取保險金去當證人。你根本沒丟什麼畫！」

卡羅的敘述有什麼漏洞？

答案：卡羅說自己從鑲畫的玻璃中看到歹徒的長相，這是他的漏洞，因為有美術常識的人都知道，油畫從來不用玻璃框鑲框。

✦ 貨船竊案

英國貨船「伊麗莎白」號，首次遠航日本。清晨，貨船進入日本領海，船長大衛剛起床，便去處理進港事宜，將一枚鑽石戒指遺忘在船長室裡。

15分鐘以後，他回到船長室時，發現那枚戒指不見了。船長立即把當時正在值班的大副、水手、旗手和廚師找來盤問，然而這幾名船員都否認進過船長室。每個人都聲稱自己當時不在現場。

大副：「我因為摔壞了眼鏡，回到房間裡去換了一副，當時我肯定在自己的房間裡。」

水手：「當時我正忙著打撈救生圈。」

旗手：「我把旗掛反了，當時我正在把旗子重新掛好。」

廚師：「當時我正在修理電冰箱。」

「難道戒指飛了？」隨船負責保衛工作的巨蟹偵探，根據他們各自的陳述和相互作證的情況，略一思索，便找出了說謊者。事實證明，這個說謊者就是罪犯，

你能猜出誰是罪犯嗎？

答案：大副、水手、旗手、廚師4個人的話中，很明顯，旗手的話是有破綻的。他說：「我把旗子掛反了，當時我正在把旗子重新掛好。」事實上，英國的船隻駛入日本領海，無論是掛日本國旗，還是掛英國國旗，都不存在掛反的問題。這兩個國家的國旗是多數人都熟識的。所以旗手是說謊者，他就是罪犯。

第 4 章　巨蟹座（Cancer）6月22日～7月22日

✦ 聰明的監視

在某偏僻村落藏匿大批通緝犯及黑社會頭目，為避免打草驚蛇，巨蟹偵探做出周詳而嚴謹的部署，喬裝成村民，視察現場環境後，發覺村屋坐落在隱閉的叢林內，四面有窗及門，很方便逃走。巨蟹偵探為防行動失敗，特派 8 名幹練警探，靜悄悄地埋伏在叢林內，等待晚上伺機行動，各出口有兩人把守。

到了深夜時分，秋風吹過，樹葉嘩嘩落下，通緝犯正熟睡。巨蟹偵探見機不可失，調動數十人準備突襲，卻發現 8 名警探中有 4 名失蹤了，為怕延遲行動，只好急召警察救援。最後，終把人拘捕，送交法庭。事後，巨蟹偵探詢問 4 名失蹤的探員，為什麼竟敢違抗命令，幸好行動成功，不然的話，得受降職的處分。

誰知他們卻說：「我們覺得現場不需 8 人駐守，便可把整間房屋包圍，所以我們沒有遵守你的意見，希望你原諒！」

巨蟹偵探細聽他們擅自更改計畫的原因後，覺得非常有理，就沒有追究此事。你知道 4 名警探是如何監視那批罪犯的嗎？

答案：原來那 4 人站在四個屋角，一人便可監視兩個門口，疲倦時，由另外 4 人頂替。故當巨蟹偵探進行突襲行動時，4 名警探已躲藏起來休息，故不能參與行動。

✦ 偷渡邊境

A、B 兩國正在鬧邊界糾紛。A 國的巨蟹偵探企圖偷渡邊界進入 B 國抓捕犯人，但因對方戒備森嚴，未能成功。於是想挖掘地道偷渡邊界。不過，這個方案似乎行不通，因為挖出的浮土一增加，就一定會被敵人的偵查機發現。那麼，先蓋一間小房子，把浮土藏在裡面行不行呢？似乎也不行，浮土一增加，就需要把它運到小房子外面去，同樣會露出破綻。不

過,聰明而博學的巨蟹偵探最終想出了一個辦法,成功越境。你能猜出是什麼辦法嗎?

答案:一面向前挖,一面用挖出的土填埋身後的地道,就可以安全地偷渡邊界。這樣做會不會把氣孔堵死呢?這是不必擔心的。既然小房子裡堆著一部分浮土,那麼在地道裡就一定有相當於那土堆體積的空隙存在,足以供偷渡國境者呼吸。

✦ 錯誤百出的考卷

杰倫在警察學院當學員。他以〈販毒犯〉為題,寫了一份案例。內容如下:

某日中午,太陽當空,在湖上留下長長的樹影。馬捷和沙多把一艘預先準備好的小船,推進湖中。他們順著潮流漂向湖心。這個湖是兩個毗鄰國家的界湖,由地下湧泉補充水源,不會乾涸。馬捷和沙多多次利用這個界湖做走私的勾當。

他們在湖心釣魚,不時能釣到一些海鱒,把內臟挖出,然後裝進袋裡。夜幕降臨,四周一片漆黑,兩人把小船快速划到對岸,與接應人碰頭。然後一起把小船拖上岸,朝天翻起,船底裝著一個不漏水的罐子,他們把小包毒品放在裡面。他們做得相當順利,午夜剛過10分鐘,便開始往回划,在離開平時藏船處以北半公里的地方靠岸。兩人將100包毒品取出、平分。5分鐘後,一海關巡邏隊在午夜時分發現這艘船時,沒有引起絲毫懷疑。但當他倆回到鎮上時,碰到巡邏的警察,馬捷和抄多被緝拿歸案了。

巨蟹偵探看完後,哈哈大笑,說:「這張考卷裡錯誤百出,杰倫應該留級才對。」

這張考卷裡有多少錯誤處?

第 4 章　巨蟹座（Cancer）6月22日～7月22日

答案：試卷共有 4 處錯誤：

1. 中午，當太陽高懸天空時，不論樹木多高多矮，都不會有陰影；
2. 水源靠地下湧泉補充的湖是沒有潮流的；
3. 海鱒是海水魚；
4. 販毒犯開始往回划時是「午夜剛過10分」，因此「午夜時分」巡邏隊不可能在對岸發現他們的船。

見怪須怪──理性的巨蟹偵探

◆ 割舌誣告

大宋年間，有人向包公告狀，說他家耕牛的舌頭被人割掉了。包公覺得此事有蹊蹺，想了一會兒，便告訴報案人，要他回家大張旗鼓地把牛殺了，並把肉拿出去賣。這人就照包公所說的做了。

就在殺牛者賣肉期間，有個人前來向包公檢舉揭發，說某人私殺耕牛，違反朝廷禁令。包公問道：「你為什麼把人家耕牛的舌頭割掉，又來控告人家私殺耕牛？」這人一聽，猶如晴天霹靂，不禁大驚失色，認為包公已掌握了他的犯罪事實，只好老老實實認罪。

如果你是得知上述線索的巨蟹偵探，你知道包公是怎樣進行推理判斷的嗎？

答案：包公是建立在偵查假說基礎之上的。所謂偵查假說，就是以案卷材料為根據，對犯罪的構成事實、犯罪動機和可能實施及犯罪人所做的推測。包公根據耕牛的舌頭被割掉這個事實材料進行分析，提出了犯罪動機和犯罪人的假說：把牛的舌頭割掉，牛就不能吃草，主人擔心其餓瘦、餓死，必然會殺掉牠，這樣就犯了私宰耕牛罪，便可達到報復、陷害他的目的。然後再從這個基本假定出發，猜測割牛舌者定會前來「揭發」。後來，證實了包公假設的正確。

✦ 縣太爺斷案

有一婦人來告狀，說有人把她丈夫殺死扔到深井裡，丈夫外出做生意賺的錢也都被人搶了。縣令隨婦人去深井檢視，只見下面陰暗，根本看不清楚下面的情形。打撈屍體上來後，只見屍體沒有頭顱。縣令問：「這是妳丈夫嗎？」婦人說是。縣令感到奇怪，卻不動聲色說：「妳一人孤苦伶仃地怎麼生活呢？一找到屍體的頭顱，定案之後，妳就可以再嫁了。」

第二天，與婦人同村的湯姆斯來報告說，他在野地找到了屍體的頭顱。這時，縣令忽然指著婦人和湯姆斯說：「你們兩個就是罪犯，還不從實招來？」兩人不服，待縣令把證據擺出來後，兩人不得不承認有勾結，且謀害該婦人丈夫的事實。

如果你是得知上述線索的巨蟹偵探，知道縣令的證據是什麼嗎？

答案：屍體在黑暗的深井裡，怎麼能確信是自己的丈夫呢？必定是先知道丈夫死在這裡了。頭顱在哪裡，湯姆斯為何如此熟悉？又這麼著急地來報告呢？必定是想與婦人早日成親。

✦ 丟失的珍寶

北宋年間，京城太師嫁女，不料當夜陪嫁的珍寶被盜。太師大怒，城中官吏追查得很急，嚴加盤查進出城門的行人，卻沒有一點破案線索。當時，在京城北門當差的護衛吳子牙聽說此事後，聯想到兩天前，有看到一些胡人抬著一口棺材出城，他們哭聲震天，卻不見掉淚。他當時就覺得很奇怪，以為是胡人特殊的習俗，現在一回想，更覺得這裡面有文章。他知道這些胡人送完葬之後又回到城裡的住處，料定被盜珍寶尚在京城附近，於是吳子牙主動要求偵破此案。

太師聽說一個當差的護衛能破案，便召見了他，問道：「你能破這個案嗎？」「能。」吳子牙答道，「但太師要答應我兩個條件。其一，請不要

第 4 章　巨蟹座（Cancer）6 月 22 日～7 月 22 日

限定日期，也不要追逼當地的官府；其二，讓您府裡的家丁聽我的指揮。我保證會捉獲盜賊，追回丟失的珍寶。」太師答應了他的條件。

吳子牙命令家丁們日夜祕密監視胡人。這樣，一直祕密監視了十多天。這天下午，有十多個胡人穿著喪服出城，然後朝著城外的墳崗走去。這些胡人來到一座新墳前，擺下祭品就哭了起來，哭到沒完沒了，可就是不見落淚。直到天黑，墳崗已經沒人了，他們才停止哭泣，開始挖墳。吳子牙命令家丁悄悄包圍墳崗，直到胡人把棺材挖出來，才把那些胡人抓起來。開棺一看，正是太師女兒丟失的那些珍寶。

如果你是得知上述線索的巨蟹偵探，知道吳子牙是怎樣推理判斷並偵破此案的嗎？

答案：珍寶被盜後，城中官吏查得很急，嚴加盤查進出城門的行人，卻一點線索也沒有。吳子牙聯想到兩天前一群胡人抬棺出殯，只哭卻不落淚，很自然地把這兩件事連結起來，並斷定那夥胡人很可能就是盜賊。他們以出殯為掩護，將珍寶運到城外埋藏起來。他之所以提出不要限定日期，同時也不要追逼地方官吏，是因為如果追逼太急，強盜見形勢緊張，會鋌而走險，挖出珍寶畏罪潛逃，為追查帶來困難。放寬時間，麻痺對方，他們會誤以為平安無事，就會自己跑出來亮相，從而為破案爭取準備的時間。為了人贓俱獲，吳子牙請家丁們日夜祕密監視胡人，在盜賊準備取貨時，將其一網打盡。

✦ 梯子倒了

43 歲的亨德利最近春風得意，他的股票一直飆升，這讓他很得意。他覺得應該重新裝點一下自己的住宅，這樣更體面一些，也讓那些瞧不起自己的人感受一下自己的成功。亨德利的房子坐落在風景優美的郊區，只是門廊、臺階和窗櫺略顯陳舊。那上面油漆剝落，看起來非常頹廢。「嗯！

該上漆了！」亨德利買回乳膠漆等材料，不一會兒，他就漆好了臺階，然後搬著一架六英尺高的木梯，提著一罐白色油漆，去漆門廊。

正當亨德利站在梯子上漆門廊時，一個身影出現在圍牆外面，他瞪大雙眼，惡狠狠地盯著亨德利。「這個老傢伙，看樣子又賺錢了，前幾次他向我推薦的股票沒有一個賺錢的，3萬美金都賠了進去，他卻一點損失也沒有，原來他是在耍我。今天……」這個人想著，悄悄走進院子，一閃身，躲進門廊左邊的木芙蓉樹叢中。亨德利渾然不覺，只是起勁地刷著，這時，這個人猛地從樹叢中躍起，衝到梯子邊，用力一推，亨德利「啊！」的慘叫一聲，重重摔在地上。

3小時後，里瓦多在路邊搭乘巨蟹偵探的車子。「謝謝您把我送到家，巨蟹偵探。」里瓦多對巨蟹偵探說：「您不介意在亨德利家門口停一下吧？我有事情想諮詢一下他。」「沒問題，我也可以順便看看亨德利。」巨蟹偵探回答。

巨蟹偵探的車子還沒停穩，里瓦多就跳下車，直接向亨德利的大房子跑過去。他穿過草坪，從四層臺階旁躍到門廊前，按了門鈴，沒人。里瓦多走到窗旁，敲著玻璃喊叫：「亨德利先生，你在嗎？」突然，他跳下臺階，驚叫：「不好了，亨德利他……他倒在樹叢裡了！」

巨蟹偵探跟著里瓦多來到木芙蓉樹後面，只見亨德利仰面倒地，一架木梯壓在他身上，那白油漆倒在他的工作鞋上。「脖子斷了，」巨蟹偵探說道，「大約在3小時前。」巨蟹偵探仔細觀察現場，用手摸摸白木支架、前門以及四層臺階和窗櫺，又拿起刷子摸了摸，「還很黏手。」巨蟹偵探暗自思忖著，然後說道：「里瓦多先生，你有權保持沉默，現在我懷疑你與這起案子有關！」

你知道巨蟹偵探為什麼這麼說嗎？

答案：里瓦多不敲門而敲窗戶玻璃，寧願跳上跳下也不踏臺階，說明他知道門和臺階是剛剛油漆過的。如果他真的是與巨蟹偵探一起發現現場，不可能事先知道。

抓住語言漏洞 —— 不失時機的巨蟹偵探

◆ 手足相殘

清朝雍正年間，南京有徐家三兄弟，他們各自籌集了百兩銀子，約定農曆五月十五日晚上，一起渡江去江南販賣藥材。到了五月十五日下午，徐老二最先到達渡口，並上了船。因為時間還早，便睡著了。誰知一個貪財的凶手，將他推入水中淹死了，屍體順流漂走。

當徐老大和徐老三來到渡口，久等老二不來，老大便叫老三到老二家去催促。徐老三邊敲二哥的家門，邊叫道：「二嫂！」接著問道：「二哥為什麼這麼久不上船？」徐老二的妻子聞言大驚，道：「他出門很久了，怎麼還沒有上船！」

徐老二回覆老大，徐老大連同焦慮萬分的徐老二妻子分路尋找，結果在長江的下游處發現了徐老二的屍體。

當時南京有一位審案的官吏起先懷疑徐老二的妻子和他人私通而謀害其夫，但仔細一想，發現此案很蹊蹺。他根據此案的文字描述，發現凶手就在老大、老三和老二妻子之中，於是逐一審訊，果然在他意料之中。

如果你是得知上述線索的巨蟹偵探，知道官吏懷疑的依據是什麼嗎？凶手是誰？

答案：凶手是徐老三。因為老大叫老三去老二家催促時，徐老三在門外先叫「二嫂」，不叫「二哥」，說明徐老三此時已經知道二哥已死，不在家中。縣官因此判斷徐老三有很大的嫌疑。經過審訊，終於揭破案情。

✦ 生意人之死

　　清末時期，一個身在異地做生意的山東人，帶著兩個僕人回家探親。路上遇見一個少婦，生意人覺得路途寂寞，便找婦人搭話，得知婦人是同鄉，此去婆家探親。又是幾回寒暄，不知不覺便成了熟人。

　　天色漸晚，婦人正急著找不到投宿的地方。正巧生意人在此有一佃戶，婦人也就跟著此人到他的佃戶家。晚餐後，大家都要休息了，兩個僕人走過來對佃戶說：「我們和主人告假，先回去了！」佃戶答應了一聲就睡了，後來聽到生意人房裡有很大的聲音，急忙起來點蠟燭去看，生意人和少婦都被殺害了。血泊之中，佃戶看到了他們家的割草刀。

　　佃戶立刻報官，在官府面前，佃戶不得不如實反映情況。眾人都懷疑是兩個僕人殺的。縣官到現場檢查時，忽然聽到隔壁有人說：「我恨那天夜裡沒有殺死你！」縣官看了看凶器，叫人把隔壁的人抓過來。沒想到說話的人卻是佃戶的女兒和與她私通的鄰居兒子。他們一男一女跪在縣官面前，縣官指著那個男子說：「你如實招認吧！」男子嚇得面如土色，只得招認。

　　如果你是得知上述線索的巨蟹偵探，知道縣官憑什麼說他就是罪犯嗎？

　　答案：首先，「我恨那天夜裡沒有殺死你」這句話引起了縣官的懷疑；其次，凶器是佃戶家的，凶手必然經常來佃戶家，殺人時一時興起，拿起了凶器。如果是僕人所殺，則一定要預先謀劃，自己準備凶器。鄰居家的兒子晚上去找佃戶家的女兒，見到生意人和少婦，以為是心上人另有新歡，於是妒火中燒，找凶器殺了人。

✦ 妹夫被殺

　　一天，史密斯被人發現死在自己的家內。巨蟹偵探經過勘查，斷定屬於謀殺案，於是打電話通知史密斯的家人，打到史密斯夫人的哥哥約翰家

第 4 章　巨蟹座（Cancer）6 月 22 日～7 月 22 日

時，約翰接了電話。巨蟹偵探對約翰說：「約翰，我很遺憾地告訴你，你的妹夫被人謀殺了。」「什麼？」約翰說，「史密斯死了？上帝，史密斯一定是得罪了什麼人，巨蟹偵探，史密斯的脾氣相當不好，兩個月前他與我的大妹夫因為打牌輸了 500 美元而發生爭吵，上個月又因為金錢問題而與我的二妹夫差點動起手來。還有……」「好的，約翰，你提供的訊息很有價值，我等一下將去你家問你一些更詳細的情況。」巨蟹偵探打斷了約翰的話。

可事後，巨蟹偵探卻逮捕了約翰，並斷定約翰就是凶手。巨蟹偵探為什麼斷定約翰就是凶手呢？

答案：約翰有兩個妹夫，但他卻能準確說出死者的名字是史密斯，顯而易見他是凶手。

✦ 名畫失竊案

初秋的一個星期二早晨，巨蟹偵探接到荷蘭博物館來電，得知該館二樓展覽廳內一幅名畫被人偷走了，只剩下畫框。巨蟹偵探向負責監察此項展覽的總管查理詢問，查理說：「我們一共有三人輪流負責看管，而昨晚放工時，我與副總管安奇是最後離開的，接著我們一起到附近一間酒吧消遣，然後各自回家。今晨回來，發覺名畫不見了！」

「我和總管的確最後離開博物館，但喝完酒後，返家途中，管理員艾克對我說：『我遺留了一些東西在博物館。』於是向我借鑰匙回去拿取。」副總管安奇插嘴道。

「對，我忘記帶太太今晨送給我的生日禮物，那是一條漂亮的手帕。」艾克說完後，便將手帕拿出來，給每個人看。

巨蟹偵探沉默片刻後，說道：「我知道小偷是誰了！」你猜到是誰了嗎？是查理、安奇還是艾克呢？

答案：理由很簡單，巨蟹偵探發覺艾克的話中出現矛盾。因為他說案發當晚遺留了太太送給他的手帕。而手帕是星期二早晨太太才送給他的生日禮物，又怎麼可能在星期一晚上遺留在博物館呢？可見他是偷畫賊。

✦ 懸賞 20 萬

「啊！」一聲尖叫劃破了早晨的寧靜，羅斯夫人竟然死在臥室裡。巨蟹偵探帶著警察立刻上門勘察現場，並進行調查。羅斯夫人身穿睡衣，倒臥在臥室的地板上，腦後血肉模糊。地面上有一把刀，上面沾有血跡。經法醫確認，羅斯夫人是被鈍器狠狠敲擊後腦，導致顱腦損傷而死的，死亡時間大約是晚上 11 時到 12 時之間。隨後，法醫將羅斯夫人的遺體帶回警局，進行進一步檢查。

巨蟹偵探在與女僕的談話中了解到，昨晚經過夫人的允許，她大約 10 時就入睡了，入睡之前對房屋的檢查沒有發現什麼異常，睡了之後也沒有聽到什麼動靜，直到早晨按慣例送早餐時，才發現夫人被害了。也就是說，女僕沒有能夠提供什麼破案線索。

正當巨蟹偵探仔細勘察現場時，羅斯先生急急忙忙地衝進家門。「天哪！我親愛的羅斯！」羅斯一臉悲傷，他告訴巨蟹偵探，他昨天整夜都在公司和員工研究技術方案，接著他拉住巨蟹偵探的手說：「我願意懸賞 20 萬抓那個殘忍地砸死我夫人的凶手，請您一定要幫我！」

巨蟹偵探安慰了羅斯，回到警局後，開會談論案情。由於線索太少，大家都沒有頭緒。最後，巨蟹偵探忽然想到了什麼，大聲對警探們說：「我知道凶手是誰了！」

請問凶手是誰？為什麼？

答案：巨蟹偵探認為羅斯有重大嫌疑。因為當羅斯先生回家時，夫人的遺體已經被法醫運走，他看不到夫人的傷口情況。當時知道夫人被鈍器

第 4 章　巨蟹座（Cancer）6 月 22 日～7 月 22 日

砸死的只有巨蟹偵探、法醫、現場的幾個警察和凶手。法醫已離開現場，不可能告知羅斯，其他警察也沒和羅斯說過案情，而羅斯卻能說出懸賞 20 萬元抓住砸死夫人的凶手。可見即使不是羅斯親自動手殺害夫人，他也從凶手那邊獲知了做案經過。

✦ 證人的謊言

倫敦城與它的兩個衛星城離得很近，且有火車相連，而列車路線是先由倫敦至 1 號衛星城，再由 1 號衛星城直接到 2 號衛星城，而 2 號衛星城最終回到倫敦，交通網路非常完備。然而倫敦出發的列車在 5 月初發生了一宗謀殺案，有人在車上被殺。由於當時正值末班車，所以能夠目擊凶案的人基本上沒有。只有另一線的列車上有一個乘客目擊到這件事，因此他在法庭證人席上作證。

證人：「是這樣的，我當時在 2 號線列車上，僅僅看見凶案的一瞬間，恰好看到那一幕，不過我看得不算清楚。」

巨蟹偵探聽了，問：「那麼，列車相遇時大約有幾秒？」

證人：「大概五、六秒左右，就各走各的！之後，我向相反方向走，再看不到後來的事了！」

巨蟹偵探聽了，站了起來，大聲說：「你在說謊！」

證人哪部分暴露了他在說謊呢？

答案：證人在說謊，他說他目擊凶案發生時，是在相反的方向、兩車擦過之際。但他忽略了一點，倫敦至 1 號衛星城鎮、至 2 號衛星城鎮僅是單向而行，絕沒有相反方向的行車路線，即是由倫敦城至 1 號衛星城，不能再由 1 號直接回倫敦，要繞過 2 號衛星城再回倫敦。所以有對頭車的所謂「一剎那」是不存在的。

欲蓋彌彰 —— 敏銳的巨蟹偵探

✦ 欲蓋彌彰

已經很晚了，巨蟹偵探還在辦公室裡，有人發給他一封電報，電文如下：「銀星珠寶店的鑽石項鍊被盜 —— 友」。

巨蟹偵探看完電報，馬上驅車趕到銀星珠寶店。在珠寶櫃的旁邊站著兩個人：一個是衣著講究的少女，另一個是穿著禮服的保管人員。以下是他們的對話：

「我是警局來的。」巨蟹偵探說，「剛才接到通知，說店裡的鑽石項鍊被盜，顯然我是來晚了。妳是營業員嗎？」他問那女人。

「是的。」她回答，「幾分鐘前，老闆來找我，說那條鑽石項鍊被盜。」

「妳對這一切的看法呢？」巨蟹偵探又問那個女營業員。

「我想，是偷項鍊的人自己發電報給你的，可能他故意要把水攪混。據我所知，刑事案件裡這種賊喊捉賊的事屢見不鮮。」

「妳說得對，不過情況已經擺在這裡，偷項鍊的人就是妳。」

巨蟹偵探的根據是什麼？

答案：因為巨蟹偵探在與營業員談話的過程中，隻字未提電報，如果女營業員不曾發電報給巨蟹偵探，那她為什麼會提到有人發電報給巨蟹偵探呢？

✦ 火車搶劫疑案

拉丁美洲某博物館運送一批珍貴古玩去另外一座城市展覽，途中要經過一片經常有劫匪出沒的大草原，因此這件事是在極端祕密的情況下進行的，只有幾個人知道要運送的是什麼。但火車最終還是被劫。

第 4 章　巨蟹座（Cancer）6 月 22 日～7 月 22 日

案發後，非常有經驗的巨蟹偵探立即搭直升機趕到繼續行駛的列車上。巨蟹偵探先到貨車車廂找押運人員傑佛調查，傑佛是少數幾個知情者之一。巨蟹偵探敲了幾下門，沒有人應門，自己用力一轉門把手，門開了，原來傑佛正坐在椅子上。當他知道巨蟹偵探敲過門，就十分抱歉地說：「為了安全，這節車廂的門又厚又重，列車在行進中根本聽不到敲門聲。」

巨蟹偵探請傑佛介紹一下遭搶的情況，傑佛說：「當列車高速經過草原時，我感到很緊張。正在這時，有人敲了 4 下門，我以為是車掌送水來，於是打開門。沒想到進來 3 個蒙面大漢，他們還戴著手套，不由分說，就把我綁在椅子上，並用手帕塞住了我的嘴……」

巨蟹偵探似乎聽得很漫不經心，他東張西望，看到地上有一個菸頭，就打斷傑佛的話：「這個菸頭是你丟的嗎？」

「不，我不會抽菸……哦！我想起來了，這是一個胖胖的劫匪丟的。」

在傑佛回答的時候，巨蟹偵探注視著他的臉，發現傑佛臉頰上有一道很淺的傷痕，便問：「你臉上的傷痕是被劫匪打的嗎？」

「不是。是一個劫匪綁我時，被他手上的戒指劃破的。」傑佛答道。

巨蟹偵探點點頭問道：「你還有什麼別的情況要說嗎？」傑佛搖搖頭。巨蟹偵探卻說：「你編故事的本領太差了，到處都是矛盾，你被捕了。」

你聽出傑佛說的話中都有哪些矛盾嗎？

答案：主要有 3 處自相矛盾：門很厚，列車急駛時聲音很大，巨蟹偵探敲門時傑佛聽不到，卻能清清楚楚聽到劫匪敲 4 下門；劫匪戴著手套，不可能用戒指劃破傑佛的臉；劫匪都蒙著臉，根本不可能抽菸。

✦ 真的不認識

巨蟹偵探和巡警開車來到一座公寓前，他們要找一個名叫琳傑的人。開門的正是琳傑，她讓兩人進屋，說：「二位先生有何貴幹？」

「太太，您認識一個叫尼桑的人嗎？」

「尼桑？我從未聽說過。」

「我們剛從拘留所過來，他說認識您。」

琳傑很鎮定地抽了口菸，說道：

「我真恨不得把你們從窗戶扔出去！」

巨蟹偵探用手指著她說：「尼桑從銀行搶走 19 萬馬克。警察反應很快，24 小時後，就將他捕獲了。我們和他長談後，他已說出把錢給誰了。」

「我不認識尼桑，對銀行搶劫案也不感興趣！」

「荒唐！那為什麼尼桑說，他把錢給了妳呢？」巡警插嘴說。

太太跳了起來：「我要控告你們……」

「太太，尼桑究竟是什麼時候把錢給了妳，妳又將錢藏在什麼地方了？」

琳傑氣得大叫道：「我要說多少遍，我根本就不認識什麼喬治·尼桑！」

「妳真的不認識？」

「對！不認識！」

巨蟹偵探從口袋裡抽出一張紙，說道：

「就這樣吧！妳被逮捕了。很遺憾，太太，妳剛才犯了個錯誤。」

請問，琳傑犯了什麼錯誤？

答案：那位太太一再聲稱她不認識尼桑，但她卻知道尼桑的全名是「喬治·尼桑」，很顯然，她是認識此人的。

第 4 章　巨蟹座（Cancer）6 月 22 日～7 月 22 日

◆ 電梯上的疑影

「瑪麗小姐昨天下午 3 點多來到約翰診所鑲牙。」巡警卡爾正在向巨蟹偵探匯報案情，「就在醫生為她做牙印模時，門輕輕地被推開，一隻戴著手套的手伸進來，手中握著手槍。約翰醫生當時正背對著門，所以只聽到兩聲槍響。瑪麗小姐被打死了。在案件發生一個小時後，我們找到了嫌疑犯。電梯工人說，他在聽到槍聲之前的幾分鐘，把一個神色慌張的人送到 15 樓，那個地方正是牙科診所。據電梯工描述，我們認為那個人正是假釋犯邁克，他因受僱殺人未遂而入獄。」巨蟹偵探問：「把邁克那傢伙抓來了嗎？」「抓來了。」卡爾答道。

巨蟹偵探提審了邁克：「你聽說過約翰這個人的名字嗎？」「我沒聽說過，你們問這個做什麼？」巨蟹偵探淡淡一笑：「不為什麼，只是兩小時前，有位名叫瑪麗的小姐在他那裡遇到一點麻煩，不明不白地倒在血泊中。」「這關我什麼事？整個下午我一直在家睡覺！」邁克回道。「可有人卻看見一個長得像你的人在槍響前到 15 樓去了！」巨蟹偵探緊逼，目光似劍。「不是我，」邁克大叫，「我長得像很多人。」他接著又說，「從監獄假釋出來後，我從未去過他的牙科診所。這個約翰，我敢打賭，這老頭從來沒見過我。他要是敢亂咬我，我與他拚命！」巨蟹偵探厲聲道：「邁克，你露出馬腳了，準備上斷頭臺吧！」

你能猜出罪犯的辯詞中何處露了馬腳嗎？

答案：罪犯聲稱自己從未聽說過約翰，卻又知道他是 15 樓牙科診所的男性醫師，還知道是個老頭。巨蟹偵探由此斷定，電梯工說的那人就是曾受僱殺人的邁克，他又在重操舊業。

✦ 大提琴手之死

勞拉的屍體躺在公寓的停車場，旁邊是她的紅色轎車。她在晚上8點鐘遭人謀殺，也就是她預計到達劇院音樂會演出前的15分鐘左右。凶手共射擊兩次。第一顆子彈穿過她的右大腿，在她紫色的短裙上留下了一大片血跡；第二顆致命的子彈射中她的心臟，在她的白襯衫上留下了血跡。轎車裡放著勞拉小姐的大提琴。

巨蟹偵探聽取三個人的證詞。發現屍體的房東太太說，勞拉決定參加音樂會，但並不演出，因為有一位過度熱情追求她的人困擾著她，他就是同為管弦樂團一員的彼得。一星期以來，勞拉都沒有練習大提琴，或者說，沒有從車中取出大提琴。

彼得堅稱，他和勞拉已經言歸於好，勞拉也說她要演出，且要在晚上8點10分去接他，然後像往常一樣，一起坐車到劇院。但是他卻沒有等到她。

指揮傑克說，管弦樂團的女性成員穿紫色裙子和白襯衫，而男性成員則穿白色西裝上衣和黑色褲子，至於款式方面，則沒有硬性規定。管弦樂團的成員都是在家中穿好衣服的。他又說，勞拉無疑不用練習就能有很好的演出，因為音樂會是重複性的節目。

在聽了三個人的證詞後，巨蟹偵探立刻知道彼得說謊。他是怎麼知道的呢？

答案：因為大提琴手不會穿著短裙演出，所以說出勞拉要參加演出的彼得，一定是在說謊。

✦ 被揭穿的詭計

一個夏天晚上，某大公司董事長德拉在其書房中自殺身亡。德拉的右手握有一把手槍，頭部流血，子彈就是從那裡打進去的。桌上除了放著

第 4 章　巨蟹座（Cancer）6 月 22 日～7 月 22 日

一臺電扇外，有一封遺書。遺書的大致內容是說他因事業失敗，所以想自殺。

巨蟹偵探對桌子上的電扇覺得有些奇怪，經過詢問，才知道昨天空調出了問題，臨時從貯藏室裡搬來電扇。電扇的插頭從插座裡脫落，顯然是當死者德拉從椅子上倒下時，將插頭碰下來的。巨蟹偵探順手把插頭插進去，電扇立刻轉起來，一股強勁的風吹到桌面上。巨蟹偵探突然醒悟過來，立刻說：「這不是自殺！而是他殺。凶手把董事長殺掉後，留下遺書走掉了。」

請問巨蟹偵探這麼說的證據是什麼呢？

答案：破綻是桌子上的那份遺書。因為把插頭插進插座時，電扇開始轉動，桌子上的遺書立刻被風吹落。然而，死屍被發現時，遺書卻很端正地放在桌子上。這就是說，董事長被殺死後倒在地板上，插頭碰落致使電扇停止後，凶手才把遺書放在桌子上。所以這是明顯的他殺案件。

✦ 酒窖中的機械錶

安卡先生一向都是搭星期五上午 9 點 53 分的火車離開他工作的城市，在正好兩個小時後，到達他郊外的住宅。可是有一個星期五，他突然改變了他的習慣，在沒有通知任何人的情況下，他坐上了那天夜裡的火車。回到家裡，已近午夜零點，他聽見他的祕書邁克正在地下室的酒窖裡喊「救命」。安卡砸開門，將祕書放了出來。

「安卡先生，您總算回來了！」邁克說道，「一群強盜搶了您的錢。我聽見他們說要趕今天午夜零點的火車回紐約市去，現在還剩幾分鐘，怕來不及了！」

安卡聽到錢被盜走，焦急萬分，便請巨蟹偵探來調查此事。

巨蟹偵探找邁克問後續情況：「然後他們又逼我服下一粒藥片 ── 大

概是安眠藥之類的東西。我醒來時，正好安卡先生下班回來。」

巨蟹偵探檢查了酒窖。這是個並不太大的地窖，四周無窗，門可以在外面鎖上，裡面只有一盞40瓦的燈泡，發出不太明亮的光，但足以照明使用。

巨蟹偵探在酒窖裡找到一塊老式的機械錶，他問邁克：「發生搶劫時，你是戴著這支手錶的嗎？」

「呃……是……是的。」祕書回答。

「那請你跟我們好好說說，你把錢藏在哪裡了？你和那些強盜是一夥的。」

邁克一聽，頓時癱倒在地。

你知道巨蟹偵探是如何識破祕書詭計的嗎？

答案：由於酒窖四周無窗，邁克若真的失去知覺，醒來後就無法知道外面是白天還是黑夜，就算有老式手錶，他也無法知道到底當時是近中午12點還是夜間12點。而按照安卡平時的習慣，總是在中午12點左右到家，這樣邁克聽到安卡回來時，就會以為是中午，而不會催安卡到車站去追趕午夜列車的盜匪了。

✦ 殺手的失誤

魯德發現妻子的姦情後，立即與律師商量，欲根據當地法律對姦情被害者有利的規定，請律師起草剝奪妻子分割財產權的離婚協議及起訴狀。魯德夫人得知消息後，立即與情夫密謀，決定請殺手謀殺魯德，再假裝成魯德自殺的假象，並偽造魯德的遺囑，將全部財產交由妻子處理。密謀既定，魯德夫人偷取留有魯德手跡的空白信箋，交給殺手，囑咐殺手在殺死魯德後，用魯德辦公室的打字機列印遺囑。

殺手受僱後，趁魯德午休時，在魯德的辦公室用裝了消音器的手槍，

第 4 章　巨蟹座（Cancer）6 月 22 日～7 月 22 日

貼著魯德的左側太陽穴開槍，打死了他，然後將手槍放在魯德慣用的右手中，假裝成他自殺的假象。接著，殺手坐在魯德的寫字臺前，戴著橡膠手套，用打字機打出一份遺囑，內容當然是魯德夫人早就抄給他的。

魯德自殺死亡消息傳出後，律師懷疑有詐，即請巨蟹偵探勘查。魯德夫人雖再三阻攔，但巨蟹偵探仍強行勘查了現場，並認定魯德是被他人謀殺的。魯德夫人與情夫及殺手仔細回憶謀殺的每一個細節，依然自認為找不到什麼破綻。直到魯德夫人被警方拘捕後，巨蟹偵探才告訴她破綻在什麼地方，魯德夫人恍然大悟，方知是弄巧成拙、欲蓋彌彰。

殺手的失誤究竟在哪裡呢？

答案：

A、殺手失誤在魯德辦公室的打字機按鍵上。如果魯德是自殺的，那麼其打遺囑時，打字機按鍵上應該有魯德本人的指紋。殺手戴橡膠手套用打字機打遺囑，他不僅沒有留下指紋，且將以往按鍵上留存的指紋也擦去了。因此巨蟹偵探推斷魯德是被他人謀殺的。

B、殺手的失誤是在手槍上裝了消音器。如果魯德是自殺，沒必要在手槍上裝消音器。而且手槍放錯了位置，殺手朝魯德的左側太陽穴開槍，卻將手槍放在魯德的右手中。

◆ 喇叭竊盜案

星期六晚上，一家樂器行被盜。盜賊是砸碎商店一扇門上的玻璃窗後鑽進店內的。他撬開三個錢箱，盜走大量錢財，又從陳列櫥窗中拿了一支價值不菲的喇叭，放在普通喇叭盒裡偷走了。

警方對現場進行仔細調查，斷定竊案是對樂器行非常熟悉的人做的。警方把懷疑對象限在湯姆、邁克和約翰三個少年學徒身上，認定他們三人中肯定有一個是罪犯。

三個少年被帶到巨蟹偵探面前，桌子上放著三支筆和三張紙。巨蟹偵探對他們說：「我請你們來，是想請你們與我合作，幫我查出罪犯。現在請你們寫一篇短文，先假設自己是竊賊，設法破門進入商店，要偷什麼東西，採取什麼措施來掩蓋罪跡。好，開始吧！30分鐘後我收卷。」

半小時後，巨蟹偵探請他們停筆，並朗讀自己的短文。

湯姆極不情願地讀著：「星期六早晨，我對樂器行進行了仔細觀察，發覺後院是最理想的下手地方。到了晚上，我打碎一扇邊門的玻璃窗，爬了進去。我先找錢，然後從櫥窗裡拿了一個很值錢的喇叭，輕手輕腳地溜出商店。」

輪到邁克說了：「我先用金鋼刀在櫥窗上開了個大洞，這樣別人就不會想到是我做的。我也不會去撬三個錢箱，因為這會發出響聲。我會去拿喇叭，把它裝進盒子裡，藏在大衣下面，這樣就不會引起人們的注意。」

最後是約翰：「深夜，我在暗處撬開商店邊門，戴著手套偷抽屜裡的錢，偷櫥窗裡的喇叭。我要用這筆錢買有毛皮內裡的真皮手套，等人們忘記這樁竊盜案後，我再出售這個珍貴的喇叭。」

巨蟹偵探聽完，指著其中一個人說：「孩子，告訴我，你為什麼要做這種壞事？」那個少年驚恐萬狀。

這個少年是誰？巨蟹偵探憑藉什麼而識破了他？

答案：是邁克做的。他暴露出喇叭是藏在盒子裡偷走的，而且還知道店裡有三個錢箱被撬。此外，他在短文裡幾乎所有的行動都跟實際發生的事實相反。

✦ 把被殺寫成自殺的文章

巨蟹偵探平時酷愛閱讀各國偵探小說，對福爾摩斯（Sherlock Holmes）大偵探更是崇拜的五體投地，關於他的書籍，巨蟹偵探非看好幾

第4章　巨蟹座（Cancer）6月22日～7月22日

遍不可。有一次他在某本雜誌上找到一篇介紹福爾摩斯偵探事蹟的文章，作者是如此寫的：

福爾摩斯：「奇怪，門內側的鑰匙孔，插了把鑰匙，哈爾西特，你發現屍體時，有沒有用手去摸過這把鑰匙？」

哈爾西特：「不，我沒有摸，門本來是鎖著的，打不開，所以我是從窗戶爬進來的。」

福爾摩斯：「好，那我們趕快查驗指紋。」福爾摩斯就在插進的鑰匙上撒下一些白粉，用放大鏡來觀察。

福爾摩斯：「啊！鑰匙的手把上，表面和背面都可以清晰看到漩渦型的指紋，好了，這可以和被害者的指紋比對了。」

福爾摩斯躺在床鋪上，用放大鏡觀察女屍右手的指紋。

福爾摩斯：「啊！鑰匙上的指紋與女屍拇指與食指的指紋完全相同。」

哈爾西特：「這麼說，被害者是自己把門鎖上自殺的？」

福爾摩斯：「正是這種情形，像這種案件，實在用不著我這個名偵探來偵破。」

巨蟹偵探閱讀了這篇文章後，很生氣地認為，這位大名鼎鼎、世界唯一權威的偵探福爾摩斯，絕對不會用如此錯誤的證據來判斷這件案子的。

究竟這篇文章錯誤判斷在什麼地方呢？

答案：問題就在鑰匙上的指紋寫錯了。「鑰匙的把柄上，留有被害者拇指和食指的指紋，由此可知是被害者自己把門鎖起來自殺的」，這種推斷是錯誤的。

通常我們用鑰匙開門時，使用的是拇指和食指，不過食指並非用指尖的部分，而是用關節旁邊的部分，貼於鑰匙的把柄，這樣才能轉動鑰匙，因此鑰匙的把柄處，應該留的是拇指指紋，而不會留下食指指紋。假如同

文章所寫，留有拇指與食指指紋，那麼案情就很明顯，犯人是故弄玄虛，製造被害者自殺的陷阱，把被害者的拇指與食指拿到鑰匙上，故意在鑰匙上留下死者的指紋，名偵探如福爾摩斯，對此案例不能明察秋毫，而妄下斷語，的確令人感到不可思議。

第 4 章　巨蟹座（Cancer）6 月 22 日〜7 月 22 日

第5章

獅子座 (Leo)

7月23日～8月22日

第 5 章　獅子座（Leo）7月23日～8月22日

【神話由來・象徵意義】

傳說中和這個星座有關的是位於希臘的尼米亞（Nemean）谷地的一頭獅子，在一次搏鬥中，被海克力斯（Heracles）殺死。由獅子座的神話可以聯想到獅子的勇敢和善戰，由獅子去聯想獅子座的特性，很容易就可以想到很多，如高貴、同情心、王者之風等。

【智商代表詞彙】

我就要

獅子座是夏天的第二個星座，炎熱的夏天賦予獅子座果敢和膽略。他嚴以律己，亦嚴以律人，有時過度相信自己的力量和優勢。這是一個能成就大事業的能手。

獅子座的特性一目了然，毫無複雜或隱藏難解之處。他是王者、是上司，總之，在團體中他就是 leader，且其深知自己此種操縱和領導別人的能力。此星座不僅擅長領導，本身也能以身作則，努力工作。此星座具有自大、武斷、不容異己的缺點，因而需要時時約束自己、自我反省，才能將與生俱有的優點，如樂於助人、大方等作最好的發揮。

獅子自視甚高，過度自滿，難以接受別人的批評。他們在體諒別人、講道理方面比較差，有組織、計劃的頭腦，卻沒有化解細節與問題的技巧。分配及命令別人的能力就很強，但分析及變通能力則較弱，往往以權威的尊嚴性作為標準。做事與思索問題有時缺乏謹慎態度，不知留餘地或過於簡單化；容易被表象所迷惑，以致犯教條主義的錯誤。

獅子座具有開闊的視野，能一眼就看出事情的重點和理出梗概，不過

卻經常忽略細節。此外，他對年輕時的理想或信念，往往會終生不予改變，因而應該避免思想閉塞。他們的人生早期理念，雖會隨時間的流逝而有所改進，但基本觀念仍然未變，這種固守既有觀點的習性，難免顯得頑固。

獅子座不願意置身平庸的生活中，通常他很快就會擺脫這種境地，因為他知曉人生和事業成功的祕訣。崇高的理想，使他不願意沉溺於狹窄的家庭圈子中，而希望到更大的範圍去施展自己的才智。有時他會表現得專橫跋扈，但這與他肯為別人的幸福而努力奔波的善良心地並行不悖。非凡的才華，使他很容易走上享有威望的職位。

獅子座很會理財，這不光是為了自己，也是為了別人。

公認智商指數：95～100

【情商代表詞彙】

我決定

正面的獅子座性格充滿愛心、慷慨大方、溫暖、機靈、高貴、光芒四射，引人注目，頗有藝術天分，充滿迷人的氣質與魅力；負面的獅子座性格是自負、愛當老大，永遠想當第一名，太重權勢、地位。

在十二星座中，獅子座是最具有權威與支配能力的星座，通常有一種貴族氣息或王者風範，受人尊重，做事相當獨立，知道如何運用能力和權術以達到目的。身為百獸之王的獅子，發脾氣的原因有99％是因為面子問題。好面子的他，不能容忍任何讓他出糗、沒面子的事情發生。所以，就算發脾氣，他也要在大庭廣眾之下，以帝王式的生氣方式，引起所有人的注意，目的就是借此昭告大眾：我生氣了！他的弱點是高傲、過於敏感和坦誠。正如神話故事所描繪的國王一樣，獅子座威嚴、寬厚、仁慈且高

第 5 章　獅子座（Leo）7月23日～8月22日

傲。他的內心沸騰著強烈的熱情，渾身充滿活力和生機。

獅子座的主要特點是思想開放，竭盡全力衝破能量的極限，戰勝艱難險阻，去開創光輝燦爛的新局面。他們風度翩翩，引人注目。他們有宏偉的志向、堅韌不拔的毅力、所向披靡的競爭力。膽識過人，為人襟懷坦蕩，寬宏大量，熱情洋溢，思想中經常閃爍著英雄主義和理想主義的火花。獅子座習慣自己是決定者，但又不喜為生活瑣碎煩心。你的態度若是輕佻、毫不在意，絕對會激怒他。「我決定」不但代表他的個性，也是他的口頭禪之一。

獅子座是講究氣派華麗的星座。獅子是森林之王，理所當然喜歡呼朋引伴，有點耐不住寂寞。他們有衝勁，雖然粗枝大葉，但為人講義氣，也滿有人緣。有時也相當浪漫，喜歡美的事物，並愛炫耀及被人圍繞與讚美。獅子座熱愛生命、好享樂、勇敢、堅持原則及理念，個性溫暖、友善、體貼、外向、對人慷慨大方，很容易交朋友，人緣當然也很不錯。

獅子座特別需要愉快的心情、消遣和娛樂、參加各種社交活動、與朋友交往，都不可或缺，他們還能在這些活動中表現出自己舉足輕重的地位，這是他獲得成功及吸引人的重要精神支柱，否則，他就會變得憂鬱寡歡，失去魅力和光彩。休息會讓他感到疲勞，最好是在頻繁的活動中去放鬆自己。

公認情商指數：88～96

【智商・情商之最】

最主觀

最自戀

最有自信

最喜歡指揮別人

最有保護欲

最重自尊

最愛出風頭

最輸不起

最不會討人歡心

最講義氣

最光明磊落

最沒有祕密

最守時

最會告白

最暴躁

最怕寂寞

最易被理解

最喜歡穿彩色衣服

最喜歡熱鬧

災難中最不冷靜

【智商·情商綜合評價】

獅子座智商、情商的綜合特點如下：

1. 有領導才幹和組織能力，充滿雄心壯志，事業心非常強。

2. 有忠誠奉獻的品德，待人真誠大度。

3. 絕不過度謙虛和自我掩飾，不太願意接受批評，語言表達能力強、口才好。

第 5 章　獅子座（Leo）7 月 23 日～8 月 22 日

4. 有英明的決斷力，熱情而仁慈，儀表高尚而尊貴，在勝利中慷慨大方，在失敗中無所畏懼。
5. 充滿生機，有頑強的意志力。
6. 有奇妙的、極強的吸引力和凝聚力。
7. 對待好友、師長真誠，有條件會千里探望。
8. 遇到變化時，要掌控自己往好的方向轉化。
9. 三分之二以上的女士事業順利，是職業女性。

【獅子偵探訓練案例】

一眼看破圈套 —— 獅子偵探的火眼金睛

◆ **奇怪的血手印**

在一所公寓裡發生了凶殺案，一個有錢人在臥室裡被人用刀刺死了。臥室的牆壁上清晰地印著一個鮮紅的手印，5 個手指的指紋都清晰可辨，連手掌的紋路也很清楚。看起來是凶手逃跑時，不小心把沾滿血的右手按到牆壁上。

獅子偵探趕到現場時，見到熟人亨特警官正在小心的蒐集上面的指紋。獅子偵探仔細觀察了一下，笑著對亨特說：「笨蛋，你還是看看有沒有其他線索吧！」亨特依然小心翼翼地做著自己的工作，頭也不抬地說：「這些指紋難道不是重要的線索嗎？」獅子偵探聳了聳肩：「但這個血手印很可能是罪犯偽造的，目的就是要誤導警察。」亨特轉過臉，好奇地問：「你怎麼知道的？」獅子偵探說道：「你試著用右手在牆上印個手印，就知道了。」

你知道獅子偵探是怎麼看出手印有問題的嗎？

答案：獅子偵探看到五個手指的指紋全部正面緊貼牆壁印上去，手掌的紋路也很清晰，這才產生了懷疑。因為當手掌貼在牆上時，拇指和其他四個手指不同，是側面貼著牆的，所以正常情況下，拇指的指紋不會全在牆上印出來。

✦ 愚蠢的報警人

半夜時分，獅子偵探接到一個男人的報警電話，原來發生了一起入室搶劫案。獅子偵探很快來到被盜人家，只見一個男人被綁在一旁的椅子上，他嘴裡喃喃地說：「我一個人住在這裡，晚上睡在床上，突然聽到屋內有響聲，急忙開燈，發現有個強盜。我們扭打起來，他一拳把我打倒在地，還把我綁了起來。強盜拿走了我收藏的名畫，幸虧我所有的財產都已經保了險，否則……」

獅子偵探邊聽邊環視屋內的一切，看著床以及床頭櫃上的電話，沒等主人把話說完，他就知道是怎麼回事了。獅子偵探是看到什麼就立刻知道真相的呢？

答案：獅子偵探看到床上很整齊，由此推斷：報警的人是為了獲取保險公司的大筆賠償金，有意製造這個「入室搶劫案」的。因為如果報警者是睡醒後起來與強盜進行搏鬥，那床上就會很亂。可是，他從觀察中發現，床上卻很整齊。這就證明報警者是在說謊。此外，電話距離報警者有一段距離，既然是一個人住，那是誰報警的呢？顯然這個男人是報完警後又把自己捆綁的。

✦ 破綻在哪

彼得和湯姆一起經商，因為兩人在分利潤上意見不合而爭吵。湯姆一怒之下用繩子勒死了彼得，為了不被人發現，他將彼得掛在車庫的梁上，

149

第 5 章　獅子座（Leo）7 月 23 日～8 月 22 日

然後隨手搬來一把椅子放倒在下面，讓人以為彼得是上吊自殺。湯姆隨後報了警。

警方來到車庫展開調查，細心的獅子偵探看見倒在地上的椅子，問湯姆：「你發現彼得死後，沒有人動過這裡的任何東西吧？」湯姆回答：「沒有，我傷心極了，不忍心看這一幕，就一直守在門口。」獅子偵探聽了他的回答，說道：「那彼得不是自殺，你和我回警局，我要仔細和你了解一下情況。」

獅子偵探根據什麼而說彼得不是自殺的呢？

答案：因為椅子上沒有彼得的腳印，如果想用椅子墊腳上吊自殺，就必然會在椅子上留下腳印。這也是湯姆忽略的最重要的一點。

◆ 溪中的男屍

一個溪谷漂流探險隊在野外的河流旁發現了一具屍體。河流水流湍急，附近長滿芳草。「透過死者身上的血跡還有傷口判斷，這具屍體死於兩天以前。」趕到現場的法醫這樣說道。獅子偵探說：「你說得很對。從現在這個案發現場以及死者身上眾多傷口來看，死者是被人虐待致死，這是不容置疑的；死者是先被殺害，然後才被拋到這裡來。凶手想利用水流毀屍滅跡，還有就是這裡偏僻，很難讓人發現。這是一宗不折不扣的謀殺案。」

你覺得獅子偵探的推理對嗎？

答案：獅子偵探說得很對，如果這裡是第一案發現場，那麼經過兩天時間，死者身上的血跡，早就會被溪水沖刷乾淨；而死者身上還有血跡，且透過傷口一眼辨認出死者的死亡時間，這就足以證明死者是先被殺後拋屍到小溪邊的。

✦ 被謀殺的富商

富商傑特被發現伏屍於他的辦公桌上，頭部被血泊包圍，而書桌右邊的地板上則有一支手槍。傑特屍體的太陽穴上有火藥的痕跡，子彈顯然是近距離直射頭顱，辦公桌上則有一封遺書，而傑特的右手仍握著一支筆，相信是寫遺書之用。

獅子偵探看過現場情況後，自言自語地說：「怎麼還有這麼笨的凶手。」這是一宗謀殺案。請問獅子偵探為何知道傑特不是自殺的？

答案：傑特右手持筆，手槍在書桌右側，如果他真的是自殺，應該在臨死時握著手槍，而不是一支筆。

✦ 自殺者

失蹤2個月的某集團財務顧問凱倫，被發現死在某郊區的一座房子裡。警察們看到凱倫死在床上，她的右太陽穴上有一個槍孔，被子裡的右手握著那把結束她生命的手槍。床邊的寫字臺上，攤著凱倫寫的遺書，雖然有點凌亂，但的確是凱倫的筆跡。凱倫在遺書中流露出對家人的眷戀，對自己的罪行感到惋惜，想自殺又留戀人生的矛盾心理。

先行趕到的警察判斷凱倫是自殺，可後來趕到現場的獅子偵探卻認為凱倫絕不可能是自殺。你覺得誰判斷得對呢？

答案：獅子偵探判斷得對，應該是他殺。自殺後，持槍的手不可能在被子中。

✦ 地毯上的彈殼

獅子偵探來到某地旅行，住進一家高級酒店二樓的客房。突然，從走廊傳來女人的呼救聲。他循聲找去，在315房間門前站著一個年輕婦女在哭喊，從開著的門，看到房間裡一個男人倒在安樂椅上，已經死亡。獅子

第 5 章　獅子座（Leo）7月23日～8月22日

偵探對屍體作了簡單檢查後，確認此人剛死，子彈射穿了心臟。

當地警局也派人來了。那個年輕婦女邊哭邊說：「幾分鐘前，聽到有人敲門，我打開門時，門外一個戴面具的人朝我丈夫開了槍，把槍扔進房間逃跑了。」地毯上有一支裝著消音器的手槍，左側兩個彈殼相距不遠，在死者身後的牆上有一個彈孔。獅子偵探告訴警局人員：「把這位太太帶回去訊問。」

獅子偵探為什麼對死者的妻子產生懷疑？

答案：如果真像她所說的那樣，歹徒是在門外朝她丈夫開槍，彈殼就不會落在房間裡，也不會落在左側，因為從自動手槍裡飛出的彈殼，應該落在射手的右後方幾英尺處。

明察秋毫 —— 重視細節的獅子偵探

◆ 商店被盜

一間商店被盜，警方經過勘察後，知道當晚大門沒有打開過，可警方疑惑的是，想不通過大門，從布滿鐵絲網的3公尺高的院牆上運走贓物，是非常困難的事情，而且四周牆壁也都沒有被損壞過的痕跡。

獅子偵探在院內走來走去，想找出線索。不經意間，發現院內有一下水道，獅子偵探恍然大悟，並對警員說：「我知道小偷是怎樣把贓物偷走的！」你也知道了嗎？

答案：小偷的確沒有走大門，他們利用下水道，偷偷地把贓物運走。

◆ 報假案的單身漢

一人氣喘吁吁地跑來報案說：「我是個單身漢，一個月以前，我出公差，回到家後，出去洗了一個澡，回來後發現門被盜賊撬開了，客戶的

30,000多貨款全不見了。」獅子偵探趕到報案者的住所看做案現場，只見門鎖被撬壞，兩箱衣物被扔在地上，牆上的舊掛鐘還在走著。獅子偵探認真審視了環境，斷定報案者在說謊。

他是怎樣作出如此判斷的呢？

答案：房內舊掛鐘要經常上發條，報案人說出差一個月，掛鐘早就停了，所以是謊報。

◆ 可疑的修女

獅子偵探的頭痛又犯了，他決定去酒吧喝酒。喝了一杯之後，進來一個修女，獨自坐在一個角落。獅子偵探走過去說：「嗨！修女，我請妳喝一杯吧！」修女沒有拒絕，獅子偵探為修女要了一杯白蘭地，為自己又要了一大杯啤酒。獅子偵探和修女碰了一下杯，修女喝了一小口，留在杯子上的唇印很美。

突然，街上響起警笛聲。獅子偵探想知道發生了什麼事，就來到酒吧門口。等他從酒吧門口回到座位上時，發現修女已經不見了。這時警察進入酒吧，說酒吧附近的一家金店被盜走一條名貴的鑽石項鍊，想問問有沒有人看見可疑人物。說完，警察開始一一詢問，問到獅子偵探時，獅子偵探看著修女剛喝過的酒杯說：「沒有看見什麼可疑的人啊！」警察聽完轉身要走。獅子偵探急忙說道：「等等，我剛才和一名修女喝酒，我懷疑她很有可能與案子有關。」

你知道獅子偵探為什麼說修女和案子有關嗎？

答案：因為獅子偵探看見修女在杯子上留下的唇印，事實上，修女是不可以塗口紅的。

第 5 章　獅子座（Leo）7 月 23 日～8 月 22 日

✦ 一枚金幣

午夜時分，獅子偵探驅車經過某住宅區時，突然發現路旁躺著一個人。獅子偵探下車一看，那人已氣絕身亡，脖子上留有明顯被勒的痕跡。這時，附近一家住宅走出一個人，走上前來彎腰一看，驚恐地喊了出來：「啊！這不是老基斯嗎？我早料到會出這種事。我警告過他！」「警告過他什麼？你是誰？」獅子偵探問。「警告他不要總是把那金幣弄得叮噹響。我是史蒂芬，老基斯和我是 20 年的老鄰居了。幾分鐘前，我看到他走過去。他總喜歡把他的金幣弄得叮噹響，好像故意要招人搶劫似的。」「那金幣值錢嗎？」「錢倒不值多少，老基斯是把它當護身符。我告訴他要小心點，金幣有沒有被偷走？」

獅子偵探檢查了屍體，從褲子的右邊口袋發現了那枚金幣，又在他口袋裡發現了只有 1 美元的紙幣。獅子偵探很快逮捕史蒂芬。請問，獅子偵探逮捕史蒂芬的依據是什麼？

答案：基斯口袋裡只有一枚金幣，因此不可能發出叮噹叮噹的聲響。

✦ 捆綁在床上的情人

在哥本哈根大學附近的一間公寓裡，在一個雪花飄飛的中午，富商羅西尼來到他年輕的情人露西的房間。一進屋，羅西尼不禁大吃一驚，只見露西手腳都被捆住，綁在床上。「到底出了什麼事？」羅西尼著急地問，並邊說邊為自己的情人解開繩索。「早晨 7 點左右，有人敲門，我以為是你，一開門，一個蒙面歹徒闖進我的房間，把我捆綁之後，將你存放在我這裡的 3 萬美金搶走了……」她一邊哭一邊說，很悽慘的樣子。

羅西尼不禁惱怒萬分，他安慰著情人，連忙報警。報警後，羅西尼環顧房間的擺設，一切如舊，取暖的爐子上一個水壺仍冒著裊裊的蒸汽，只有他存放在這的皮箱被打開，隨意扔在地上。15 分鐘後，獅子偵探帶著

兩名助手趕到現場。詢問了案情之後，獅子偵探問了一句：「房裡的東西，您一點也沒有動過嗎，羅西尼先生？」

「當然！保護現場，這我懂。」羅西尼回答。「那好，我告訴您，您的情人對您撒了謊，是她的同夥捆住她的手腳而謊稱是蒙面歹徒犯的案。」羅西尼很震驚，但獅子偵探說了幾句話後，他就了解了。獅子偵探在現場發現了什麼證據？

答案：「早晨7點左右，一個蒙面歹徒闖進了我的房間。」到事發時，這壺水已經燒5個鐘頭了，水壺肯定會燒壞的！因此羅西尼的情人露西在說謊！

✦ 咖啡壺露破綻

獅子偵探正在小鎮的警局裡值班，這個季節已經不是旅遊旺季，而且小鎮的治安很好，即使想破個小小的案子，都沒有機會。獅子偵探剛喝完一杯咖啡，正思索著中午吃什麼的時候，有個年輕男子猛地推開了門，大叫道：「我的朋友丹福爾被人殺死了！」

「你叫什麼名字？慢慢說！」獅子偵探問道。「我叫馬敦，我和丹福爾去森林打獵。一小時前，我和丹福爾露營了，我們點起火堆，然後開始煮咖啡，這時樹林裡突然鑽出兩個人。我們以為他們也是遊客，便邀請他們來共享咖啡，誰知他們竟搶劫。」

獅子偵探拍拍馬敦的肩膀：「好，我們邊走邊談。」報案者點點頭，馬敦帶著獅子偵探沿河邊的溪谷向上游走去，邊走邊繼續敘述案情：「丹福爾見他們來搶我們的東西，撲上去和他們搏鬥，不幸被他們用槍托擊中頭部。兩個歹徒把我們捆住，把錢搜刮一空後，逃之夭夭。我在岩石上蹭了很久才磨斷繩索。當我解開丹福爾時，他的心臟已停止了跳動。」

在馬敦和丹福爾的露營地，獅子偵探看見身材高大的丹福爾躺在滿是

第 5 章　獅子座（Leo）7 月 23 日～8 月 22 日

炭灰的一個火堆旁邊，兩條繩子散亂地丟在他的腳下。兩個睡袋和兩個帆布背包也丟在地上，裡面的物品散落一地。在一塊平坦的大石頭上，擺著兩個空杯子。

獅子偵探仔細檢視屍體和現場，丹福爾大約死於二小時前，死因是鈍器擊碎顱骨而亡，現場沒有看到凶器。不過僅憑現有的證據還不能破案，他需要更詳細的勘察。獅子偵探的目光無意間轉到火堆上，一個吊在木棍上的黑色咖啡壺引起了他的注意，他掀蓋一看，裡面竟然是滿滿的一壺水，用手一試，尚有餘溫。

獅子偵探想了幾秒鐘，突然醒悟，他掏出手槍對準馬敦，說：「你有權保持沉默，你說的每一句話都會作為呈堂證供。馬敦，我懷疑你有殺害丹福爾的嫌疑，你被捕了。看來你還不是個做案的老手。」說完，獅子偵探為馬敦戴上手銬。

獅子偵探為什麼會認為是馬敦做案的呢？

答案：假如馬敦和丹福爾露營後就開始煮咖啡，那咖啡壺裡的水一定會被燒開，絕不會是滿的；而且一個大火堆都燒成灰爐了，壺裡的水早就應該快被煮乾，不可能會滿滿的。只有一種可能，馬敦二人先點燃火堆，過了一會兒，馬敦趁機殺害了丹福爾，然後他才開始偽造煮咖啡的現場，再離開現場報警。火堆因為沒有人繼續添柴，所以咖啡壺裡面的水也一直沒有燒開，水沒有噴出來。

◆ 精心安排的劫案

凌晨 2 點，獅子偵探接到貴婦勞倫斯太太的男管家詹姆斯的電話，說「夫人遇到了劫匪」，請他立刻趕來。獅子偵探走進勞倫斯太太的臥室，關上門，迅速檢視現場：兩扇落地窗敞開著；凌亂的大床左邊有一張茶几，上面放著一本書和兩支燃燒剩 3 英寸的蠟燭，門的一側流了一大堆燭液；

一條門鈴拉索被丟在厚厚的綠地毯上；梳妝臺的一個抽屜敞開著⋯⋯

勞倫斯太太介紹說：「昨晚我正躺在床上，藉著燭光看書，門突然被風吹開。一股強勁的風撲面而來，於是我就拉門鈴，叫詹姆斯過來關門。不料，走進一個戴面罩的持槍者，問我珠寶放在哪裡。當他將珠寶裝進衣袋時，詹姆斯走了進來。他將詹姆斯用門鈴的拉索捆起來，還用這玩意捆住我的手腳。」她邊說邊拿起一條長筒絲襪，「他離開時，我請他把門關上，可他只是笑笑，故意敞著門走了。詹姆斯花了20分鐘才掙脫繩索來解救我。」

「夫人，請允許我向您精心安排的這個劫案和荒唐透頂的表演致意。」獅子偵探笑著說。

請問勞倫斯太太的漏洞在哪裡？

答案：蠟燭燭液全部流向靠近門的一側，說明如果門真的如勞倫斯太太所述敞開那麼久，燭液就不會如此逆著風流向一邊。

✦ 有凹槽的武士刀

大富翁萊德一早就去花園散步，可直到中午，傭人都不見萊德出來，管家怕出什麼意外，就和傭人一起進花園檢視。果然發現萊德倒在花園的草坪上，且腹部被一把日本武士刀穿過。傭人非常驚慌，想跑過去看看到底是怎麼回事。管家一把抓住傭人說：「不要去，你在這裡保護現場，不要讓任何人過去，包括你自己，我去報警。」

獅子偵探來到萊德家裡，開始調查萊德的死因。他發現花園裡只有萊德一個人進入的腳印，似乎從早上到現在，只有他一個人在花園裡，所以很有可能是自殺。獅子偵探仔細觀察插入萊德身體的長刀，忽然，獅子偵探發現這把刀的刀柄底部有一個小凹槽。獅子偵探馬上問道：「今天還有別人來過你們家嗎？」「今天只有我和管家在家，沒有別人來過。」傭人答

第 5 章　獅子座（Leo）7 月 23 日～8 月 22 日

道。獅子偵探說：「那我知道是誰殺死萊德了。」你知道殺死萊德的凶手是誰嗎？

答案：是管家殺死萊德的，武士刀的把柄底部有一個小凹槽，管家把武士刀當作箭來使用，那個凹槽正是固定刀身用的。當發現屍體時，管家不讓傭人過去，並要保護現場，就是為了製造萊德自殺的假象，以混淆警方視線。

◆ 騎腳踏車的凶手

一天清晨，獅子偵探騎著腳踏車在微風吹拂的郊區公路上行駛。突然，獅子偵探看見路邊有一個老人，他的腹部插著一把刀，滿身是血，躺在那裡奄奄一息。獅子偵探慌忙取下脖子上的圍巾，幫老人止血。老人用微弱的聲音說：「剛才……有個人搶了我的錢包和腳踏車……跑……了。」老人說完，用手指著凶手逃跑的方向，就死了。

附近有兩、三個人剛巧路過，於是獅子偵探就請他們代為報警，自己騎上腳踏車，順著凶手逃跑的方向，尋找線索。十分鐘後，獅子偵探來到一個雙岔路口，這兩條路，都是緩緩的斜坡，而且在距離交叉點四十公尺外的地方均在施工，所以路面都是沙石和泥土。獅子偵探先看了一下右側的岔路，在沙石路面上，有明顯的腳踏車輪胎的痕跡。「凶手似乎是順著這條路逃走的。」為了謹慎起見，他也檢視了左邊岔道的路面，在那裡也有車輪的痕跡。

「唔！他究竟是朝著哪個方向逃走的呢？反正眼前兩條路，他總會選擇一條，根據兩車前輪和後輪所留下的痕跡，應該立即就能看出凶手是從哪條路逃走的。」獅子偵探以敏銳的觀察力，詳細比較了兩部腳踏車的車輪痕跡。「右側道路的痕跡，前輪、後輪大致相同；而左側的道路為什麼前輪的痕跡會比後輪淺？哦！我知道了。」於是獅子偵探就追了下去。

你能推斷出獅子偵探是從哪條路追下去的嗎？

答案：根據輪胎的痕跡判斷凶手的去向。凶手是沿著右側的岔路逃走的，因為前輪和後輪所留下的輪胎深淺痕跡完全相同。通常騎腳踏車時，騎士的重量都是加在後輪上面的；因此在平路或下坡時，前輪的痕跡較淺，後輪的痕跡較深。可是上坡時，因為騎者的力量向前傾，而重心是置於腳踏車的踏板與把手之間，所以前輪與後輪的痕跡深度就會完全相同。

✦ 手足相殘

在大學裡讀化學系的皮特，傍晚時分接到一通電話，他聽完電話，有種掉進地獄般的感覺，他的父母因飛機失事雙雙身亡。第二天，一個年邁的律師找到皮特說：「你父母出門旅遊之前買了意外保險，所以保險公司將賠償你和你弟弟150萬美元，請於下週一來保險公司簽字。」皮特沒有任何表情，轉身冒著大雪回到家中。可就在簽字的前一天夜裡，皮特和同學做完實驗回到家準備睡覺時，卻發現弟弟的房間發生嚴重的火災，於是他趕緊打電話報警。可弟弟因為傷勢嚴重，搶救無效死亡。

獅子偵探馬上對起火原因展開調查，從殘留的被子上發現到化學物質白磷。後來經獅子偵探調查核實，確認是皮特為了讓自己擁有全部的保險賠償金，殘忍殺害了弟弟。你知道皮特是怎麼殺害自己弟弟的嗎？

答案：白磷是化學物質，燃點非常低，皮特在弟弟睡覺之前，往被子塗抹白磷，因為是冬天，弟弟把空調溫度調高，半夜白磷自燃，燒死了弟弟。

✦ 棉花的功勞

在美國西部的一個小鎮上，有一家棉花廠，棉花的品質非常好，價格也很實惠，所以好多商家都在這裡訂貨。時間一長，棉花廠的老闆變成全

第 5 章　獅子座（Leo）7月23日～8月22日

鎮首富。一天晚上，老闆一個人在家，聽見有人敲門，他一邊朝門口走，一邊問：「誰啊？」外面的人回答道：「是我。」

老闆把門打開，敲門者進屋後，反手把門帶上，兩個人坐在沙發上，相互寒暄了幾句，突然男子拿出一把手槍：「別動，一動我就打死你！」老闆從來沒有經歷過這種場面，嚇得渾身發抖，坐在原位一動也不動。不知男子從哪裡拿出一團泡過藥物的棉花，順勢塞進老闆的嘴裡。

第二天早上，妻子從母親家回來，發現丈夫死亡，她一邊哭泣一邊報警。警方來到現場，發現死者嘴巴裡塞著一大團帶有藥物的棉花，鼻孔裡也有小團的藥物棉花，雙手捆綁。經過檢驗，死者不是被藥物棉花毒死的，而是窒息死亡。除了知道棉花屬於嶄新的以外，現場沒找到任何線索。獅子偵探作出指示：馬上把鎮上2家藥店封鎖起來，把藥店老闆和售貨人員隔離審問。經過兩小時的審問，一家藥店老闆向獅子偵探透露一條重要線索。獅子偵探透過這個線索，成功捕獲犯罪嫌疑人。

你知道獅子偵探為什麼要審訊藥店老闆和售貨人員嗎？

答案：第一，棉花屬於嶄新的。第二，我們使用的普通棉花上有油脂，因此不會吸收大量水分和藥物，而藥店的藥物棉花是經過脫脂加工而成的，可以吸收大量水分和藥物。獅子偵探根據藥物棉花的這種屬性，沒有對普通棉花店展開調查，而是以藥店為主要線索，順藤摸瓜抓到了凶手。

是真還是假 —— 獅子偵探有「照妖鏡」

◆ 美軍醫院

1945年，盟軍登陸諾曼第前的春末，為了蒐集敵軍情報，美軍特別派出特務雅倫到德軍占領區。

雅倫由飛機跳傘降落，不幸降落傘發生故障，使他墜落地面而致昏迷。

當雅倫醒來時，發覺躺在一間醫院裡，那是一間特別病房，床上掛有一面美國國旗，醫生、護士都說著滿口流利的美式英語，雅倫被弄糊塗了。到底他是被德軍俘虜了，還是被盟軍救回了呢？

這間美軍醫院，是真的還是偽裝的呢？雅倫必須自己做出判斷。他數了數美國國旗上的星星，上面共有 50 顆，雅倫忽有所悟，找出了答案。

如果你是得知上述線索的獅子偵探，請你判斷這到底是真的美軍醫院，還是假的？

答案：是假的。1945 年，美國只有 48 個州，所以旗上也應只有 48 顆星星。

◆ 教堂前的屍體

小村莊教堂前的塔底下發現了一具屍體，在靠近牆邊大約 30 公分的地面上。這個教堂高約 15 公尺，在 10 公尺高的地方，有一處的窗戶被打開。

警長來到現場，他檢查過死者的屍體，法醫簽署的死因是由高處墜下而致命。死者衣衫襤褸，看起來是一個貧窮的老人。警長認為這是一起很普通的案件，死者由於無法忍受生活的痛苦，所以由塔上跳下來自殺。

獅子偵探細心看了看周圍的環境，又看了看死者的屍體，說道：「警長，我認為，死者是被人殺死後搬到這裡的，不是自殺！」獅子偵探說了理由，充分證明這是一宗謀殺案。

你知道獅子偵探推斷的根據嗎？

答案：屍體離牆只有 30 公分，如果由 10 公尺的高空跌下，屍體不可能如此靠近牆壁。

第 5 章　獅子座（Leo）7月23日～8月22日

✦ 真假新娘

德國珠寶商菲克上星期在他的旅館房間裡被殺，他的一大筆遺產，將轉入他到美國前剛悄悄結婚的新娘子手中。據菲克在美國的一個朋友說，菲克和他的新娘子在德國照德國風俗舉行婚禮後，菲克隻身先到美國，而新娘將在一星期後抵達紐約，和他相會。除了知道這個新娘是個鋼琴教師外，別的都不清楚。

現在新娘子來了——不是一個，而是兩個！她們都有一切必要的證明，都表示自己是菲克的新娘，且對菲克也都很了解。那麼，兩個人中誰真誰假呢？

在菲克先生那位美國朋友家裡，獅子偵探見到了兩位新娘，一位膚色白皙，滿頭金髮；另一位膚色淺黑，兩人都很豐滿結實，三十多歲，很漂亮。

獅子偵探見金髮新娘右手上那枚戒指箍得很緊，手指上出現一條紅色痕跡；而那位膚色淺黑的女士，兩手幾乎戴滿了戒指。

獅子偵探沉思片刻，向兩位女士欠了欠身：「妳們能為我彈一首曲子嗎？」

淺黑膚色的新娘馬上彈了一首蕭邦的〈小夜曲〉。只見她的手指在琴鍵上靈巧地舞動著，獅子偵探發現她左手上有三枚藍寶石戒指和一枚結婚戒指，右手上套了三枚大小不同的鑽石戒指。

她演奏完後，金髮新娘接著也彈了這首蕭邦的〈小夜曲〉，雖然她彈的和前一位一樣優美動聽，但她右手上僅有的那枚不起眼的結婚戒指，卻使她遠為遜色。

獅子偵探聽完兩位女士的演奏，對其中一位說：「現在請妳說一說，妳為什麼要冒充菲克先生的新娘？」

獅子偵探這句話問的是誰？

答案：珠光寶氣的淺黑膚色女士。她的結婚戒指戴在左手，這是美國風俗。而金髮女士的結婚戒指戴在右手，這是德國風俗。菲克的新娘子是德國人。獅子偵探為了看清楚她們如何戴結婚戒指，故意請她們演奏鋼琴曲。

✦ 列車上的訛詐案

夜深了，搭列車旅遊的里克先生正準備睡覺，突然，一個女人閃進他的高級包廂中。一進門，她就把門反扣，脅迫里克先生乖乖交出錢包，否則，就會扯開衣服，喊叫是里克先生把她強拉進包廂，企圖非禮她。

見里克先生沒有作出反應，這個女人嘻皮笑臉地說：「先生，即使是你床頭的警鈴也幫不了你的忙，因為，我只需要把我的衣服輕輕一扯……」

里克先生陷入困境，他只好輕輕地說：「讓我想想，讓我想想……」說著，他點燃了一支雪茄。

就這樣，雙方僵持了三、四分鐘。出乎這個女人的意料，里克先生還是輕輕地按了床頭的警鈴。

這時，這個女人不由得氣急敗壞，她果然說到做到，立即脫掉外衣，扯破胸前的衣衫。待獅子偵探聞聲趕到，躺在里克床上的這個女人又哭又鬧，她扯著嗓子嚷道：「三、四分鐘前，這個道貌岸然的先生，把我強行拉進了包廂。」這時，里克先生依舊平靜地、不動聲色地站在那裡，悠閒自在地抽著雪茄，雪茄上留著一段長長的菸灰。

獅子偵探目睹了這一切，沒有立即作出判斷。他仔細進行觀察，不一會兒他就明白了——這女人想訛詐里克先生。於是，毫不猶豫地把這個女人帶走了。

獅子偵探根據什麼作出判斷，認定里克先生是無辜的，而這個女人是敲詐呢？

第 5 章　獅子座（Leo）7 月 23 日～8 月 22 日

答案：獅子偵探趕到里克先生的包廂，發現里克先生正在悠閒自得地抽雪茄，雪茄上留著一段長長的菸灰。獅子偵探據此斷定，在三、四分鐘前，里克先生是在抽雪茄，並不是像那女人說的那樣，把她強行拉進包廂，企圖非禮她。

陰險毒殺──眼觀六路、耳聽八方的獅子偵探

◆ 殺夫案

傍晚時分，警局接到電力公司的報案，說值班的技術人員懷特突然死去，好像中毒了，獅子偵探馬上趕到電力公司。據另一個值班人員哈爾西說，他們值班時閒著沒事，就玩了幾把撲克牌，然後分吃了一顆蘋果。哈爾西親自切開一個蘋果，和懷特各吃一半，誰知懷特才吃了幾口就突然死去。法醫在死者胃中的蘋果殘渣裡發現了毒藥。進一步調查顯示，懷特和哈爾西因為升遷一事產生矛盾已久。很明顯，哈爾西是殺害懷特的凶手，但暫時沒有足夠的證據。而且，在現場值班的其他人也親眼看見這兩個人同吃一顆蘋果。

獅子偵探經過深入調查，終於找到哈爾西毒殺懷特的確鑿證據，毒藥就在懷特所吃的蘋果上。但你知道為什麼哈爾西卻沒有中毒嗎？

答案：毒藥塗在刀的一邊。切蘋果的時候，那邊的毒藥就會黏在蘋果上，懷特吃的是沒有毒的那邊。

◆ 離奇中毒案

12 月分，美國費城發生了一起離奇中毒死亡案件，警方花了一個月的時間，都沒有破案。由於死者的妻子一直催促警方破案，沒有辦法，警長只好私下找來費城度假的獅子偵探幫忙。獅子偵探看了一下案件相關紀

錄,中毒身亡的死者身上沒有任何打鬥的痕跡,死者家裡的物品以及食物,都不含有毒物質,但是死者的確是在家中毒身亡的。

警長帶著獅子偵探來到死者家中,獅子偵探問死者的妻子:「妳丈夫平時在家都做些什麼呢?」死者的妻子回答:「他喜歡自己一個人在房間裡練氣功。」「那妳能跟我說一下,妳是如何發現妳丈夫已經死去的嗎?」獅子偵探接著問。死者妻子說:「我下班回來,以為丈夫還在練功,就沒打擾他,等做好飯後,我去叫他,才發現他已經死了。」

獅子偵探來到房間裡仔細檢查,當他看到暖氣時,就停下來仔細觀察,並從上面刮一些灰塵,放進透明袋子裡。獅子偵探起身說:「在妳丈夫死之前,有誰來過妳家?」死者的妻子皺了皺眉頭,說:「鄰居羅伯特來過,但是他也只是進這裡看一看,他什麼都沒有做。」

獅子偵探回到警局,把帶回來的灰塵進行鑑定。結果出來以後,警長命人逮捕羅伯特。你知道羅伯特是如何下毒的嗎?

答案:羅伯特來到死者家後,趁死者的妻子沒注意,把毒液塗在暖氣上。死者在房間練功時,由於毒液開始蒸發,進入死者身體內部,最後導致中毒死亡。

✦ 卡洛斯之死

76歲的富翁卡洛斯,因為大兒子一家三口不幸墜海身亡,要重新立遺囑。然而,就在準備修改遺囑的前一天,他在家宴上死於氰化物中毒。幸好二兒子為這次家宴錄了影,記錄了當時的實況:卡洛斯坐在首席,他左邊是二兒子一家,右邊是三兒子一家。正在錄影的二兒子還沒有就坐,這時,管家捧著香檳酒瓶過來,站在二兒媳背後的餐具櫥旁邊。三兒子走到父親身後為他斟酒,三兒媳和卡洛斯說著話,三兒子又依次為自己和兄嫂、妻子斟酒,然後將空瓶給管家。卡洛斯舉杯,眾人敬酒,卡洛斯飲酒

第 5 章　獅子座（Leo）7月23日～8月22日

後，面孔扭曲，倒在椅子上。

獅子偵探看了錄影帶，問警長：「在卡洛斯的第一份遺囑中，管家是否列入遺產繼承人之中？」警長回答：「是的，有他的一部分。」獅子偵探說：「那就很清楚了。」

獅子偵探明白了什麼？

答案：三兒子為父親斟酒時，用的是有氰化物的酒瓶。他在二兒媳背後把另一瓶無毒的酒從管家手裡換過來為另外一些人斟酒。這個換瓶動作，二兒媳和正在錄影的丈夫無法看到。所以除了二兒子一家外，其餘的人都是同謀。

✦ 家宴殺人事件

心愛的女人和她公司的老闆已經結婚 2 年了，湯納的仇恨卻沒有隨著時間的流逝而有絲毫的減弱，相反，這股恨意伴隨著痛苦，無時無刻不在吞噬著他那顆孤傲的心。湯納想報復背叛了他的女友，他想到了一個毒計。在他刻意設計的環節中，他與前女友及其丈夫等人巧遇，他盛情邀請他們一起到家吃飯。

看到湯納不再把這段感情放在心上，前女友的丈夫也很欣慰，於是前女友一行 5 人，連同湯納這邊的 5 個人，一起來到湯納家。在唱了一會兒歌之後，湯納熱情地把眾人帶到餐廳，特意讓前女友坐在他的對面——就在吊燈下，光線最好。湯納抱歉地說：「真不好意思，我做的菜實在不好吃，今天下了雪，天又那麼冷，我們吃火鍋吧！怎麼樣？」

大家毫無異議，於是 10 個小火鍋擺上桌。眾人熱熱鬧鬧地分碟子、碗筷等物，還有人從廚房裡把洗乾淨的菜拿出來。門鈴響起，訂購的牛、羊肉也送到家門口了。於是大家一邊吃火鍋一邊聊天，說說笑笑，現場氣氛非常活躍。然而，就在大家開始吃各自的小火鍋時，前女友突然悶哼一

聲，從桌子邊滑了下去，她的湯碗也打翻了。大家扶起她一看，只見她臉色發黑，嘴角流著黑血；她老公緊接著也倒下，也是嘴角流出黑血。兩個人很快毒發身亡。

獅子偵探來了，驗屍結果顯示，他們兩人都死於氰化物中毒，獅子偵探在他們兩人的湯碗裡驗出毒藥。由於死者是隔著一張長長的餐桌，坐在湯納的對面，碗筷又是由大家隨意分配的，火鍋湯底也是一起添加的⋯⋯有那麼多人為湯納作證，因為他完全沒有下毒的機會。

但是，獅子偵探並不這麼認為，現場調查，終於發現下毒的關鍵所在。你知道是怎麼回事嗎？

答案：其實方法很簡單：湯納把足量的氰化物和在一點點奶油裡（因為是冬天，奶油是固態的，不太會溶化），然後把奶油沾在吊燈上，當火鍋的熱氣不停地噴在吊燈上時，奶油受熱，慢慢地溶解，到了一定的時候，就會液化滴了下來，由於桌椅被湯納事先調好位置，因此正好滴在湯碗裡，被前女友夫婦喝了下去。因為奶油的量非常少，房間裡又瀰漫著蒸汽，所以不可能被注意到。雖然方法很簡單，可是卻一定要在凶手的家裡才能進行，而且事先要多次試驗，以確保奶油滴下的時間和位置。

◆ 在劫難逃

百萬富翁艾姆臨終之時立下遺囑，把全部財產留給妻子艾姆夫人。和這位富孀共同生活的人，還有她的養女麥吉。

麥吉是一位典型的時髦女郎，社交很廣，很會揮霍，但養母管束很嚴，讓她經常手頭拮据，所以她總是盼望養母早點死去，自己可以合法繼承鉅額財產。可是，艾姆夫人的身體非常健康。終於有一天，急不可待的麥吉在湯裡放了砒霜，艾姆夫人的健康狀況突然惡化。幸虧醫生發現的及時，才保住了一條性命。

第 5 章　獅子座（Leo）7 月 23 日～8 月 22 日

艾姆夫人康復後，馬上告訴麥吉：「我知道妳想要我的命，這次為了維護家族的聲譽，我不起訴。為了保障我的人身安全，現在我應該把妳從這個家驅逐出去。遺憾的是，按照妳父親生前的遺言，我無法這樣做。所以，我為了能安度晚年，從今天起採取防範措施，妳再也別想下毒害我了！」

艾姆夫人徹底改造二樓的臥室，在窗戶安裝鐵欄杆，門上的鎖也重新換過。一日三餐都不讓僕人做，而是親自從超市買來，在臥室新增設的廚房裡做飯，所有餐具也不許任何人碰觸，連飲水都只喝瓶裝礦泉水。每星期都請醫生來檢查身體。就連這位醫生，也只准許他測量脈搏和體溫，打針、吃藥都全部自理。

儘管防範得如此嚴密，艾姆夫人仍然在劫難逃，不到半年光景，就死於非命。經解剖發現，是由於無色無味的微量毒素長期侵入體內，致使累積在體內的毒素劑量，已達致死的程度。獅子偵探參與這個案件的調查，在檢查死者用過的醫療器械後，沉思了一會兒，就指出了下毒殺人的罪犯。

那麼，究竟是誰，採用什麼方法，把這位防範備至的艾姆夫人毒死的呢？獅子偵探又是怎樣推理的呢？

答案：這起下毒殺人案的共同嫌犯就是艾姆夫人的醫生。他受麥吉的重金收買和色情誘惑，成了這個罪行的幫凶。在每週的定期檢查時，將無色無味的毒藥塗在體溫計的前端。在當時，體溫計是口含的。就這樣，每次都有微量毒素透過嘴，進入了艾姆夫人的體內，日積月累，終於有一天達到了致死的劑量。獅子偵探在了解艾姆夫人的嚴密防範措施後，認定毒藥只能從口中進入，而且只能經由測試體溫這個途經。

第 6 章

處女座（Virgo）
8月23日～9月22日

第6章　處女座（Virgo）8月23日～9月22日

【神話由來・象徵意義】

根據羅馬神話，處女座又名亞斯特拉歐斯（Astraes），為天神宙斯和希蜜絲女神的女兒，是正義女神。黃金時代末期，人類觸犯了她，於是大怒之下回到天庭。處女座象徵著講求實際、腳踏實地和自我壓抑的性格。

【智商代表詞彙】

我要分析

在喜歡高度猜想自己的獅子座之後，是總愛低度猜想自己的處女座。處女座的特色是豐富的知性，做事一絲不苟，有旺盛的批判精神（那是因為他們總希望世事能和他們的主觀標準相同），是個完美主義者，極度厭惡虛偽與不正當的事。無論年紀大小，都保有一顆赤子之心，充滿對過去的回憶及對未來的夢想。通常他們也很實際，總是可以使愛幻想和實際的性格共存且共榮。

處女座做事周到、細心、謹慎且有條理，非常理性，甚至冷酷。有特殊的評論能力，喜歡把事情一點一點分析、批判。強調完整性，不喜歡半途而廢；對任何事都有詳細的規劃，然後一步步實施並完全掌握。做什麼事都很投入，而且好學、好奇、求知慾旺盛。他們對自己的要求很嚴格，從不妥協、讓步，是優秀的幕僚人才及工作狂。

處女座能從無序中整理出一個規律，作為自己的標準。我們時常會發現，上一刻處女座還非常肯定的理論，但很快就能變成另一套完全不同的理論，並同樣非常堅持和肯定。他有冷靜分析的頭腦，是處理棘手問題的高手。他做每件事之前都會經過嚴謹仔細的考量，才敢下手，以免犯錯。

可能由於過度細心，所以動作通常很慢。即使頭腦轉得夠快，但動作永遠都配合不到，有點浪費天賦的智慧。

分析是處女座的天性，分析動機、行為、行動後可能有的成敗、分析對方的心態，且試圖說服對方。處女座是不引人注目的效率冠軍，是謙虛的典範。處女座對每件事都要周密計劃，仔細安排，喜歡事情的來龍去脈一目了然，事後做紀錄以備查，每項開支都記入帳目。總之，他的生活是一絲不苟和井然有序的。

處女座的分析能力是其他星座所難以抗衡的，他們遇到棘手問題時，會依直覺反應去做周密、仔細的剖析。針對事情發生的起因、方式和時間，做邏輯式的推理，從而尋獲重要線索。雖因缺乏整體概念和無法顧全大局而無法有太高的智慧表現，但以其敏銳的感覺和清晰的邏輯觀念，若從事研究方面的工作，不難有出色的表現。不過，處女座尚須留意自己完美主義的傾向和過度注意細節的問題。

公認智商指數：102～105

【情商代表詞彙】

我分析

正面的處女座性格是工作賣力，盡職敬業，充滿理想，健康意識強，眼光好，靈活、機警；負面的處女座性格是有工作狂的傾向，無可救藥的完美主義者，太迷信養生方法，愛批判，對自己沒有太多信心。

處女座是有點挑剔又追求完美的星座，常在潛意識裡責怪自己不夠美好。雖然難免會使心情沉重，但天生的優點就是放得開，不會就此一蹶不振。他們外表安靜沉默，對衝突總是採取逃避的方式，那是因為他們天生

第 6 章　處女座（Virgo）8月23日～9月22日

較內向、膽怯和孤獨的緣故。但只要夠有自信，便會變得大膽。

處女座表面上可能會給人小氣自私的形象，但實則是不了解他們而產生的誤解。他們如果顯得很小氣，也許是因為他們極其慷慨時，曾招來對自己的傷害，因此他們在找到認為是真正值得交往的朋友，而那個人也對他沒私心之前，只能被自己天生的心軟、善良牽制著，謹小慎微地給別人幫助，以至於形成小家子氣的假象。

他們渴望精神上的交流、內心世界的彼此了解，視友情為達到這個目的最不可缺少的途徑。處女座很少有向親人吐露心聲的機會，因此，朋友在處女座眼中更顯重要。交處女座的朋友也絕不會吃虧，但處女座一生卻很難得能遇到知心朋友，這也讓處女座心事不斷積壓，久而久之，他們便很少向別人透露心事，這種痛苦源於他們需要一個100%的純潔友情。當朋友又有另一個朋友時，處女座只會沉默，用拚命工作之類的事情來麻木自己，掩蓋自己的寂寞和失落。慶幸的是，處女座是一個非常和平、不記仇的星座，他們不會為此對你進行報復，即使為之，那分量也是微不足道的。因此，身為處女座的朋友，如果你們的確是難得的知己，你應該花大部分時間和處女座相處，而不是莫名其妙地丟下他們又搭上另一個人。

處女座非常完美，也追求完美。處女座的確完美到不必追求，完美到人人皆知。他們過度注意自己的行為是否正常，舉止是否恰當，因此表現得特別死板。如走路時有數路旁電線桿的習慣，鎖門後反覆檢視。他們過度疑慮，自信心不足，總有一種不完善之感，過度謹慎小心，遇事循規蹈矩，墨守成規，很少標新立異或獨創。由於他們事事都追求盡善盡美和完整精確，因此，不論做什麼事都要反覆檢查、核對、怕出差錯。他們還常要求別人根據自己的思維方式和習慣行事，有時會妨礙他人的自由。只要糾正上述缺點，處女座悲天憫人的胸懷和溫和的個性，反而增添了幾許神祕魅力。

公認情商指數：80～84

【智商‧情商之最】

最理智

最知性

最拘謹

最愛乾淨

最吹毛求疵

最有求知慾

最善於分析事情

最重視真憑實據

最會檢討自己

最有異性緣

最不可能主動告白

最可能晚婚

離婚率最高

最守時

最有時間觀念

最愛看電視

最實際

最易致富

第6章 處女座（Virgo）8月23日～9月22日

【智商・情商綜合評價】

1. 工作認真負責，有永恆的工作責任感。
2. 能分類明確、有條理地保管各種數據，每件事都整齊記錄在案，擁有「智力索引卡」的才能。
3. 擁有從事科學工作、技術工作的優秀素養。
4. 有高明的判斷能力，把眼光放的更遠、目標定的更高。
5. 記憶力強，能點滴不漏地書寫、交接技術檔案，圖像記憶強。
6. 以把無序變有序為樂趣，不允許雜亂無章，堅持自己的有序排列。
7. 牢記東西的擺放序列和位置，有人動過或者丟失，一眼就能看出。
8. 有好奇心、好評頭論足，早晨懶散比較明顯。
9. 能使收支保持平衡，對支出的規定牢記在心。

【處女偵探訓練案例】

與遺體「對話」——處女偵探的超凡視角

◆ 真假間諜

戰國時期，尉子楚擔任秦國都城咸陽的步兵統領，負責咸陽城的防衛，以其敏銳的頭腦，仔細的觀察力，捕獲許多其他國家的間諜，聲名大噪。有一次，3個來自魏國的間諜暴露了行蹤，在逃跑時，其中2人被秦兵的弓箭射死，剩下一人逃到城外。尉子楚帶兵搜查，終於在一個河邊的草棚裡發現了間諜，不過他已經死去多時，左臂被砍掉，喉嚨處有一個深深的傷口，地面上散落著幾個銅錢，看來是被歹徒謀財害命了。大家認為既然最後這個間

諜死了,那就不用擔心咸陽的情報洩露了,但尉子楚卻不這麼認為。

尉子楚前去查看,看到死屍眼中都是稻草芒,推斷屍體是用稻草蓋著,運到此處。他猜想附近耕地的人一定知道此事,就詢問附近的人:「昨天傍晚有誰拉稻草經過這裡?」一個老人回答:「我看到一個壯漢拉著稻草車去過河邊。」

尉子楚心裡明白,立刻命令士兵仔細搜尋,果然在附近的山溝裡擒獲了間諜。

如果你是得知上述線索的處女偵探,知道尉子楚是如何透過觀察知道真相的嗎?

答案:尉子楚發現,死者雖被砍掉左臂,喉嚨處有傷口,但卻沒有血跡,顯然是死了很長時間後,又被人砍掉的;另外,只有被害者死後屍體蓋以稻草,其眼中才有可能存有稻草芒。因此斷定死者不是在發現現場被殺,而是被人用稻草蓋著運到此處,這是他在對現場觀察後推出的結論。

◆ 太師栽贓

北宋時期,寇準威望與日俱增,這引起太師等人的忌恨。有一天,太師買來一具死屍,把砒霜灌進死者喉嚨,然後差人偷偷用草車拉到寇準府門口,目的就是要讓寇準解釋自家門前死人之事。

第二天一大早,太師等人的官轎不約而同出現在寇準府門口,當然也就看到了那具屍體。寇準聽到門前喧譁,出門一看,意識到這件事是有預謀的,如果解釋不清楚,難免會惹來麻煩。寇準仔細檢查不明而來的死屍,發現死屍身上黏有稻草,他猜到定是有人從城外拉來一具死屍,放在家門前,想故意刁難他。但是是誰放在這裡的呢?

寇準仔細檢視死者的身體,發現死者的喉嚨裡有砒霜,但身上並沒有檢查出致命傷,看來這是一個自然死亡的病人。寇準轉身對幾個侍從說:

第 6 章　處女座（Virgo）8 月 23 日～9 月 22 日

「你們分頭去城裡最大的藥店打聽一下，近兩天何人買過砒霜。」侍從們馬上去辦此事，一頓飯的時間，回來對寇準說：「屬下已經查明，近兩天只有太師家裡的孫大總管買過砒霜，這裡面有藥鋪的帳冊可供檢視。」

寇準一聽，完全明白了此事，但畢竟是皇親國戚，想了想，對太師說：「太師，您看此事應當如何處置？」太師無言以對，只好吩咐下人拉走死屍埋葬了事，從此不敢小看寇準。

如果你是得知上述線索的處女偵探，知道死者喝下砒霜，只在喉嚨裡發現劇毒，而身上卻沒有，是怎麼一回事嗎？

答案：那是因為人死後血液停止流動，人也無法下嚥，毒液就無法滲透到人的體內，所以只留在喉嚨裡。

◆ 貪財的金老漢

這天，金老漢為了霸占鄰居的一丈土地，在自己家中將耕地的黃牛宰殺了。第二天早上，他覺得一丈土地不足以滿足自己的需求，於是又把牛犢也殺了。金老漢推著兩具牛的屍體和 2 個「證人」，趕到官府進行報案，說鄰居殺了他的牛，鄰居必須賠償他的損失。

當鄰居被衙役帶到大堂時，鄰居完全否認「罪行」，並說根本不知道此事。縣令覺得此事蹊蹺，便先檢查大黃牛的屍體，發現牛頸部的傷口血已經凝結。接著縣令又檢查牛犢的屍體，發現牛犢的頸部也有一處又長又深的刀口，但和前者不同的是，這具屍體的血液還沒有完全凝結。縣令問兩個證人：「這兩頭牛是同時被他鄰居殺害的嗎？」證人回答：「是的，我們當時去村口打水，恰好看到他在殺牛。」

縣令拍響驚堂木，大聲喝道：「牛分明就是你們自己殺的，還敢說謊。來人啊！重打四十大板。」最後，金老漢在打三板子後，說出了殺牛騙財的想法。

如果你是得知上述線索的處女偵探，請說明縣令怎麼會知道金老漢就是殺牛的人呢？

答案：縣令是完全憑牛頸上的傷口判斷出來的。因為大黃牛是在第一天被殺害的，所以傷口血液凝結。而牛犢是當天早晨被殺死的，所以傷口血跡是新鮮的。

✦ 林中無名屍

在郊外有一片茂密的樹林，一群鍛鍊身體的老年人發現一具男屍。處女偵探接到報案後趕到現場，發現死者面部朝下，趴在滿是樹葉的地上，後背插著一把鋒利尖刀。法醫鑑定死者已經死亡 8 個小時。

處女偵探把屍體翻過來檢查，死者面部和胸部沒有顏色變化，也沒有淤血的地方。處女偵探檢查完後，對身邊的手下說：「這裡不是第一案發現場，我們要盡快找到死者真正的死亡地點，才能夠迅速破案。」

處女偵探為什麼說這裡不是第一現場？

答案：死者死亡 8 個小時，如果在這 8 小時裡，一直都保持趴著的姿勢，那死者臉部、胸部由於長時間受壓，一定會有紫色淤血痕跡。

✦ 誰是真凶

經紀人著急萬分地敲著阿黛拉的門，再不起床就會錯過新聞發布會了。可是，無論經紀人怎麼按門鈴、敲門，都無人應答。阿黛拉門上的鎖是自動鎖，一旦關上，除非有鑰匙，否則外面無法進入。經紀人覺得很奇怪，便請管理員把門打開。他進去一看，阿黛拉穿著睡衣，胸口被人插了一刀，死在地上，經推測，死亡時間是昨晚 9 點前後。

經處女偵探調查，昨晚 9 點前後有兩個人來過，一個是她的情人，一個是唱片公司的工作人員。在詢問這兩個可疑分子時，他們都說自己按了

第 6 章　處女座（Virgo） 8 月 23 日～9 月 22 日

門鈴，見裡面沒人應答，就沒有進去。

聽了他們的回答，處女偵探想起阿黛拉的門上有個貓眼，於是他立刻知道誰是真凶了。你知道是誰嗎？

答案：凶手是情人。因死者穿著睡衣，透過貓眼看到情人來了，就沒換衣服。

◆ 從樹上掉下的人

夏季的某天，警方接到報案：在一座別墅牆外的高大樹下，發現一名死者，他是一個中年男子，被發現時已經沒有呼吸，在樹下還放著一雙涼鞋。死者腳上沒有穿鞋，兩個腳掌上有很多豎著的擦傷，傷口從腳尖到腳後跟，還滲著血。

法醫說道：「可能這個人想爬上這棵樹潛入別墅盜竊，但因腳滑，從樹上掉下來摔死，真是個愚蠢的竊賊啊！」處女偵探聽了，搖頭說：「不，這個人不是從樹上滑下來的。是有人殺了他，故意偽裝成是從樹上滑下來的。」

處女偵探這麼快就看出了破綻，你知道為什麼嗎？

答案：破綻就是腳掌的擦傷。若是從樹上滑下來擦傷腳掌，那腳上的傷口必定是橫的，而死者腳掌的擦傷痕跡卻是豎著的，由此可見，是有人偽造的傷痕。

◆ 女子的呼救

這天晚上，處女偵探吃過晚餐，一個人悠閒地往家裡走，經過體育場時，突然聽見有人喊救命，於是他馬上朝著聲源跑過去，當他到達體育場入口的臺階時，發現一名女子背後插著一把鋒利的匕首，但只插進一半，趴在體育場的臺階上。這個女人旁邊還站著一位 30 多歲的壯漢。處女偵

探蹲下，發現女子已經死亡，就問壯漢：「你為什麼在這裡？」壯漢說：「當時我正往家裡走，看見這名女子從體育場跑出來喊救命，之後就從臺階上滾落下來。我覺得您應該進體育場裡面調查一下。」處女偵探聽完他的描述後，從身上拿出手銬，把壯漢銬住。

處女偵探為什麼沒有相信壯漢的話呢？

答案：因為死者的背後插進一把匕首，如果真的像壯漢所說，女子從臺階上滾落下來，那麼匕首就應該全部插進女子後背或掉落在一旁，所以處女偵探確定壯漢在說謊話。

密室疑雲——分析縝密的處女偵探

✦ 毒針的由來

重要的證人突然死亡，且他就死在自家客廳門口，案發現場的門窗都反鎖著，可以說是一間密室。經法醫檢驗，嫌疑人是毒發身亡，一根帶有劇毒的針，插入了他眼睛裡。負責在大門口保護證人的警察心想：「這個證人行動一向很謹慎，毒針到底是從什麼地方射進來的呢？我一直在門外的車上觀察大門，沒有人進屋啊！證人到底是怎麼死的呢？」

處女偵探得知上述線索後，陷入了沉思，沒多久，他忽然大叫：「我知道證人是怎麼死的了。」

你知道這毒針是怎麼刺進證人的眼睛的嗎？

答案：凶手知道證人一個人在家，於是他就過來敲門。一向謹慎的證人透過貓眼看門外是誰。正在他用右眼看的時候，凶手把毒針從貓眼刺進證人眼裡。

179

第 6 章　處女座（Virgo）8月23日～9月22日

✦ 逃離密室

一個冬日早晨，警察局接到報案，管理員說有怪事發生。處女偵探立刻趕去調查。到達現場後，便從報案人那裡得知大致情況。

「我是整個社區的管理員，這個房間本來住著一個來自莫斯科的男人，但這幾天我一直沒有見到他出入，我敲了敲門，但沒有人應答，門也不開，我懷疑出了意外！於是我就打了你們的電話。」處女偵探點點頭，表示理解，隨即一起開門，但鑰匙轉動了鎖，還是打不開門，原來門從裡面被拴死了。最後，處女偵探打破玻璃，撥開窗鎖，打開窗戶，跳入室內，只見臥室裡一具男屍赫然出現在眼前，死者是被人用領帶勒死的。

經過檢查，整個房間的窗戶都從裡面上了鎖，房門也從裡面上著門閂。那是長約十公分的鐵製門閂，緊緊地套進閂套裡。雖然門是木製的，但門與牆壁之間並無絲毫縫隙，想要從外面利用細長的鐵絲或絲線等來拉動門閂，使之套進閂套裡，是絕對不可能的事情。

根據現場情況來看，整個房間都是密封的。那麼在這個密室裡勒死死者的凶手，究竟是怎樣安然逃離密室的呢？處女偵探經過深入調查，揭開了真相。你知道真相是什麼嗎？

答案：凶手就是利用磁鐵來吸引門閂的。凶手在殺死男子後，出門將門關好，利用磁鐵在門外吸引門閂閂上，製造出密室。

✦ 密室自殺之謎

一個獨自居住的女子，被煤氣燻死了，她的房間不僅窗戶關得緊緊的，連房門上的縫隙也從裡面貼上了封條。來調查的警察認定，別人是不可能在門外把封條貼在裡面的，這些封條只有她自己才能貼。所以警方認定該女子是自殺。可是該女子的男友卻說，他了解女友的性格，絕不會輕生，這一定是椿凶殺案。處女偵探聽了死者男友的陳述，問：「誰有可能

是嫌疑犯呢？」該男子激動地說：「桑托斯一直暗戀我女友，背地裡還經常偷窺她。他和我女友住在同一個公寓裡，出事那天他也在自己的房間，他說他什麼都不知道。那肯定是謊言！」

處女偵探和死者男友又一起來到那間公寓。這是一棟舊樓，門和門框之間已出現一條小縫隙。在出事的房門上，還保留著那些封條。處女偵探四處看看，便向公寓裡的其他住戶詢問發案當夜的情況。有個家庭主婦回憶道：「那天深夜，我記得聽到一種很低的電動機聲音，像洗衣機或吸塵器發出的聲音。」處女偵探眉頭一皺，說：「桑托斯住在哪裡？」死者男友引著警察，走到被害女子斜對面的房門。公寓管理員打開了門，警察一眼就看到一個放在房間裡的黑色吸塵器。他轉過身對死者男友說：「先生，你說得對，你女友的確是被人殺害的，凶手就是桑托斯！」

你知道處女偵探是怎麼識破桑托斯真面目的嗎？

答案：桑托斯等被害者熟睡後，先在門的四邊把封條貼上一半，然後打開煤氣開關。他走出房間關緊門，然後就用吸塵器的吸口對準門縫，這樣剩下的一半封條被吸塵器一吸，就緊緊地貼在門和門框上了，造成自殺的假象。

◆「密室」殺人案

一天晚上，處女偵探接到電話，說有一間公寓出現怪味，可能發生命案，他立刻帶助手前往。案發現場在六樓，門反鎖著，怎麼也打不開，敲門也沒有回音。「撞開門，闖進去看看。」處女偵探當機立斷。於是兩個人猛力一撞，當即撞開了門。兩人進屋後，只見一個男人胸口插著一把匕首，已經死了。

「你看那個窗戶。」助手指著窗戶說。窗戶四周用膠帶封著，不僅是窗戶，連門也用膠帶封起來了。剛才門被撞破，所以膠帶也開了。「房間的

第 6 章　處女座（Virgo）8 月 23 日～9 月 22 日

窗戶和門都從裡面封起來，這樣房間就成了純粹的密室。看來這個人是自殺。」助手想了想，分析道。「不是，是他殺。如果死者是自殺的話，為什麼要把室內密封起來呢？」「要是他殺的話，凶手是如何從密室裡逃出去的呢？」助手有點驚訝地說。「哦！這沒什麼，這只是凶手利用人們的錯覺做的偽裝手法罷了。」處女偵探一針見血地揭開了密室之謎。

凶手是怎樣逃出密室的呢？

答案：其實門上貼著的膠帶，除了合葉處，其他幾處本來就是裂開的。這樣凶手就可以自由開門出去，鎖上門逃走。處女偵探和助手撞門闖進室內時，看到窗子用膠帶封住的情景，就會根據特定的思維認為門應該也是用膠帶黏著的，是他們進來時撞破的，這就產生一種錯覺。其實，這個房間根本就不是密室。

◆ 敲詐犯之死

懷特是一個打聽別人隱私的流氓，然後利用這些隱私向當事人敲詐勒索。有一天，懷特在自己的租屋處被殺，其額頭有被鈍器擊中的痕跡。處女偵探趕到時，發現懷特俯臥在屋子中央，手裡還拿著一個黃金手鐲。

根據調查，懷特是一個遭人厭惡、財迷心竅的人。對那些有錢人，他會不斷地索取對方的財物，直到對方拿不出錢才作罷。很多時候都把當事人逼到走投無路，變賣家產才能堵上他的嘴。懷特很小心，平時出門都很注意安全，就算要別人送錢來，也會用鐵鍊鎖著門，經由門縫接受別人拿來的錢物。

根據調查，懷特死時手裡握著的黃金手鐲，也是他從當事人費默先生那裡勒索來的。處女偵探覺得懷特的死很奇怪，因為窗戶都上著鎖，門也從裡面掛著門鍊，也就是說，威廉是在密室中被殺的。經過深入調查，處女偵探得知了真相。你知道事情真相如何嗎？

答案：其實費默是隔著門，用榔頭擊中懷特頭部的。那天，費默不得不將自己祖傳的黃金手鐲交給懷特作為交換。格外小心的懷特，是絕不會輕易讓他人進屋的，接錢接物通常都在門口，而且隔著門鍊進行。費默故意將黃金手鐲放在隔著門鍊能看到且離門稍遠一點的地方。懷特伸手去拿手鐲時，費默在門外用藏在身上的榔頭猛擊他的額頭，但這一擊並未致命，懷特大叫著、抓著手鐲跑回房內，終因傷勢過重，走了幾步就一命嗚呼了。

數字推理 —— 超級理性的處女偵探

◆ 一美元去哪裡了

三人結伴去旅遊，某天來到沙漠邊緣的小鎮，小鎮上只有一家旅店。三人便在小鎮這唯一一家旅店中住了下來。三人開了三間房，每間房住宿費10美金，他們三人一共付給旅店老闆30美金。第二天，老闆覺得三間房只需要25美金就好，於是一向誠實的老闆，叫服務生退5美元給三人。誰知服務生貪心，只退給每人一美元，自己偷偷留下2美元。這樣一來，相當於三人每人各花了9美元，於是三人一共花了27美元，再加上服務生獨吞的2美元，總共是29美元。

可是當初他們三人一共付了30美元，如果你是得知上述線索的處女偵探，知道1美元到哪裡去了嗎？

答案：你是不是也在納悶剩下的1美元去哪裡了呢？其實很簡單，三人根本就不是每人只花了9美元！他們所花的錢應該這樣算：每人25/3，那一元差在25-24=1。

第 6 章　處女座（Virgo）8 月 23 日～9 月 22 日

✦「英雄」和左輪手槍

報案中心接到一通報案電話：「A 銀行被 5 個歹徒劫走美金 20 多萬。歹徒手裡有 4 支能裝填 6 發子彈的左輪手槍。」正在附近巡邏的警察豪斯跨上摩托車就追趕歹徒去了。附近的警察也得知了案情，紛紛前去支援。

一陣槍聲，把警察們引到一處荒蕪人煙的地方。只見 5 個歹徒被擊斃了，豪斯捂著受傷的左臂向他們跑來，一個警察在地上撿起豪斯從歹徒手中奪回的背包，扶著豪斯上救護車勝利返回。在車上，豪斯打開密碼箱，發現裡面的現金已相當凌亂，且其中一些紙幣上還沾染一些血手印。

在醫院裡，豪斯成為英雄，一群記者圍著他，並請豪斯向大家介紹他的英雄事蹟。豪斯風度翩翩，春風得意：「諸位！那天我獨自駕駛摩托車衝向現場，一個望風的歹徒發現我，就朝我連開 2 槍，打中我的左臂。我帶傷開車撞倒那個歹徒，終於搶下他的手槍，然後一槍將他打死。這時另外 4 個歹徒向我撲來，連續向我射擊。我連發 4 槍，打死了 4 名歹徒。就在這時，我同事也來了……」

等他把豐功偉業介紹完後，處女偵探卻帶著兩位警察來到豪斯面前，請他馬上去警局接受調查。嘉賓們大驚失色。最後，進一步調查發現，豪斯果然與匪徒早有勾結，他打死匪徒是因為 5 名匪徒認為豪斯沒有在搶劫中出力，不同意分錢給他。豪斯出其不意地奪過一個同夥的槍，迅速將這 5 人擊斃，正想捲款逃跑，卻遇到前來支援的警員。豪斯靈機一動，編出勇鬥匪徒的故事，不料卻露出了破綻。

請問，你知道處女偵探是怎麼看出豪斯的破綻嗎？

答案：豪斯的自述中，搶下的手槍是只能裝填 6 發子彈的左輪手槍，而匪徒已經開過 2 槍，這樣槍裡只有 4 發子彈。豪斯卻說又用這把手槍發射出 5 發子彈，打死了 5 個匪徒，明顯是個大破綻。

✦ 誰的嫌疑大

幾個志同道合的探險者，經由探險者協會互相認識，於是約定一起去愛爾蘭的北部高地探險。一天傍晚，處女偵探、澤維爾、約曼、曾格、奧斯本這 5 名探險者，在一條河的兩岸分別紮營休息。他們各自挑了一個滿意的地點，撐起帳篷，並各自在帳篷裡架設無線電臺，以便互相聯繫。當天晚上，處女偵探不時用無線電與其他 4 人聯繫。但在晚上 10:30 之後，他沒有收到奧斯本的應答。於是處女偵探又與其他 3 人進行聯繫，表示了他的擔憂。第二天早晨，人們發現奧斯本死了，他是被人殺死的。

犯罪現場的證據顯示，凶手是由水路划船到奧斯本的帳篷。每名探險者都備有一艘無動力橡皮筏，而在前一天晚上，他們都有機會使用。處女偵探懷疑是澤維爾、約曼或曾格殺害了奧斯本。但是，根據以下事實，處女偵探消除了對其中兩人的懷疑：

1. 這 5 名探險者的無線電都只能在帳篷裡使用。
2. 檢查屍體發現：奧斯本是在前一天晚上 10:30 之前，在他的帳篷裡被殺害的。他被槍彈射中，立即身亡。
3. 凶手去奧斯本帳篷和返回自己帳篷都是划無動力橡皮筏。
4. 澤維爾的帳篷紮在奧斯本帳篷的下游處，約曼的帳篷紮在奧斯本帳篷的正對岸，曾格的帳篷紮在奧斯本帳篷的上游處。
5. 這三人中任何一人划無動力橡皮筏去奧斯本帳篷然後返回自己的帳篷，都至少需要花 80 分鐘的時間。
6. 河水的流速很快。
7. 對處女偵探發出的無線電呼叫，每人的應答時間分別如下：

第 6 章　處女座（Virgo）8 月 23 日～9 月 22 日

應答者	應答時間
澤維爾	8：15
約曼	8：20
曾格	8：25
奧斯本	9：15
澤維爾	9：40
約曼	9：45
曾格	9：50
澤維爾	10：55
約曼	11：00
曾格	11：05

那麼，在這 3 人中，被處女偵探視為懷疑對象的是誰？

答案：第一次呼叫和第二次呼叫之間是 85 分鐘，第二次呼叫和第三次呼叫之間是 75 分鐘，三人均無法在 75 分鐘內來回，所以奧斯本的死亡時間是在第一次呼叫和第二次呼叫之間。如果奧斯本在 9：15 應答呼叫後就被殺，那麼約曼和曾格都無法在 9：15 分殺死奧斯本後及時趕回營地，所以，被處女偵探視為懷疑對象的是澤維爾。

◆ 停止的時間

一夜大霧終於散去，清晨時分，泰晤士河附近的一家工廠迎來上班時間，當財務經理打開辦公室的門時，發現保險箱被撬開了，裡面一筆貨款不見了。中午時分，下游的水上警察發現工廠夜班看守者的屍體，經法醫鑑定，他是被謀殺後拋入泰晤士河的。在死者的衣袋裡，發現了一支時間十分精確的高級掛錶，但已經停了。無疑，指針所指示的時間，是一個十分重要的線索。可是一個警察竟然忘記要保持現場完好如初的規定，他把掛錶的指針隨意撥弄了幾圈。這種愚蠢的行徑，當即遭到同事的嚴厲

斥責。

後來，處女偵探問他，是否還記得剛發現掛錶時，指針指的時間。警察聽到處女偵探向他問話，立刻報告說，具體時間他沒有細看，但有一點印象十分深刻，就是時針和分針重疊在一起，而秒針卻正好停在錶盤上一個有斑點的地方。

處女偵探聽後，看了看掛錶，錶盤上有斑點的地方是49秒處。他想了想，就確定了屍首被拋入河中的時間，且與法醫的驗屍報告也是一致的。這樣一來，就大大縮小了偵查的範圍，很快抓到了凶手。

你知道掛錶時針究竟停在什麼時間嗎？

答案：在12小時內，時針與分針有11次重合的機會。時針的速度是分針的十二分之一，因此，每隔1小時5分27又3/11秒，兩針就會重合一次。在午夜零點以後，兩針重合的時間是：1時5分27又3/11秒，2時10分54又6/11秒，3時16分21又9/11秒，4時21分49又1/11秒。最後這個時間正好符合秒針所停留的位置，因此它就是偵探所確定的時刻。

◆ 敲門聲

阿蒂斯是一個離婚少婦，半年來她喜歡上了運動，在體育場和健身房裡，她認識了許多教練，且似乎還愛上了其中一個教練。不過她很不開心，因為她知道這個教練是有家室的人，根本不能給她幸福。但阿蒂斯太投入了，她逼這個教練離婚迎娶自己，今天晚上，這個教練就要答覆她了。這天下午3點，她一個人在家裡化妝，期待傍晚的約會。門外傳來敲門聲，阿蒂斯打開門一看，原來是自己深愛著的教練。

半分鐘之後，這個人走出屋子。阿蒂斯倒在血泊中，一把刀插在她的胸口。

第 6 章　處女座（Virgo）8 月 23 日～9 月 22 日

經過 2 個月的調查，警方查明 A、B、C 三名球隊的教練有做案嫌疑。隨著調查，情況越來越混亂：出事那天下午 1 點，三名教練所在球隊都有一場比賽。A 教練的足球隊當時在離案發現場 10 分鐘路程的體育館比賽；B 教練的橄欖球隊在離案發現場 1 小時路程的運動場比賽；而 C 教練的足球隊則在離案發現場 20 分鐘路程的體育場上進行冠亞軍決賽。在裁判吹哨結束比賽前，三名教練都在比賽場上指導。比賽自始至終進行得非常順利。比賽結果分別是：A 教練的球隊和對方以 3 比 3 踢成平局；B 教練的球隊以 9 比 15 敗北；而 C 教練的球隊則以 7 比 2 獲勝，奪得冠軍。三名教練中只有一名可能做案，警察們開始認真推敲，最後，處女偵探得出了正確答案。

你知道是哪一個教練殺了阿蒂斯女士嗎？

答案：橄欖球賽要 80 分鐘，加上路程 60 分鐘，教練 B 不能及時趕到做案現場。足球賽要 90 分鐘，中間休息 15 分鐘，加上路程時間，教練 A 和 C 都有時間到達現場。但 A 教練的球隊與對手踢成平手，比賽要延長 30 分鐘，A 教練就不能及時趕到。只有 C 教練可以在槍響前 1 分鐘到現場，所以，C 教練是殺害阿蒂斯的凶手。

破解密碼情報 —— 深不可測的處女偵探

◆ 血寫的 X

倫敦市中心有一家小旅館，雖然只有 15 個房間，但由於緊鄰風景區，所以生意很好。但是有一天，住在 10 號房間的一個義大利遊客在這家旅館被謀殺了。令人奇怪的是，警方發現在他的手掌下有個血寫的「X」，當時他們很不解。經驗豐富的處女偵探隨後趕到，根據這個線索，對旅館進行搜查，並立刻抓到真凶。

你知道這個血寫的「X」提供了什麼線索嗎？

答案：5 根手指 +X（10）〔羅馬字母〕=15。暗示凶手在 15 號房間。

✦ 怪盜基德的預告函

某市美術館有一批印象派大師的名畫，將在 5 月 14 日展出，它們是：《泉》、《向日葵》、《火種》、《秋的惡作劇》、《古鎮》、《墮落天使》、《彩虹》和《自畫像》。

但是展出前一星期，也就是 5 月 5 日星期六上午，美術館突然收到怪盜基德的預告函：

乘著康乃馨的祝福，紳士的一刻間，就偷走大地之子的禮物，潘朵拉的魔盒。

怪盜基德
5 月 5 日

研究了一上午，美術館館長也不知上面寫的是什麼，於是帶著預告函去請教處女偵探。處女偵探看了半晌，終於破解了預告函。那麼，請你也試著解開謎底吧！

答案：乘著康乃馨的祝福 —— 日期是母親節。

紳士的一刻間 —— 紳士和申時諧音，也就是下午 3 點；一刻，就是 15 分。所以時間是下午 3 點 15 分。

大地之子的禮物 —— 大地之子指的是普羅米修斯，他送給人類火種。

潘朵拉的魔盒 —— 宙斯因普羅米修斯幫人類偷了天火而勃然大怒，送魔盒到人間懲罰人類。

所以是：母親節那天 15 點 15 分偷走《火種》。

第 6 章　處女座（Virgo）8月23日～9月22日

✦ 神祕的暗號

處女偵探接獲一封犯罪組織的密信，內容如下：

X 先生：

若您想救出 Y，您需解開密碼，向未來邁進，我在 XX 銀行 11、12、13 箱中其一藏了一張支票，能不能拿到，就只能看您了……

當獅子怒吼的開端，東方聖獸正在與王決鬥，這空虛的深溝到底有多長，唯有全能的天神所知。

黑手

根據這封信的內容，處女偵探很快知道了支票在哪個箱子裡，你知道嗎？

答案：「獅子怒吼的開端」是指獅子座，獅子座的英文為 Leo，開頭字母為 L；「東方聖獸」是龍，龍在十二生肖排名第 5；「王」字拆開可謂十二（王中間的十和上下的二），「空虛的深溝」就是 L 的兩點所勾成的直線，這樣把 5 和十二當作 L 的那兩條邊長，勾股（畢氏定理）結果就是 5 的平方加 12 的平方的根號，答案就是 13。

✦ 智破密函

警方抓到一名間諜，從他身上搜到一份密函。密函全文如下：「B 老師：就援助貴校球隊外出比賽一事，明天 5 時請與領隊到我家詳談。」受過特務訓練的處女偵探，很快就破解了間諜攜帶的這份密函。

你可知它的真正內容是什麼嗎？

答案：「援隊一時到。」破解的方法是逢五字抽一字，標點不算。

✦ 大學殺人事件

這是某大學發生的第二次殺人事件了。死者名叫尼米茲，是表演系四

年級的學生。死因是背部中刀失血過多,且從中刀的部位和狀態判斷,凶手應該是個左撇子。

據調查,案發以前,尼米茲曾和三名同學一起打牌,兩女一男。其中男生名叫托克,兩名女生分別是雅尼和戴安娜,托克和雅尼都是左撇子。

經過對三人的詢問,處女偵探發現三人在案發時都沒有明確的不在場證明,也就是說,凶手就是其中之一(沒有幫凶),但是卻不能肯定是誰。

這時,法醫在死者的口袋發現了一張記有一組撲克牌的紙條,上面寫著:

b9bQr2r9b5rQr2r8r5b9rAb7(b 代表黑桃,r 代表紅心)。

處女偵探看完紙條後,將它與案發現場桌上的十幾張混亂的撲克牌逐一比較,發現兩者完全吻合,於是處女偵探肯定地指出凶手,並複述當時案發的情形。

那麼凶手是誰?為什麼?

答案:案發當時尼米茲正在用撲克牌告訴雅尼:I love you Ring。所以雅尼是站在他的身後,拔刀殺了他。撲克牌暗號的解法是:

黑桃:A-A 2-B 3-C 4-D 5-E 6-F 7-G 8-H 9-I 10-J J-K Q-L K-M

紅心:A-N 2-O 3-P 4-Q 5-R 6-S 7-T 8-U 9-V 10-W J-X Q-Y K-Z

◆ 報警的數字

這天傍晚,比利夫人在妹妹家裡剛住了一天,管家就打電話請她趕快回家。她剛進家門,電話就響了,聽筒傳來一個陌生男人的聲音:「妳丈夫比利現在在我們手裡,如果妳希望他繼續活下去,就快準備 40 萬美金,妳要是報警,可別怪我們對比利不客氣!」比利夫人聽罷,險些癱坐

第 6 章　處女座（Virgo）8 月 23 日～9 月 22 日

在地上。她想了一整夜，覺得還是應該要報警。

處女偵探接到電話後，立即駕車來到比利的別墅。首先，他詢問管家，管家說：「昨天晚上來了個戴墨鏡的客人，他的帽簷壓得很低，我沒看清他的臉。看樣子和先生很熟，他一進來，先生就把他領進了書房。過了一小時，我見書房毫無動靜，就推門進去，誰知屋裡空無一人，窗戶是開著的，我就打電話給夫人。」

處女偵探走進書房檢視，沒有發現什麼線索。他又看了看窗外，只見泥地上有兩行腳印，從窗臺下一直延伸到別墅的後門外。看來，綁匪是逼迫比利從後門走出去的，處女偵探轉轉身，又仔細看了看書房，發現書桌的檯曆上寫著一串數字：7891011。處女偵探想了想，問比利夫人：「妳丈夫有個叫傑森（JASON）的朋友嗎？」她點了點頭。處女偵探說：「我斷定傑森就是綁匪。」果然，處女偵探從傑森家的地窖救出了比利，傑森因此鋃鐺入獄。

你知道處女偵探為什麼根據那串數字，就斷定傑森是綁匪嗎？

答案：比利留下的這串數字，代指了 7、8、9、10、11 這 5 個月分英文單字的字頭：J-A-S-O-N，這說明綁匪是 JASON（傑森）。

◆ 暗號愛好者的遺言

一個暗號愛好者被殺在自家房裡，屍檢顯示死者死前仍有 20 分鐘的掙扎。處女偵探對現場進行調查，發現死者左手抓著《福爾摩斯偵探大全》，右手留有一張字條的碎片。經過鑑定，字條上的筆跡是被害人生前所寫（字條排除凶手栽贓）。

碎片有十張，分別是：

231

912

1911

518

42

125

112123

25

25

9

處女偵探看了看碎片，有點迷惑不解。這時助手說：嫌疑人是這三個：A（律師），B（水手），C（郵差）。

處女偵探一聽，再看看《福爾摩斯偵探大全》上的柯南‧道爾（Conan Doyle）畫像，恍然大悟說：「原來被害人是這個意思！」於是立刻逮捕了嫌疑人。

那麼問題來了：字條到底是什麼意思？凶手又是誰？

答案：數字對應了英文字母，下面是所有的對應情況：

42：

DB

231：

WA BCA

125：

ABE LE AY

518：

EAH ER

1911：

第6章　處女座（Virgo）8月23日～9月22日

AIAA SK AIK SAA

112123：

AABABC KUW KBLC ALAW

25：

BE Y

9：

I

912：

IAB IL

25：

BE Y

「I WAS KILLED BY A LAWYER」

以上這些訊息中，最特別的就是9所代表的字母I了，所以我們有理由將I作為主語放在首位。

接下來能引起注意的就是231所代表的WA了，它可能是WAS的前部分，所以將9 231放在一起，得到：9 231=I WA

再來，我們既然判斷有WAS這個詞，所以在WA後面要接S了，那有S的就只有1911了，這樣就變成：9 231 1911=I WAS K

這是個謀殺案件，所以看到K應該聯想到KILL等詞語，所以：9 231 1911 912=I WAS KIL

依次類推得9 231 1911 912 125=I WAS KILLE

9 231 1911 912 125 42=I WAS KILLED B

到這裡，很顯然可以知道這是個被動句型，BY SOMEONE

所以：9 231 1911 912 125 42 25=I WAS KILLED BY

關鍵的地方到了。

律師 LAWYER　水手 SAILOR　郵差 CARRIER

剩下的數字只有：518 112123 25 了。

我們就該想這3組數字代表哪個職業呢？

518代表的是EAH或ER，只有ER可以有意義，所以馬上能排除水手（SAILOR），25代表的是BE或Y，我們可以推測應該是代表Y的意思，要不然郵差的CARRIER中的R不能出現那麼多次，所以基本上鎖定凶手是律師（LAWYER）了。

最重要的問題來了，112123代表的是什麼意思，看過上面的表和律師的英文拼寫，應該能迅速得出112123代表的意思是：ALAW

所以這樣一來，所有的數字都串聯起來了。

即：9 231 1911 912 125 42 25 112123 25 518=I WAS KILLED BY A LAWYER

所以凶手就是律師。

◆ 破解情報密碼

M國諜報人員截獲1份N國情報。

1. N國將兵分東西兩路進攻M國。從東路進攻的部隊人數為：「ETWQ」；從西路進攻的部隊人數為：「FEFQ」。

2. N國東、西兩路總兵力為：「AWQQQ」。

另外得知東路兵力比西路多。

處女偵探經過一番努力，終於將以上的密碼破解。你能試著破解一下嗎？

答案：E=7，W=4，F=6，T=2，Q=0

7240+6760=14000

只能是Q+Q=Q，而不可能是Q+Q=1Q，故Q=0

同樣只能是W+F=10

T+E+1=10

E+F+1=10+W

第6章 處女座（Virgo）8月23日～9月22日

所以有三個式子

（1）W+F=10；

（2）T+E=9；

（3）E+F=9+W

可以推出 2W=E+1，所以 E 是奇數。

另外 E+F＞9，E≧F，所以 E=9 是錯誤的，E=7 是正確的。

✦ 破解密電

某國情報部門截獲了一份密電，內容是由字母密碼構成的。下面 8 個密碼，都是由 3 個字母組成的。其中有 4 個密碼代表了 4 個三位數字：571，439，286，837，一個字母和一個數字對應。處女偵探經過一番努力，終於破解了祕密。現在，請你試著把 4 個三位數所對應的密碼找出來。

WNX　SXW　RWQ　PST　QWN　NXY　TSX　XNS

答　案：837 —— SXW，439 —— NXY，286 —— PST，571 —— RWQ。

這個推理題，可以採用「嘗試與修正」的方法。例如，假定 WNX 代表第一個三位數 571，那麼 W=5，N=7，X=1。代入其他密碼為：

□15　 5□　□□□　 □57　71□　 □□1　17□

這幾組數和給定的 439、286、837 對不上。這就否定了 WNX 對應 571 的假定。再假定第二個密碼 SXW 是 571……這樣做下去，只要有足夠的耐心，答案總是可以找到的。「嘗試與修正」是一個重要方法，在科學研究和工程設計中常會用到。

但是如果用比較的方法，結合綜合和分析的本領來解這道題，可以較快得到結果。例如 837、286 這兩個三位數，第一位和第二位出現同一個數字 8。現在來看看密碼中有哪些是第一位和第二位出現同一個字母的？

可以找到五組：SXW、TSX，XNS、NXY，SXW、PST，WNX、QWN，WNX、RWQ。其中SXW、TSX，WNX、QWN這兩組密碼的第一位和第二位、第二位和第三位是相同的字母，四個三位數中沒有這種情況；XNS、NXY這一組密碼的特點是第一、二兩個字母互換位置，四個三位數中也沒有這種情況。因此可以否定它們代表兩個三位數的可能性。

再來看，837、286這兩個三位數，除了都有一個「8」以外，其餘數字都不相同，這個特點與WNX、RWQ及SXW、PST這兩組字母相符合。這樣，再用「嘗試與修正」的方法，把兩個三位數和這兩組字母進行比較、分析……

第6章　處女座（Virgo）8月23日～9月22日

第 7 章

天秤座 (Libra)
9 月 23 日～10 月 22 日

第 7 章　天秤座（Libra）9 月 23 日～10 月 22 日

【神話由來・象徵意義】

天秤座是希臘神話裡女祭司手中那個掌管善惡的天秤飛到天上而變成的星座。大約西元前 2000 年，此星座和巴比倫宗教主宰生死的審判有關，天秤是用來衡量靈魂的善惡。天秤座象徵著一種均衡和公正的中庸點。

【智商代表詞彙】

我要參與

天秤座愛好美與和諧，也相當仁慈並富有同情心，天性善良溫和、體貼、沉著，有優秀的理解和藝術鑑賞力，但往往會把任何事物都當成藝術和遊戲，以一體兩面的方式來表現。

天秤座是愛美又怕空虛的星座，憑著天生的外交本領，周旋在各色人物之間。但有時也因為太顧慮面面俱到，而讓自己吃力不討好，腦筋常在那裡轉來轉去，所以當心神經衰弱。

天秤座也是俊男美女最多的一個星座，具有創作天分，人緣及口才都很好。他們看待事物較客觀，常為人設身處地著想，通常也較外向，感情豐富，視愛情為一切。屬於人群中的人，但有時也會顯得多愁善感，這也屬於他們的魅力之一。同時他們也是最能保守祕密的星座，就像他們可以把心中澎湃的熱情隱藏得很好一樣。

天秤座最不喜歡尋找任何判斷標準，他們也常常以標準外的自己為自豪，但實際上，只要是周圍最信任的人，或大眾的見解及思想，都可能成為他們自己的標準。這也是為什麼許多天秤座在當上經理級以上的職務後，會讓下屬感到壓抑和缺少感性。

天秤座不喜歡爭執，所以容易贏得別人的好感。為了避免爭執和不愉快的事情發生，天秤座喜歡採取避重就輕的方法解決問題，而他們最大的缺點是優柔寡斷。他們「船到橋頭自然直」的觀念根深蒂固，因而遇到棘手問題時，總是一拖再拖，甚至逃避。天秤座容易給人懶散的印象，不過其實並不像外表那麼柔弱，一旦目標確定，欲望會變得非常強烈，只是因為內心猶豫不定而導致外表懶散。天秤座在還沒採取行動之前常顯得滿不在乎，可是一旦打定主意，就會勇往直前，故而多半都能得到他所想要的。

公認智商指數：75～95

【情商代表詞彙】

我想

　　正面的天秤座性格是迷人，充滿魅力，精明，善交際，崇尚和平、和諧，愛好美與藝術；負面的天秤座性格是喜歡用魅力操縱別人，優柔寡斷，受不了孤獨，頗為懶惰。

　　天秤座天生具有理想和現實主義，性格極端矛盾、交雜反覆；他們是和平的使者，也是戰士，亦是個兼具感性、公平公正及貴族氣息的人。

　　天秤座不愛孤單，終生都追求心靈的歸屬，一個永遠的避風港。只是他們容易把簡單的事正面看又反面看，越看越複雜；對愛情也是如此，表面看來雖溫和有人緣，與人相處大方坦然，但心中的天秤卻時時在掂斤估兩，常讓人有忽冷忽熱之感。其實他們的掙扎是在思索，在找有力的證據支持，以求慎重；一旦他確定，就會毫不猶豫奉行到底。只不過想得到他們的愛，必須很有耐心，別被模稜兩可嚇跑了。

第 7 章　天秤座（Libra）9 月 23 日～10 月 22 日

　　天秤座是象徵秋天來臨的星座，秋意表現在天秤座身上，是對意氣相投的特殊嗅覺。他們尋求共同點，和互相諒解的土壤。和藹可親的秉性，使仇恨和敵意永遠無法靠近他們身旁。天秤座溫和的個性，就像綿綿白雲，悠悠行過碧藍如洗的晴空，給人爽朗、親和的感覺。天秤座屬於社交型星座，無論做任何事情，都能受到周圍人的喜愛。天秤座有著相當明顯的個性，重視和平與和諧，對爭執的場面，寧可早點走開，也不願找容易引起口舌之戰的人作伴。天秤座是一個在人際關係中很會委屈自己的人，所以生氣時，就表示對方已經欺人太甚，讓他忍無可忍，或是認為某件事的處理方式太不公平。

　　天秤座心地善良，有古道熱腸和仁心，富同情心且看重感情，處事力求公正與中庸，不願偏激。他們誠實溫和，是理想主義者；生性浪漫，有自我犧牲的傾向；個性堅強、聰明、上進，具有靈活而好質問的頭腦，常有非凡構想。

公認情商指數：86～94

【智商・情商之最】

最雄辯

最好辯

最悠哉

最客觀

最愛美

最公正

最優柔寡斷

最喜歡交朋友

最愛裝傻

最會逗人開心

最時髦

最重視外表

最多帥哥美女

最有異性緣

最自戀

最會花錢

最會追求感官享受

最不會內疚

最不會記恨

【智商‧情商綜合評價】

1. 有領導才幹和組織能力，思考問題嚴謹，事業往往會成功，不會久居人下。

2. 對任何事情都看到正、反兩個方面，反覆推理思考再作決斷，「三思而後行」，很少出現錯誤。

3. 決定行動之後，往往跟著一系列措施保障，成功率高，備受賞識。

4. 不輕信輿論，不追趕潮流，堅持公正，為了保衛公正願意付出一切。

5. 做事有條有理，辦公桌乾淨整潔，給人安詳、平和的印象。

6. 不會一時衝動行事，每個行動的背後都有充分的動機和理由。

7. 舉止言談有分寸，氣質瀟灑。

8. 有藝術家的審美情趣，鑑賞力強且與生俱來。

9. 感情豐富，正直有才氣，有吸引力。

第7章 天秤座（Libra）9月23日～10月22日

【天秤偵探訓練案例】

邏輯陷阱 —— 難不倒的天秤偵探

◆ 聰明的囚徒

古羅馬時代，有一批囚徒即將被處死。怎麼處死他們會更有樂趣呢？有位奴隸主建議：讓他們任意挑選一種死法，讓囚徒任意說一句話——如果說的是真話，就絞死；如果說的是假話，就砍頭。

所有奴隸主都覺得這個建議實在太好玩了，便採納了。結果，這批囚徒不是因為說真話而被絞死，就是因為說假話而被砍頭；或者是因為說了一句不能馬上驗證是真是假的話，而被視為是說假話砍了頭；或者是因為說不出話來，被當成是說真話而被絞死。看到囚徒們一個個被處死，這些奴隸主很是開心。

在這批囚犯中，有一個很聰明的人，名叫門拉，他看到奴隸主這樣無聊地殺人取樂，心裡很是不滿。於是就想著能用什麼辦法來打破他們的殘忍，爭取生存的權利。等輪到他進行選擇的時候，他說了一句話，讓奴隸主既不能砍他的頭，也不能將他絞死，最後只好釋放了他。

如果你是得知上述線索的天秤偵探，知道門拉說了什麼話嗎？

答案：門拉說：「我要被砍頭。」這讓奴隸主們很為難，如果真的把他的頭砍了，但說真話應該要被絞死。如果把他絞死，那麼他說的「我要砍頭」便成了假話，而說假話是要被砍頭的。絞死或者砍頭，都沒有辦法執行原本的遊戲規則，結果只能把他放了。

✦ 即興的心理測驗

　　法院正在開庭審理一件預謀殺人案。瓊斯被控告在一個月前殺害了約瑟夫。警察和檢察官方面的調查結果：從犯罪動機、做案條件到人證、物證，都對他極為不利，雖然至今警察還沒有找到被害者的屍體，但公訴方面認為已經有足夠的證據能把他定為一級謀殺罪。

　　瓊斯請來一位著名的律師為他辯護。在大量的人證和物證面前，律師感到捉襟見肘，一時間不知如何是好，便把辯護內容轉換到另一個角度上，說道：「毫無疑問，這些證詞聽起來，我的委託人似乎確定犯下了謀殺罪。可是，迄今為止，還沒有發現約瑟夫先生的屍體。當然，也可以作這樣的推測，就是凶手使用了巧妙的方法，把被害者的屍體藏在一個十分隱蔽的地方，或是毀屍滅跡了，但我想在這裡問一問大家，要是事實證明那位約瑟夫先生現在還活著，甚至出現在這法庭上，那大家是否還會認為我的委託人是殺害約瑟夫先生的凶手呢？」

　　陪審席和旁聽席上發出竊笑聲，似乎在譏諷這位遠近馳名的大律師，竟會提出這麼一個缺乏法律常識的問題。法官看著律師說道：「請你說吧！你想要表達的是什麼意思？」

　　「我所要表達的就是這個意思。」律師邊說邊走出法庭和旁聽席之間的矮欄，快步走到陪審席旁邊的那扇側門前面，用大家都能聽清楚的聲音說道：「現在，就請大家看吧！」說著，一下子拉開了那扇門……

　　所有陪審員和旁聽者的目光都轉向那扇側門，但被拉開的門裡空空如也，沒有任何人影，當然更不見那位約瑟夫先生……律師輕輕關上側門，走回律師席，慢條斯理地說道：「請大家別以為我剛才的那個舉動是對法庭和公眾的戲弄。我只是想向大家證明一個事實：即使公訴方面提出了許多所謂的證據，但迄今為止，在這法庭上的各位女士、先生，包括各位尊敬的陪審員和檢察官在內，誰都無法肯定那位所謂的被害人，的確已經不

第 7 章　天秤座（Libra）9 月 23 日～10 月 22 日

在人間了。是的，約瑟夫先生並沒有在那扇門口出現，這只是我在法律許可範圍內所採用的一個即興的心理測驗方法。從剛才整個法庭上的目光都轉向那道門口的情況來看，說明大家都期望約瑟夫先生在那裡出現，從而也證明在場每個人的內心深處，對約瑟夫到底是否已經不在人間，是存著懷疑之心的。」說到這裡，他停了片刻，把聲音更加提高，且藉助大幅度揮動的手勢來加重語氣：「所以，我要大聲疾呼：在座這 12 位公正又明智的陪審員，難道憑著這些連你們自己也有疑慮的證據，就能裁定我的委託人是殺害約瑟夫先生的凶手嗎？」

霎時，法庭上秩序大亂，不少旁聽者交頭接耳，連連稱是，新聞記者競相奔往公共電話亭，向自己報社的主筆報告審判情況，預言律師的絕妙辯護，有可能使被告瓊斯獲得開釋。

當最後一位排著隊打電話的記者結束通話，回審判廳時，他和他的那些同行聽到了陪審團對這案件的裁決，那是與他們的猜想大相逕庭的——陪審團認為被告瓊斯有罪！

如果你是得知上述線索的天秤偵探，知道這個認定是根據什麼嗎？

答案：做出以上裁決的原因是坐在被告席對面的主審法官提醒了陪審團：「剛才，在律師進行那場『即興心理測驗』時，全廳的目光的確都轉向那扇側門，唯獨被告瓊斯例外，他依然端坐著木然不動。因此，可以得出推論，在全廳的人中他最明白——死者不會復活，被害者是不可能在法庭上出現的。」

◆ 湯姆是誰

湯姆到處流浪，有一頓沒一頓的。這天，亨達老闆對他可憐又同情，就送給他兩樣東西——肉排和一千美金。湯姆看了看這兩樣東西，就高高興興地把那肉排拿走了。如果你是得知上述線索的天秤偵探，知道湯姆

是誰嗎？他為什麼會這樣做？

答案：湯姆是一隻狗。面對肉排和一千美金，湯姆對美金茫然不知為何物，而把那肉排叼走，是狗的本性的明顯表現。

✦ 「情侶」之死

有一對從小到大一直幸福地生活在一間豪宅裡的情侶，他們既不參加社交活動，也沒有與人結怨，只在自己的領地內自由活動。有一天，負責打掃環境的耶利亞大嬸哭天喊地地跑來告訴總管，說這對情侶倒在客廳的大理石地板上死了。總管很吃驚，迅速與耶利亞大嬸來到客廳，發現正如她所描述的那樣，兩具屍體一動也不動地躺在大理石地板上。

總管發現客廳沒有任何暴力的跡象，屍體上也沒有留下任何傷口。凶手似乎也不是破門而入，因為除了地板上有一些破碎的玻璃外，沒有其他跡象可以證明這一點。總管排除自殺的可能；中毒也不可能，因為每天的伙食都是他親自準備、親自伺候的。總管再次仔細的彎腰檢查屍體，但仍沒有發現死因，但注意到地毯溼透了。

第二天，耶利亞大嬸被解僱了，因為她要對這起事件負責。

如果你是得知上述線索的天秤偵探，知道這對情侶是怎麼死的嗎？究竟是誰殺了他們？

答案：從題意中可以很明顯的發現，這對情侶並不是主人，而是水缸裡養的兩條金魚，所以總管並沒有報警。因為沒有其他人，水缸是不會自己翻倒的。耶利亞大嬸一日後被解僱了，因為她在工作中太不小心，打碎了水缸，致使兩條金魚意外死亡，所以被解僱了。

第 7 章　天秤座（Libra）9 月 23 日～10 月 22 日

✦ 被遺棄的孩子

查理很小的時候就被遺棄了，從此他的生活便成了一場鬥爭。這不僅是為了自己，也是為了他的養父母。他殺死了養父母的孩子，但養父母卻依舊在辛苦的工作，為的是讓他能夠生存下去，並擁有一個家。查理長大後，便離開了養父母，再也沒有回去過。即使查理殺死了自己的孩子，警方或社會公益部門都沒有找過他的麻煩。如果你是得知上述線索的天秤偵探，知道這是為什麼嗎？

提示：

1. 他的謀殺行為和他沒達到法定年齡沒有任何關係。
2. 他的家庭有守時的美譽。
3. 即使這些謀殺行為相當殘忍，他的養父母也沒有去控告他。
4. 他從來沒有當過兵，也沒有參加過任何社會公益服務。
5. 他在春天出生。

答案：查理是隻布穀鳥，守時指的是布穀鳥時鐘。

✦ 推斷盜竊犯

新教員一肚子理論，他很看不起天秤偵探。於是，他在培訓課上做了一次測試，他設計的案情如下：某月某日晚上 11 點，某商店被竊走大量貴重物品，罪犯得手後，攜贓駕車逃走。現在逮捕了 A、B、C 三名嫌疑犯，且已確定除了這三個人，絕對不會是其他人。此外，經過調查，還得到以下情況：

1. C 假如沒有 A 當幫凶，就絕不可能到該商店行竊。
2. B 不會開車。

那麼，A 究竟有沒有到該商店行竊？

天秤偵探聽完新教員的敘述後，略作思考，就得出了正確結論，新教員再也不敢小看天秤偵探了。你知道天秤偵探是如何分析的嗎？

答案：A 是盜竊犯。如果 B 不是罪犯，那麼 A 或 C 是罪犯；又因 C 只有夥同 A 才能做案，所以，A 必定有罪。如果 B 是罪犯，因為他不會開車，他必需求助 A 或 C 才可能做案；又因 C 只有夥同 A 才能做案，所以 A 也應有罪。

推想關鍵點 —— 擅長推理的天秤偵探

✦ 倒楣的達爾

越獄犯達爾是個亡命之徒，他需要錢盡快離開芝加哥，沒有別的辦法，他的拿手好戲就是搶劫。他拿著一把刀，潛入一個高級社區，他來到 7 樓的一戶人家門前，敲了幾下門，聽到裡面有個女人說：「稍等一下。」家裡有人，達爾本來想離開，又想了想，家裡有人找錢更容易。

門開了，這個女人看見達爾就問：「請問你找哪位？」達爾沒有出聲，狠狠推了女人一下，然後轉身關上房門，拔出手槍指向女人，惡狠狠地說道：「不許出聲，敢出聲，我就一槍打死妳。把錢拿出來。」女人嚇得不敢出聲，只能看著達爾拿走屬於自己的東西。達爾翻箱倒櫃，把所有值錢的東西裝進黑色袋子裡。還找了一根繩子把女人綁起來，並找塊布堵住了她的嘴。當達爾掠奪完財物，準備逃跑時，一群警察破門而入，用手槍指著達爾說：「不許動，把槍放下！」無奈之下，達爾只能乖乖把槍放在地上，雙手舉過頭頂。

如果你是得知上述線索的天秤偵探，知道警察為什麼會這麼快趕到嗎？

第 7 章　天秤座（Libra）9月23日～10月22日

答案：其實達爾按門鈴的時候，那女人說「稍等一下」，並不是對達爾說的，而是對電話裡的人說的，因此電話並未結束通話。所以在屋裡發生的一切，對方都能在電話裡聽到，尤其是那句：「不許出聲，敢出聲，我就一槍打死妳。」於是電話裡的人立即報警，警察很快趕來，抓住了剛要逃走的達爾。

◆ 遺囑的暗示

猶太人比利是位有錢的富商，二戰期間，他失去了所有親人。長大成人後，他憑著自己的努力和聰明才智，創辦了自己的公司，累積6億美元的家產。不知什麼原因，比利一生沒有子女，就連和他吃過苦的妻子，也在前一個月因病去世了。比利因為痛失妻子，焦慮過度而中風，但他很堅強，也很倔強，從不服輸。他找來律師，立了一份遺囑，遺囑內容是說，等他死去時，他要把一半財產捐給慈善機構，另一半財產平均分給現在還在為他工作的僕人們。但有一個前提，是他臨死的時候，還在他別墅裡工作的僕人們，才有資格分財產。

一個月後，比利死在別墅裡，不是因為病情惡化，而是被人勒頸窒息而亡。凶手很聰明，沒有留下任何線索。但是再狡猾的狐狸也逃不過獵人的眼睛，根據比利生前留下的遺囑，天秤偵探確信他是死於僕人手裡。在比利的眾多僕人中，誰才是真正的凶手呢？天秤偵探開始調查他的保鏢、廚師、司機、女傭、馬夫、園丁、管家，最後抓到了凶手。

你知道殺害比利的凶手是誰嗎？

答案：凶手是馬夫。馬夫知道比利中風後不可能再騎馬，他早晚會被解僱。根據遺囑上的說明，他只有現在把比利殺死，才能得到一部分財產。

✦ 幽靈殺手

三村火車站是一個小站，經過這裡的列車，往往只停靠 2 分鐘，而且根本不開車門。當列車按例停車時，有一個人幽靈般地跳下車，走進僅有 3 間平房的車站。透過一道離地面 2 英尺的門，看到有 2 個車站工作人員站在裡面，開心地抽菸、聊天。

黑衣人佇立在門外，靜靜地聽裡面的聊天聲。從門下 2 英尺高的空間，他看見室內兩個人穿相同的藍色工作褲和黑色皮鞋。黑衣人陰險地一笑，舉起手槍，將槍裡的 3 顆子彈，通通隔著門，射向右邊的人身上。槍響時，恰巧汽笛長鳴。開槍後，黑衣人馬上閃身離去……

屋內，站在右邊的人突然倒下，把左邊的人嚇了一大跳。等左邊的路易斯反應過來探頭張望時，列車已經遠去，站臺四周空無一人。聞訊而來的警察詢問了站臺上的訊號燈工人，他證實列車沒有打開車門，也沒有人在這裡下車。

真是奇怪，帶隊的警長想不通是怎麼回事，連夜趕到天秤偵探家。警長敘述完凶殺案，急著作結論：「看樣子只會是這種情況：有一個變態，在那個小站偷偷下車，打死了一個他從沒見過面的人，然後又偷偷溜上了車。但是，我們永遠也無法查出他！你想，殺手行凶前準確地計算過時間，可他襲擊的目標卻是隨機的，簡直是幽靈殺手！」天秤偵探微微一笑，不以為然：「警長先生，我看，需要我們調查的嫌疑犯就是那趟列車的服務人員。」警長驚訝地張大眼睛。據後來調查，凶手果然是那趟列車上的一個服務人員。

你知道天秤偵探為什麼這麼推斷嗎？

答案：凶手必須在 2 分鐘內做到不引起任何人注意地下車、熟悉列車鳴笛時間，最重要的是，只看鞋子或只聽聲音就可以馬上認出射擊對象，這位幽靈只可能是一個熟悉車站情況的列車服務人員。

第7章　天秤座（Libra）9月23日～10月22日

✦ 連環殺人案

　　菲律賓馬尼拉街頭，連續半個月發生5起殺人案，死者的死法都完全相同，被人分屍裝進黑塑膠袋裡，然後扔進垃圾場。現場找不到任何線索，焦頭爛額的警方，將市區嚴密檢查了3次，都沒找到凶手，嫌疑人倒是抓了上百個。這個連環案不僅在菲律賓國內引起民眾的抗議，在世界媒體上也受到廣泛關注。

　　在馬尼拉度假的天秤偵探也在留意此案的進展，這天凌晨4點多，天秤偵探起床盥洗，準備搭7點的飛機回國。他拿著刮鬍刀，站在窗前刮鬍子，樓下是一條街道。街道上幾乎沒有什麼人，這個時間，大部分人應該都還在睡覺，只有幾個清潔工在為環保事業貢獻。天秤偵探看著忙碌的清潔工，突然想到：這5具屍體都是在垃圾場裡發現的，並不是垃圾桶。可每天都會有拾荒者翻全市的垃圾桶，想從中找出自己想要的東西。那麼，他們為什麼沒能第一時間發現屍體呢？他想到這裡，看到遠處開來了一輛垃圾車，垃圾車把每個垃圾桶裡的垃圾倒在車上，然後司機開車再到下一個垃圾點裝垃圾。天秤偵探猛地拍了一下自己的腦袋，拿起賓館的電話，打通了菲律賓警方的電話，將他的發現告訴同行。最後的調查結果證明，天秤偵探想到了破案的最關鍵點。

　　你知道天秤偵探想到了什麼嗎？

　　答案：天秤偵探想到凶手可能是清潔工。因為清潔工早上拎著黑色塑膠袋，不會有人看見或懷疑。早上，垃圾車出來收垃圾，收完垃圾開往垃圾場。這樣一來，屍體就只能在垃圾場被發現，而不會被拾荒者在垃圾桶裡發現了。

✦ 辦公室槍殺案

　　肯貝爾主任推開擠在門口的眾多警察，走進死者休伊特局長的辦公室，霍普金斯警官迎上前說：「太可怕了，局長瘋了，他向我開槍。」局長休伊特的屍體倒在辦公桌後面的地毯上，右手邊有支以色列造軍用手槍。「你快說這是怎麼一回事！」肯貝爾主任急切地追問。

　　「休伊特叫我到這裡一下，」霍普金斯警官說，「我來了以後，他就破口大罵，說有人向高層打他的小報告，言外之意就是說我影響到他的仕途。我告訴他一定是他弄錯了。但他在氣頭上，已經變得無法控制自己。突然，他歇斯底里地大叫『我非殺了你不可』！說著，他拉開辦公桌最上面的抽屜，拿出一支手槍對著我就開了槍，幸好沒擊中。在萬分危急之中，我不得已只好自衛。這完全是正當防衛。」

　　肯貝爾觀察現場良久，用一支鉛筆伸進手槍的槍管中，將它從屍體邊拿起，然後拉開桌子最上面的抽屜，小心翼翼地將槍放回原處，問：「槍是從這個抽屜拿出來的嗎？」「是的，就是那個抽屜！」霍普金斯回答道。

　　肯貝爾命令霍普金斯交出配槍，然後要其他警察將他暫時拘押。當晚，肯貝爾對上面派來了解情況的天秤偵探說：「休伊特局長的手槍是有備案的，但我們在桌子對面的牆上發現了一顆手槍彈頭，就是霍普金斯所說的，首先射向他的那顆。那支槍上雖留有休伊特的指紋，但他並沒有持槍執照，我們無法查出這把槍的來歷。另外，霍普金斯收取毒販的賄賂已經確認，休伊特局長很有可能發現了這個祕密。」

　　「我想你已經可以立案調查霍普金斯蓄意謀殺了吧？」天秤偵探問。

　　你知道霍普金斯在哪裡露出了馬腳嗎？

　　答案：霍普金斯說休伊特衝動地拉開抽屜，拿出手槍搶先向他射擊。但是，即使是一個非常穩重、仔細的人，在這種情況下，也不會先關上抽

第 7 章　天秤座（Libra）9 月 23 日～10 月 22 日

屜再開槍。事實上，肯貝爾在現場發現抽屜是關著的，所以霍普金斯有重大嫌疑。

◆ 一個「山」字

　　數日前的一場暴雨，某處山體發生下滑，在那裡出現了一些古代的殘垣斷瓦。於是，考古人員聞訊趕來，山木、太郎、宮本等 3 人，因為同住在一個旅館裡，於是組隊前往考察。一天夜裡，太郎一人外出調查後便沒再回旅館，大家都很為他擔心。第二天上午，太郎的屍體在河邊的懸崖下被人發現了，看起來像是死於墜崖，純屬意外事故。經法醫鑑定，太郎死於昨晚 10 點左右。勘察現場時，發現死者右手邊的沙地上寫著一個「山」字。

　　「這是臨終留字，」中村警官說，「是死者被殺死前，將凶手姓名留下作為線索吧？那個山木很可疑喔！」

　　「別……別開玩笑了，我一直待在旅館裡，怎麼會殺太郎呢？」山木辯白說，「等等，警官，被害者是頸骨折斷後立即死亡的吧！我一個人在房間，沒有辦法提出證明。不過，如果我有嫌疑，那宮本也有嫌疑了。」

　　「你在胡說什麼！」宮本生氣地說道。「不對嗎？昨天太郎偶然發現了 2 個石碑，你要求和他共同研究，結果遭到拒絕。」「我承認。但你也說過這些話。還有那個叫源田的老頭也很可疑。」「哪個源田？」中村警官問。「就是那個對鄉土史很有研究的源田。他一個人默默地調查遺跡，我們加入後，他很生氣，對我們提出的問題，他一概不回答。」

　　中村警官雙手環抱胸前，不知在想什麼，突然天秤偵探有了新發現：「警官先生，我知道了！被害者把手錶戴在右手腕上，那麼山木先生，太郎應該是個左撇子吧？」「是的。」「嗯！還有一個問題，宮本先生，你和太郎認識多久了？」「嗯……昨天才見面的。」「很好，怎麼樣，警官先生，你應該知道凶手是誰了吧？」天秤偵探說道。

到底誰是凶手呢？

答案：被害者是頸骨折斷後當場死亡的，他根本不可能在地上留下字跡，所以「山」字是凶手寫的。那麼凶手是誰呢？可以肯定不是源田老頭，因為源田根本不認識這3位考古者，當然不可能知道「山」這個姓。山木也不是凶手，如果是他，就不會留下自己的名字。沒錯，凶手是宮本。他將3人中的一人殺害，嫁禍給另一個人，目的是將3人的研究成果據為己有。

還原案發過程 —— 善於聯想的天秤偵探

◆ 刀劍無眼

西班牙劍術大師皮魯意外死在自己家的客廳裡，脖子中劍，傷口很深，皮魯當場死亡，但是現場並沒有找到凶器。這讓城主普茲大人怒火萬丈，他發誓一定要找到凶手，為皮魯報仇。經過調查，在皮魯被害前的3小時，另一個遊歷全國的劍術名家萊克斯曾到皮魯家做客，兩人暢談了很久，萊克斯才一人緩步走出皮魯的家門，當時有許多鄰居看到他離開。

萊克斯被城主普茲大人叫來詢問。「聽說你昨天去見過皮魯大師？」城主厲聲問道。「是的，皮魯邀我去，我待了一個小時左右。」「今天早晨，皮魯死在自家的客廳裡，頸部被刺，是坐著死去的。你知道此事嗎？」「來的路上剛剛知道此事，那麼，您懷疑我是凶手才叫我來的吧？」「在你來之前，皮魯是我城堡內最好的劍客，如果在愉快的交談中，暗中突然刺他就不好說了，但能從正面刺中他的，能有誰呢？」

萊克斯閉目思索著昨天見皮魯時的情景。皮魯是個單身劍客，他拒絕娶妻生子，一心鑽研劍術。昨天剛好僕人請假回鄉下，皮魯曾建議去酒館用餐，但是萊克斯說並不餓，想和他探討一下劍術。

第 7 章　天秤座（Libra）9月23日～10月22日

普茲進一步追問：「皮魯是出於什麼用意，把你叫到他的住處呢？」「皮魯說他從一個刀劍鑑賞家手裡得到一把長劍，一定要讓我看看……說是傳奇人物麥伊的那把寶劍。」

「什麼，麥伊的劍？這把劍聽說已經20多年沒露面了，」普茲大吃一驚，「可是，現場並沒有發現那把寶劍。」「那就是被凶手帶走了吧！」萊克斯坦然地回答後，又接著說：「可是，如果不是我的眼睛不好，那麼那把劍肯定是把假劍，20年前，在文頓島上，麥伊向我挑戰，他一招不慎，敗於我的劍下，羞愧之際，他折斷了劍尖，說今生不會再練劍，從此沒有了他的音訊。可是，昨天皮魯給我看的那把劍，卻沒見到那處折斷的劍尖。」「竟然有這樣的事情，那麼，你的劍術一定比皮魯高明，你把這個事實告訴皮魯了嗎？他會大失所望吧！」「不，對正在陶醉而不惜重金買到稀世珍寶的他，要當面潑冷水，我覺得太殘酷了，所以我什麼也沒有說，但是，皮魯是個洞察力很強的人，他可能察覺到我欲言又止的意思。」「嗯……先生的劍術如此高明，內心一定是光明磊落，我相信凶手不是你，能刺殺皮魯的人又會有誰呢？」普茲大人從萊克斯身上移開懷疑的視線，嘟囔著。

萊克斯沉思片刻，說：「……恐怕除了此人外，沒有人能刺得了皮魯大師，請立即調查此人。」

如果你是得知上述線索的天秤偵探，知道皮魯是怎麼被刺死的嗎？萊克斯所說的殺手又是什麼人呢？

答案：刀劍鑑賞家是凶手。一個劍術大師，即使是親友或心腹拔劍之時，他也會毫不猶豫抵擋的。然而，只有一個人在他眼前拔劍，他不會有什麼戒心，那就是刀劍鑑賞家。鑑賞家是做生意的，所以可隨意拔劍，況且，買主也以鑑賞的心情坐在對面，總會有疏忽大意的時候。皮魯經萊克斯鑑定後，猜測到是假貨，將那個鑑賞家叫來，鑑賞家拔出劍來給他看，卻突然刺向皮魯的頸部。

✦ 宴會謀殺案

夜晚，伯爵在自己的城堡舉辦了一個宴會，慶祝自己的得力好手法爾科成功地除掉了追殺他多年的一個強勁對手。正當人們喝著香檳，聊得興致勃勃時，伯爵拿著酒杯走到法爾科面前：「法爾科，你真是萬裡挑一的勇士，我要給你獎賞。」所有嘉賓都停止了說話，看著伯爵和法爾科。於是，伯爵帶著法爾科走進院子，要他站到橡樹下。「你面前的沙盤，就是我的領地，我將按約定，將其中三分之一賞賜給你。」法爾科看著沙盤，笑容滿面。就在他微笑看著即將屬於自己的領地時，宴會臺上伯爵夫人手中的酒杯不小心掉在地上，幾乎在場的人都聽到玻璃破碎清脆的聲音。緊接著，人們又聽到一聲槍響和慘叫，法爾科應聲倒下，心臟部位中彈，他當即死亡。

賓客中有很多人都是久經沙場的軍官或騎士，他們紛紛指著20多公尺外的塔樓4樓的窗戶嚷道：「是從4樓射出的槍。」十幾個軍人敏捷地衝向塔樓，一直搜尋到4樓，發現在4樓的房間裡，伯爵的長子艾諾克靜靜地躺在床上，他的眼睛乾癟緊閉，這是一年前被人偷襲之後，被長刀劃破雙眼造成的失明。艾諾克本來是一名優秀的戰士，但他現在是廢人了。

窗戶開著，靠近窗戶的桌子上，放著一支長火槍和一把老虎鉗。「是你開槍的嗎？」法爾科的好友凶狠地問道。「豈有此理！我眼睛瞎了，即使能開槍，可又如何瞄準呢？」「那是誰開的槍？」「不知道，我在床上躺著的時候，感覺好像有人走進來，緊接著就聽到開槍的聲音。」「這個鐵鉗是做什麼用的？」「什麼鐵鉗？這裡怎麼會有那種東西？是凶手留下的吧！」艾諾克反問一句。

客人和傭人們在法爾科死去的時候，全都在院子裡，也沒見任何人上樓或從塔樓中出來，看來罪犯是從塔樓後面的窗戶溜走的。艾諾克雙目失明，不可能瞄準樓下院子裡的法爾科，況且一槍射死，簡直是不可能的事。

第 7 章　天秤座（Libra）9 月 23 日～10 月 22 日

當這些軍人們搜查別處時，一直跟在後面不說話的露西爾勛爵，把伯爵叫到一旁，悄悄地對他說：「伯爵，凶手就是你和夫人，還有長子艾諾克三人吧？真是一個絕妙的圈套啊！配合默契，無懈可擊。難道法爾科為你賣命，還換不到你的三分之一土地嗎？」伯爵見詭計被識破了，便說出實情：「法爾科貪得無厭，想要娶我的女兒，還調戲我的大兒媳，我實在忍無可忍。好在他是個單身漢，他死了，我們的約定就失效了。請不要把這個情況告訴別人，我可以幫你得到更大的權利。」露西爾勛爵笑了，伯爵也笑了。

如果你是得知上述線索的天秤偵探，知道伯爵一家三口是如何設計圈套殺害法爾科的嗎？

答案：首先，用鐵鉗把槍固定在四樓書房窗邊的桌子上，槍口瞄準院子裡的橡樹。只要法爾科一站到橡樹下的指定位置上，槍就會對準他。為此，伯爵裝成引導他看沙盤的樣子，讓法爾科站到樹下的位置。伯爵夫人故意將酒杯摔在地上，作為暗號。艾諾克一聽到酒杯的破碎聲便扣動扳機，子彈自然就擊中了法爾科。儘管看不見目標，但因為長槍是固定的，只要動扳機就行了。然後，把長槍從鐵鉗上卸下來放回桌子上。

◆ 疑點重重

一個汽車經銷商失蹤數日，有人報警，稱荒山發現了一具男性屍體，天秤偵探帶領手下趕往案發現場。在一堆草叢裡，經銷商的屍體靜靜躺在那裡，看樣子是被勒死的。經過法醫鑑定，經銷商的確是窒息死亡，但胃裡還有一些殘留的安眠藥。死亡時間大概在三天前的凌晨左右。天秤偵探調查得知有一個叫海倫特的人，不久前因為汽車保養的問題，曾與經銷商發生過激烈衝突，因為經銷商將一些假零件用在海倫特的汽車上，但經銷商卻否認這一點，說這是海倫特自己在路邊的小店修理所致，自己的店不

負責任，海倫特很憤怒，並揚言要殺了這個經銷商。於是天秤偵探很快找到海倫特，向他詢問情況。

「三天前的凌晨你在做什麼？」天秤偵探問道。「我正在渡江輪船上，但那個時間點，我應該在睡覺，輪船上的服務生可以為我作證。」天秤偵探和幾名警員找到那艘輪船，經查證，海倫特所說屬實。看著輪船上載著的汽車，天秤偵探才知道，原來這艘輪船是車輛渡輪。然後他似乎想起了什麼，趕緊對身邊的警員說：「快去抓住海倫特，這件案子有疑點。不能排除海倫特有殺人的嫌疑。」

天秤偵探想到了什麼？為什麼要手下去逮捕海倫特？

答案：那艘輪船是車輛渡輪，所以天秤偵探可以做出如下推理：海倫特用安眠藥讓被害者熟睡，把他藏在車的後車廂中，再連人帶車開到船上。然後在凌晨左右，他悄悄溜進裝著汽車的船艙，將被害者勒死。當渡輪靠岸時，他開車上岸，將屍體丟棄在荒山上。

✦ 宴會上的謀殺案

在英國舉行的汽車拉力賽，吸引許多賽車高手加入，在所有比賽結束的時候，賽車選手聚在一起，開了一個盛大的宴會。

因為第二天，大家就要各奔東西，所以許多人都在熱烈地聊天、喝酒、照相留念。然而事情就發生在那一瞬間，當來自義大利的選手費加羅為美國選手艾弗迅照相時，旁邊的義大利賽車女郎恰巧不小心掉了酒杯。酒杯掉在青石板上，當場就摔碎了，因為響聲清脆，所以大家都看到了。隨後一聲槍響，艾弗迅躺在地上，頭部中彈而亡。大家順著槍聲望過去，有一個人影從樹後逃跑了……

這件事造成很糟糕的影響，天秤偵探很快來到現場，調查完畢後，天秤偵探對等候在現場的人說：「我們已經知道凶手是誰，而且不止一個

第 7 章　天秤座（Libra）9月23日～10月22日

人。」大家問天秤偵探誰是凶手，天秤偵探喊了 2 個人，帶到辦公室詢問。事後證明，這 2 個人果然都是凶手。

你知道誰是凶手嗎？凶手共有幾個人？

答案：凶手是費加羅、賽車女郎和樹叢後面開槍的人。費加羅幫艾弗迅照相，艾弗迅就會站在那裡一動也不動，這樣開槍的人就很容易命中目標。賽車女郎把杯子摔碎，是在給樹林裡的殺手做暗號。所以這起命案是這三個人合謀的。

◆ 意外死亡的天才射手

射箭培訓基地坐落在郊區山谷中，其中最引人注目的當屬這裡十三、四歲的少年天才射手了。這裡的少年，每人都是自幼射箭，技藝高超，他們是國家射箭代表隊挑選選手的主要來源，因此競爭十分激烈。3月分，備戰奧運會的選拔賽開始了，舒芙和妮娜成為女子射箭隊的重要人選。她們將代表國家參加奧運比賽。舒芙因為感情問題影響了心情，她一直擔心自己選不上，因為妮娜心態一直比她好，發揮也比她穩定，這讓舒芙感到前所未有的壓力。

深夜 10 點，妮娜被路過的隊友發現死在 5 號宿舍的樓下，天秤偵探接到報案，很快趕來。天秤偵探勘察了現場，只看見一具屍體趴在門口正中央位置，看她趴著的方向，應該是從外面往宿舍裡走。妮娜的背部中箭身亡，她的手裡拿著一把扇子。

天秤偵探把報案人叫來問：「妳們這裡有幾個人居住？」報案人說：「5 號宿舍一共有 12 個人住，不過我們 10 人剛才都在集訓，只有舒芙和妮娜兩人與我們的訓練時間不一樣。因為我們不是代表隊候選人。」

「那舒芙現在在哪裡？」天秤偵探緊接著問。報案人直接回答道：「應該在宿舍吧！從我們發現屍體到現在，她一直沒有下來過。」天秤偵探敲

開舒芙的房門，她頭髮上滴著水，原來她一直在洗澡。天秤偵探把妮娜的死和具體訊息告訴她之後，舒芙很驚訝地說：「怎麼會死了呢？我比她早回來半小時，不了解情況。我回來後就沒下過樓，不信你們可以查看樓梯間的監視器，你們說妮娜是後背中箭致死的，所以跟我無關。」舒芙說得很有道理，但天秤偵探仍然調查了她的宿舍，發現她書架上擺著十幾把扇子，一問才知道舒芙是個喜歡蒐集精美扇子的人。

第二天，法醫檢查報告出來了，負責案件的天秤偵探眼睛頓時亮了起來，對法醫說：「你的示意圖反映出當時死者中箭的角度和方位，我想凶手可以確定了。舒芙，一個十四歲的孩子，她怎麼會這麼殘忍呢！」舒芙真的殺死妮娜了嗎？

答案：當舒芙從窗戶看見妮娜走進宿舍大門時，就把扇子從窗戶扔向妮娜前面的空地，妮娜一看地上有扇子，以為是舒芙掉落的，就順勢彎腰撿起，就在這時，舒芙用箭射穿妮娜的後背。這就是妮娜面向宿舍大門，後背卻中箭的原因。

✦ 院子裡的玻璃茶壺

冬天，在 5 樓創辦瑜伽健身房的瑜伽老師愛麗絲最近喜歡上喝茶，幾天前，一個朋友送她一套茶具，是一個玻璃茶壺和 4 個玻璃杯。每天練習瑜伽完畢，她都會泡一壺茶細細品嘗。這天晚上 7 點，天秤偵探前來拜訪，他戴著一頂毛線滑雪帽，顯得很土氣。愛麗絲剛好泡了茶，就邀請天秤偵探一起飲用。愛麗絲對天秤偵探的工作很感興趣，她開玩笑說：「大家都說你擅長推理，你能不能出道題給我，也鍛鍊一下我的推理能力。」

天秤偵探笑著說：「還真悶，我考慮一下吧！」

就在這時，突然響起門鈴聲。愛麗絲開門一看，原來是 2 個先來諮詢瑜伽健身費用的女子。「原諒我失陪了，我有新客戶，得去介紹一下，這

第 7 章　天秤座（Libra）9 月 23 日～10 月 22 日

段時間，請幫我想個新奇的推理遊戲吧！」說完，愛麗絲把天秤偵探留在辦公室，自己去了會客室。

顧客問得很詳細，愛麗絲也詳細地介紹著，最後兩個顧客都購買了貴賓會員卡，明天就會來學瑜伽。愛麗絲很高興，都這麼晚了，還可以賣出 2 張貴賓卡。一看牆上的時鐘，已經過去快 20 分鐘了。她連忙回到辦公室，坐到自己的位置上，笑著對天秤偵探說：「茶都冷了吧！我去加點熱水。」一看桌上，忽然發現茶壺不見了。愛麗絲看到天秤偵探詭祕的微笑，立刻就明白了。「是你做的吧！把杯子藏起來，想要我去找吧？」「哪裡的話，考考妳的推理能力而已，妳可以在屋子裡找，也可以坐下來等一會兒。」

愛麗絲覺得很奇怪，她認真地開始尋找，每個角落都找遍了，沒發現茶壺。「難道你從窗戶扔出去了嗎？」她打開窗戶看著下面。房間在 5 樓，距地面約十五、六公尺，夜色已晚，看不到地面。天秤偵探微笑著說：「如果從窗戶扔下去，玻璃茶壺會摔碎，我只是想稍微惡作劇一下，也不至於如此過分。」這時，又有人敲門，愛麗絲一開門，只見樓下的保全站在門口，手中拿著那個茶壺。

「我把茶壺送來了。」愛麗絲目瞪口呆地問：「你在什麼地方找到的？」「在這間房子下面的院子裡。」「院子裡？你怎麼知道是我的茶壺？」保全給她看杯子外寫的字，是用彩色筆在杯上寫著──請送到 505 號房，謝謝！愛麗絲。」

「偵探，一定是你給保全小費了吧？讓他配合你演這場戲？」

「我一直沒離開過辦公室，怎麼有這個可能呢？而且妳就在外面和顧客洽談，也沒其他人進來過啊！」「你怎麼從 5 樓高高的窗戶把它弄到下面院子裡的呢？說不定是你用繩子，從窗戶吊到院子裡的吧？」「那種長繩在哪裡呢？我連根細繩都沒有，想想吧！明天給我答案，謝謝妳的茶，味道很好。」說完，天秤偵探就走了。

翌日早晨，天秤偵探被電話鈴聲驚醒，電話是愛麗絲打來的。「偵探，我還是想不出來，你就告訴我答案吧！」「哈哈，好的，今晚妳再泡茶吧！我邊喝邊說給妳聽！」

天秤偵探究竟用什麼方法，把玻璃茶壺從5樓放到下面院子裡的呢？

答案：天秤偵探戴著毛線滑雪帽，他把帽子拆了，然後用長長的毛線穿上茶壺的把手和嘴，用雙線悄悄地從窗戶放到地面，再把毛線收回，收回的毛線捲成一團，塞在帽子裡。人造纖維的毛線很結實，撐住一個裡面沒有水的茶壺不會斷。

✦ 希臘貨輪的謀殺案

滿載成船的貨物，從英國啟程的希臘貨輪，行駛在波光蕩漾的地中海上，目的地是希臘。航海的第六天早晨，在船尾甲板上發現了船員霍比的屍體，一把刀插在他的後背上，死亡時間推定是昨晚11點左右。船長向國內報告了這起凶殺案，並照著天秤偵探的要求，處置了現場和屍體。

天秤偵探透過電話，對船長進行了詢問：「現場和屍體照要求處理了嗎？」「是的，已經保管起來了。」船長回答。

「不管怎麼說，你們還有好幾天才能回國，但現場又在大海上，等我們偵破，也可能為時太晚。可是，在航行中的貨船上殺人，凶手只能借用救生筏逃走，別無他法。」「救生筏一個也沒丟，且船員一共是21名，一個也不少。」「那麼，凶手必在其中，有沒有具備做案動機的人？」

「有兩個人。」船長從口袋裡掏出筆記本，邊看邊說道。「一個是二等水手達達諾夫，是個賭徒。在倫敦賭錢輸光了，曾向被害者借近3萬元的錢。」「被害者一死，這筆錢就不了了之了嗎？」「嗯⋯⋯恐怕是的，我們檢查過被害者的隨身物品，沒找到借據。」「其他船員知道他借錢的事嗎？」「大家都知道，我就警告過達達諾夫，說如果再這樣賭，就要他滾

第 7 章 天秤座（Libra）9月23日～10月22日

下船！對船員來說，下船就等於被解僱一樣。」「的確……那麼，另一個嫌疑犯是……」天秤偵探問道。

「鍋爐手尼克。他是被害者的外甥，也是被害者唯一的親戚，所以是遺產的繼承人。」「有多少遺產？」「霍比在郊外有一塊很大的土地和房子，要是賣掉的話，是一大筆可觀的錢啊！」「尼克手頭拮据嗎？」「聽說2個月前在國內出過一次交通事故，好像正苦於支付一筆賠償費。」「那麼，殺人動機是充分的了。」「可是，光有動機而無物證是難以確定誰是凶手的。」船長洩氣地說。

「看你說的，證據不是很充分嗎？」「哦？什麼證據？」「就是屍體呀！」天秤偵探很肯定地答道，「你們可以把他抓起來了。」

請問，凶手是誰呢？理由是什麼？

答案：凶手是鍋爐手尼克。在殺人案件中，只要把屍體藏好，犯罪就不成立。話雖如此，在陸地上殺人，要把屍體處理掉是很困難的。但如果是在海中航行的船上，那就簡單多了。周圍是一望無際的大海，只要將屍體扔到海裡就行了。正因如此，凶手卻有意將屍體留在甲板上，如果說是為了什麼的話，是因為將屍體扔到海裡，被害者就會下落不明，也就是說，失蹤了！如果這種失蹤不足一定期限，在法律上是不會承認死亡的。那麼在此期間，繼承人就無法繼承遺產。所以，尼克為了早日拿到舅舅的遺產，就故意將屍體留在甲板上。達達諾夫的借據不見了，也是尼克為了轉移視線，嫁禍於達達諾夫而丟掉的。

引蛇出洞 —— 巧設陷阱的天秤偵探

◆ 警察的智慧

歐洲某國要人應邀訪問臺灣某城市，配備武器的警察奉命在保衛的基

礎上還要加強警衛工作。因為據情報顯示，這位來賓的政敵正派遣恐怖分子，很可能會暗殺這位要人。這位要人遊覽完某處景點後，車隊駛到市民廣場前，平民出身的這位要人，見廣場上遊人眾多，便忍不住下車步入遊人中間交談，警衛工作頓時陷入混亂。經要人保鏢及我方官員的勸告，這位要人才意猶未盡地步入市政大樓。

當這位要人剛消失在大樓電梯時，突然一名外國男子匆匆奔向市政大樓。警察攔住他：「請出示您的證件。」略懂英語的衛兵禮貌地將男子攔住。那男子聽不懂警察的話，於是聳肩搖頭，又攤手嘆息，忙了半天才弄清楚要檢查他的證件。於是，他從襯衫口袋裡掏出一張證件，用英語告訴衛兵，這是該國安全部門的證件，他是出訪要人的保鏢之一，剛才因為發現遊人中有可疑者，跟蹤觀察了一段，所以耽誤了時間，未能與這位要人一起進入。警察聽懂對方的意思後，又問他怎麼沒有代表團的團員證件，他略微思考後弄清楚了，他解釋他剛才在人群中，證件可能被擠掉了。聽了他的解釋，警察覺得合理，考量自己如果再堅持不放行，可能會影響兩國友好關係。於是便禮貌地告知對方可以進市政大樓了。男子讚揚了衛兵的認真，並表示感謝後，走進大樓，直奔電梯。

當他正要走進電梯時，那位警察卻衝過來抓住他，並要其他警察把他戴上手銬。原來，這人正是恐怖殺手。

如果你是得知上述線索的天秤偵探，知道警察是怎麼識破他的嗎？

答案：外國男子一開始表示聽不懂中文，但當警察用中文告訴他可以進市政大樓時，他馬上就聽懂，且直接就往電梯走，因此推知他的身分有詐。

◆ 雙面間諜的下場

K國的情報系統出現了大麻煩，十幾個優秀的間諜暴露了身分，有的被所在國家驅逐出境，有的被拘押，還有的下落不明，生死未知。K國想

第 7 章　天秤座（Libra）9 月 23 日～10 月 22 日

　　盡一切辦法，透過外交、經濟和軍事等方式，才將這些間諜救出來，可惜有 3 個間諜已經永遠失去了生命。

　　經過調查，K 國的高階情報官迪特隆有重大嫌疑，許多跡象顯示，他是一個雙面間諜，在為 K 國服務的同時，還為 J 國服務，暗地裡出賣了許多情報。K 國嚴密監視迪特隆，在他們接頭時，出動特務，包圍了正在寓所與 J 國 2 名間諜見面的迪特隆。狡猾的迪特隆發現有異常，馬上把住在隔壁的一對夫婦作為人質。K 國特務為了確保人質安全，沒有採取進一步行動。迪特隆對 K 國特務提出要求，立刻派一架直升機，把他們安全送走，否則就對人質下手。K 國特務馬上研究出一套措施，答應了迪特隆的要求。

　　半小時後，直升機到達現場，降落在頂樓天臺上，迪特隆和另外 2 名 J 國間諜，挾持人質準備上直升機，在一旁的特務喊道：「這架飛機只能坐 5 個人，包括飛行員在內，所以你們現在必須放掉這 2 名人質，我們用飛行員當你們的人質。」迪特隆遲疑了一會兒，認為自己能掌控局面，就答應了這個條件。他們放掉夫婦，迅速上了飛機。

　　直升機沿著直線上升後，慢慢飛到一片荒地，迪特隆感覺不對，就對兩名飛行員大喊：「你們馬上飛到邊界，要不然我就打死你。」可是飛行員就是不回答，喊話的迪特隆突然大叫一聲：「不好，我們上當了。」隨後，飛機從高空中慢慢降落，迪特隆等人全部被俘。

　　如果你是得知上述線索的天秤偵探，K 國為什麼不擔心飛行員的性命呢？

　　答案：直升機上的兩名飛行員，不是真人，飛機起飛是由地面人員遙控的。當時迪特隆 3 人為了馬上逃脫，在漆黑夜晚沒有仔細觀察飛行員情況。直到說話那一瞬間，才發現他們上當，可為時已晚。

✦ 失而復得

前來參觀的道奇議員很不開心，他的手杖丟了。這個手杖不僅是他父親留下來的，且搖桿處還鑲著一枚勳章，那是他父親在二戰中獲得的最高榮譽。他對前來迎接的警察局長抱怨不停，責問當地的治安怎麼這麼差。局長一邊安慰他，一邊說會全力抓捕小偷。局長把這個差事安排給天秤偵探，天秤偵探想了一會兒，寫了一個尋物啟事，寫下手杖的特徵，並允諾兌現大筆獎金。

很快，電視和報紙都報導了這個尋物啟事。第二天，有個年輕人帶著手杖，找到道奇議員下榻的酒店，告訴議員：「這個手杖是我從別人的手裡買過來的，不知道是不是你丟的那個？」道奇議員一看，高興地說：「對，就是這個！」可此時，坐在一邊的天秤偵探說話了：「年輕人，請你跟我回警局一趟！」

你知道天秤偵探此言的原因是什麼嗎？

答案：因為天秤偵探當初在寫尋物啟事的時候，並沒有寫失主的地址，而這個年輕人竟然能夠找到道奇議員的住處，這說明他早就知道這個手杖是道奇的，所以一定是他偷的。

✦ 賭性難改

老比利嗜賭如命，他把家裡所有值錢的東西都拿去還賭債，最後弄得自己妻離子散，沒有安身之處。他在賭場認識一個賭友，他們的遭遇非常相似，所以他們決定鋌而走險，去搶銀行。事發後，兩人照計畫安全逃離現場。

一轉眼兩個月過去了，新聞媒體上說，警方仍毫無進展。但實際上，天秤偵探提議，可以在賭場安插眼線，然後對外封鎖案件相關的一切消息。果然，老比利認為現在已經風平浪靜，就拿著搶來的錢，再次來到賭

第 7 章　天秤座（Libra）9 月 23 日～10 月 22 日

場，結果依然輸得很慘。第二天，當他再一次來到賭場玩的興起時，被等候在那裡的天秤偵探逮捕了。他們搶劫銀行的事並沒有目擊者，那天秤偵探是怎麼知道老比利就是搶劫犯的呢？

答案：當老比利覺得安全時，他拿搶劫來的錢去賭場輸了個精光，正是這些錢讓他暴露了身分，因為鈔票都有編碼。有人發現錢上的編碼正是兩個月前銀行被搶的那批錢，然後就報警了。所以次日天秤偵探成功抓捕了老比利。

第8章

天蠍座（Scorpio）
10月23日～11月21日

第 8 章　天蠍座（Scorpio）10 月 23 日～11 月 21 日

【神話由來‧象徵意義】

　　天后茱諾命天蠍從陰暗的地底爬出來，攻擊俄里翁（Orion，戴安娜所鍾情的獵人，後化為獵戶星座）。另外一次，天蠍施放毒氣攻擊正駕著太陽神馬車經過的菲頓，而使邱比特（Cupid）有機會發射雷電，將奔跑中的太陽車擊毀。

　　在許多西方占星家眼中，天蠍座的符號其實是「蛇」，因為蛇在上古時代即被視為「智慧」和「罪惡」的象徵。眾所周知，人類的始祖亞當、夏娃會被驅逐出伊甸園，就是因為受不了蛇的引誘，才會吃下蘋果，鑄成大錯。天蠍座永遠像被神祕面紗遮掩，不但使別人無法看透，還可以散發出不可抗拒的魅力。

【智商代表詞彙】

我應該懷疑

　　天蠍座是神祕詭譎、令人費疑猜的星座。他們可以很執著，也可以很善變。在愛情的國度裡黑白分明，沒有灰色地帶。他們對自己的目標相當明確，一旦確立，就會往前衝。

　　天蠍座個性強悍且不妥協，也非常好勝，這是一種自我超越，以不斷填補內心深處的欲望。也由於如此，天蠍座在心中總定有一個目標，非常有毅力，以不屈不撓的鬥志和戰鬥力，深思熟慮地朝目標前進。通常他們是深情且多情的，雖然表面上看起來很平靜、溫文儒雅、沉默寡言，但內心卻波濤洶湧。他們在決定行動時，會表現得大膽積極，敢愛敢恨。

　　天蠍座有強烈的第六感、神祕的探視能力及吸引力，做事常憑直覺。

雖然有敏銳的觀察力，但往往仍靠感覺來決定一切。他們有謀略，能洞悉事物的重點。情緒十分敏感、感情細膩且具有豐富的想像力，果決、實際而熱情，主觀意見強、意志堅定、有毅力。一般人容易厭倦而逃避的事情，天蠍座往往能堅忍執著地做下去。

天蠍座善於等待有利於自己的時機，一旦時機到來，他選定了自己要走的路，那麼任何力量都無法阻擋他的前進，他會承受住任何艱難困苦的考驗。別人失敗或棄陣逃脫的地方，正是他建立自己成功業績的聖地。他喜歡慎重而深思熟慮的冒險行動，也很會利用自己的魅力和感召力，去達到渴望的目的。與天蠍座一起相處或共事過的人都會發現，他們思維細膩，觀察入微，待人體貼。但同時，對細小處的觀察結果，也會成為他們對事物總體的判斷標準，因此天蠍座在自己創業後，大多很難擁有大產業。

總之，天蠍座有強烈責任感、韌性強、有概念、會組織（條理化）、意志力強、支配欲望強烈，對生命的奧祕有獨特見解，且永遠有充沛的精力。

公認智商指數：110～120

【情商代表詞彙】

我渴望

在天秤座和射手座之間是天蠍座，這個星座的人對互不相同和互不相融的事物有特殊的興趣，善於利用自己性格反差較大的特點。天蠍座是一個喜歡探究事物本質，且加以區分的人。在蕭瑟秋風中降生的天蠍座，粗獷而倔強，他那緊張的生活節奏，會使接近他的人感到迷惘。他的神祕性、選擇

第 8 章　天蠍座（Scorpio）10 月 23 日～11 月 21 日

性、好鬥性、狂熱性和不妥協的精神，也常常讓人們留下深刻的印象。

天蠍座的神祕氣質與生俱來，他們的嘴巴不太透露訊息，但眼睛可是在細細觀察。他們將既定目標視為生命中的一部分，專情且誓死保護，不容人批評。他們強悍、不妥協地堅持己愛，就算所有壞話都聽進去了，還是要親見失敗才肯死心。若傷了他們的心，「不是同伴，就是敵人」，如此愛恨分明，絕沒有解釋的餘地。他們常擁有權力、財富、名聲和人人所稱羨的地位，但要留意的是，不要輕易與他為敵，因為他是一個容易記仇的人。

天蠍座需要經常不斷處於忙碌之中。他喜歡親自動手去做，喜歡改善自己的工作和生活環境，喜歡更新自己的想法，而不喜歡無所事事和庸庸碌碌的生活，那會使他喪失生機和活力。他從不接受任何失敗，如果遭到挫折，他將會產生強烈的心理變態反應。而後他會從零開始，憑著頑強的意志和堅忍不拔的精神，重新奔向成功。

過人的精力是天蠍座深藏不露的本錢，其他人往往想不到這一點而不知防範。要是將這份精力應用在正途上，天蠍座所具有的持久耐力，能不屈不撓地追求目標，直到完成，讓他能在激烈的競爭中，脫穎而出。

公認情商指數：80～90

【智商・情商之最】

最神祕

最冷感

最沉默

最獨立

最理智

最細心

最有心機

最會保祕

最會挖祕密

最有判斷力

最不易上當

最適合當007

做事最有計畫

做事最貫徹始終

最深謀遠慮

最會調情

最易羞澀

最愛耍酷

最怕吵

生氣時最可怕

翻臉最徹底

最記仇

最大男人主義

最不相信人性

最喜歡玄學算命

【智商・情商綜合評價】

1. 在工作和生活中，他們是不容易上當受騙的一族，不親身體驗的事不相信；他們不相信謠傳，也難以接受善意的忠告。

第 8 章　天蠍座（Scorpio）10 月 23 日～11 月 21 日

2. 有領導和組織能力，工作認真不出差錯，思索問題非常慎重。

3. 富有自信，意志堅強，有執著的追求，一旦下了決心就堅定地做下去。

4. 記憶力強，控制情緒能力強。

5. 工作起來非常老練，不顯山不露水，做什麼像什麼，就業面廣。

6. 處處注意小節，遵紀守法，不與人爭強鬥勝。

7. 給人印象是言談不多，性格溫和而文雅，有奇妙的吸引力。

8. 待人真誠，有朋友求助一定幫忙，受傷害後原諒別人較困難。

9. 在感情上習慣掩飾自己，但內心又有溫情和渴望。

10. 在愛人面前總是不承認錯誤，老是說沒錯，但如果追求對方時就會改。

【天蠍偵探訓練案例】

大自然提供的線索 —— 善於觀察的天蠍偵探

◆ **服毒自殺**

秋季的某一天，森林公園裡發現一輛轎車，車頂上有幾片落葉，一個身穿名牌服裝的人死在車裡，手裡拿著一瓶毒藥。「死者大概已經死亡兩天，是中毒身亡，初步判斷可能是自殺。」一名警察對天蠍偵探說。天蠍偵探要大家仔細勘察現場，林地上落滿厚厚一層枯葉，看不到腳印。天蠍偵探沉思片刻說：「這根本不是自殺，而是他殺。死者是被人先毒死之後，再將屍體移到這裡。我猜想凶手剛走不久。」天蠍偵探一系列推理是從哪得出來的呢？

答案：秋天，樹上葉子隨風飄落，落得滿地都是。如果死者在車上已經死亡兩天，車頂上就不可能只有幾片落葉，應該被落葉覆蓋才是。

✦ 殺妻嫁禍

小鎮發生了一起凶殺案，一天早上，超市的老闆德拉像往常一樣，打開店門準備營業，忽然，看見門前的雨棚下躺著一具女屍，脖子上有被勒的痕跡。德拉嚇了一跳，馬上報警。這時對面酒吧的老闆納爾遜很急切地跑過來，看見女屍後，大驚失色，大聲哭罵起來：「德拉，你這個狠心的傢伙，平常我們家沒少關照你們店的生意，你居然殺了我老婆！」

天蠍偵探接到報案後，就立即淋著大雨趕過來，這雨從昨晚一直下到現在。據死者的丈夫納爾遜說，昨天晚餐時，妻子說飯後要去德拉的超市購物，因為夫妻二人分屋居住多年，所以就沒太在意她回來了沒。早晨起來就看見妻子的屍體，一定是德拉殺了他老婆。

天蠍偵探走到屍體面前，發現死者穿著一身新衣服、新鞋子。德拉因害怕而一句話也說不出，在一旁發楞。「不用害怕。」天蠍偵探安慰德拉說，「人不是你殺的，凶手就是她的丈夫納爾遜。」

天蠍偵探何以判斷凶手就是納爾遜？

答案：昨晚下了一夜雨，但死者的鞋子上卻沒有沾染任何泥水，衣服也是乾的，這顯然是不可能的。事實是納爾遜在家中將妻子殺害，然後將屍體運到德拉家門口，以此製造德拉殺人的假象，為自己逃脫罪名。

✦ 被冤枉的紙扇主人

三月末，英國一個小村鎮發生一起凶殺案，當地警察局根據得到的證據，抓捕了嫌疑犯，嫌疑犯卻一直聲稱自己是冤枉的，於是警察局請天蠍偵探前去小村鎮幫忙調查案件。到達之後，天蠍偵探得到了案件訊息：在

第 8 章　天蠍座（Scorpio）10 月 23 日～11 月 21 日

一個下雨天，一位叫愛莎的單身寡婦被殺了，在死者的屍體旁，還留有一把紙扇，看樣子是凶手匆忙之間留下的，紙扇上有一個名字，於是警察抓了這個人。紙扇主人為人好色，據說也調戲過死者。但他抵死不承認，說自己是冤枉的，說那紙扇早些日子已經丟失了。

看完案卷，天蠍偵探點點頭，對身邊的警察說道：「那紙扇主人的確是被冤枉的，是有人陷害他。」天蠍偵探是根據什麼來判斷的呢？

答案：天蠍偵探做出這樣的判斷，其實是基於案發當天的天氣，案發正值三月末，天氣還不熱，且當天正好下雨，所以根本就用不到紙扇，紙扇出現在那裡，只是有人偷走了紙扇主人的扇子，犯案後嫁禍於他。

◆ 一群笨蛋

看著眼前幾個笨拙的實習生，天蠍偵探很是氣惱，他無聊地坐在辦公室的椅子上看著窗外，昨晚下了一場雷電交加的大雨，街上有許多積水，所以路上沒有什麼行人。這時候，電話鈴聲忽然響起，有人報案說在郊區一個破舊的工廠廠房中，發現了一具屍體。

真是實地考察實習生的好時機啊！天蠍偵探立刻帶著實習生趕到現場，果然有一個死者倒在一間破廠房外面的泥地上。死者面部無明顯特徵，一身灰色的西裝沾滿了泥漿；腳上穿著一雙棕色皮鞋，鞋底的花紋清晰可辨；死者仰面朝天，手心向上，手背碰在一根因年久失修而垂下的高壓電線上；他頭部有一處傷痕，旁邊的石頭上還有血跡……

實習生杜克說：「從現場情況看來，這個人是因路滑，摔倒後頭部撞在石頭上、手背觸電而致死的。」其他幾個學生也紛紛點頭稱是。天蠍偵探氣得直搖頭，說道：「一群笨蛋，這明顯是他殺！看不出來，成績就全部是鴨蛋！」

天蠍偵探是從什麼地方看出破綻的呢？

答案：昨天晚上剛剛下了一場雷電交加的大雨，且死者是死在泥地上的，既然那灰色的西裝都沾滿了泥漿，死者腳上穿的鞋子又怎麼可能鞋底花紋清晰可辨呢？很明顯死者是被別人殺害後，移屍過來丟棄在這間廠房外面。

✦ 左撇子

大雪紛飛的夜裡，某工廠發生一起入室竊盜案。工廠保險箱被撬開，6萬英鎊全部被盜。第二天早上，雪剛停不久，上班的會計發現保險箱被盜後立即報警，天蠍偵探趕到工廠勘查現場。調查發現，做案人是撬開窗戶入室行竊的，且根據現場，可以推斷罪犯是左撇子。天蠍偵探立即對周圍幾個村子展開調查，看是否有人是左撇子。調查結果只有湯姆斯是左撇子，天蠍偵探在一個酒吧裡找到湯姆斯。湯姆斯對天蠍偵探說：「我昨天晚上去打牌，今早才到家，因為我一個人住，房裡沒生火太冷，我才來酒吧坐一會兒。」天蠍偵探說：「你帶我去你家看看吧！」

天蠍偵探是想去湯姆斯家裡看看有沒有可疑線索。剛來到湯姆斯家大門口，天蠍偵探看滿院子都是皚皚白雪，立刻命人把湯姆斯逮捕。天蠍偵探從哪裡看出湯姆斯就是犯罪嫌疑人？

答案：因為天蠍偵探發現湯姆斯家的院子裡都是皚皚白雪，沒有腳印，這就說明湯姆斯在說謊。如果他早上到過家，那麼院子裡肯定會有他的腳印。

✦ 童言無忌

一對竊賊夫妻偷盜了一些金銀，他們先將錢財埋在自家農場裡，等合適的時候再拿出來使用，反正不缺錢花。他們在埋這些贓物時，被6歲的兒子看見了。兒子很好奇地問：「你們在埋什麼呢？」母親非常疼愛兒子，就對兒子說：「是能讓你以後不愁吃穿的東西。」

第 8 章　天蠍座（Scorpio）10 月 23 日～ 11 月 21 日

第二天，天蠍偵探帶人來到竊賊夫妻家裡，四處搜查，沒有發現任何痕跡。這時，6 歲小孩對天蠍偵探說：「昨天我媽媽說在我們家園子裡有寶貝，我長大以後可以不愁吃穿。」天蠍偵探說：「那是什麼寶貝啊？」小孩說：「我也不知道，但就是寶貝。」女人一聽，急忙上前把兒子抱在懷裡，用手打屁股說：「不要亂說，不要亂說。」

小孩頓時哭了起來。天蠍偵探看著空曠的農場，命人拿水一點一點澆灌，一個地方澆完，換另一個地方，不一會兒就找到了埋珠寶的地方。你知道為什麼嗎？

答案：因為剛被挖過的泥土鬆動，遇水之後，水滲透很快。天蠍偵探就是透過這個常識，很快找到了藏寶的地方。

◆ 燥熱的房間

凌晨 3 點 30 分，睡夢中的天蠍偵探接到伯頓夫人的電話，她說她的丈夫被人殺害，請求天蠍偵探趕快過來。門外，北風呼呼，大雪紛飛。「這鬼天氣，真冷！」天蠍偵探邊說邊穿好大衣，他費了很長時間，才發動好車。40 分鐘後，他來到伯頓夫人的家。

伯頓夫人一聽見門鈴響，立即為天蠍偵探開門。天蠍偵探一進屋，覺得熱氣撲面，10 多秒鐘，便感覺燥熱，於是脫下大衣。只見伯頓夫人穿著睡衣，腳上是一雙拖鞋，頭髮亂蓬蓬的，臉色慘白。她告訴天蠍偵探：「屍體在樓上。」

天蠍偵探說：「請談談具體情況。」「我在 3 點半左右醒來，就發現丈夫已經死了。」「後來呢？」「我立即下樓打電話給您。那時我看見那扇窗打開著。」她用手指了指那扇開著的窗戶。「凶手一定是從那扇窗進來的，然後又從那扇窗出去了。」

天蠍偵探走到窗前，只覺得猛烈的寒風「呼呼」直往屋裡吹，他忙著

關上窗戶。他轉頭對仍在啜泣的伯頓夫人說：「驗屍的事讓警察和法醫來做吧！在他們到達這裡之前，妳或許願意把真相告訴我？剛才妳沒有對我說實話。」

天蠍偵探為什麼認為伯頓夫人沒說實話呢？

答案：天蠍偵探從接到電話到伯頓家，這期間有40分鐘。如果按伯頓夫人所說，她在打電話前就發現窗戶是開著的，在寒冷的風雪夜，這麼長時間開著窗戶，房間裡的溫度一定會下降。可天蠍偵探剛進伯頓家時，感到屋裡很暖和，說明窗戶剛打開不久。

✦ 雪地上的足跡

伊文的家與艾米麗的家相對，中間只隔著一片空地。在一個積雪深達30公分的冬夜裡，艾米麗穿過空地到伊文的家去玩。後來她突然心臟病發作，死在伊文的家。伊文非常害怕，馬上穿上艾米麗的長靴，穿過空地，把屍體搬回艾米麗的家。這麼一來，雪地上只有艾米麗的足跡，看起來就像艾米麗從伊文家出來後，回到自己的家中才死的。

結束了偽裝工作後，伊文從大路上繞回家。大路上的雪已被來往的車子壓得很硬，所以並沒有留下足跡。艾米麗的屍體在第二天一早被人發現。於是，天蠍偵探便到伊文家調查。

「伊文先生，艾米麗從你家離去時，是不是拿了一些很重的東西呢？」

「沒有啊！她空著手回去的。」伊文回答。

「我看，她並不是死在自己家裡，而是死在你的家裡。是你把她扛回去的吧？」

天蠍偵探是根據什麼作出判斷的呢？

第 8 章　天蠍座（Scorpio）10月23日～11月21日

答案：雖然往返於空地的足跡都是艾米麗的長靴踏出來的，但出去時的足跡和回來時的足跡深淺不同。因為回家時的足跡是伊文背著艾米麗留下的，在兩個人的重壓下，雪地上留下的足跡當然深一些了。

✦ 雪夜竊盜案

初冬的一天，大雪紛飛，某工廠發生一起竊盜案，失竊現金1萬英鎊。天蠍偵探冒雪趕來仔細勘查現場，卻驚奇地發現：雪地上沒有留下腳印！天蠍偵探推斷案發時間是在未下雪的前半夜，根據做案特點，將嫌疑人鎖定一名叫布朗特的男子。當天蠍偵探來到布朗特家時，他說自己昨天晚上根本不在村裡，而是去了30里路外的姐姐家，今天上午剛回到家半小時。

天蠍偵探準備派人去布朗特姐姐家調查，看他是否有做案時間。不過天蠍偵探注意到布朗特家的屋頂上覆蓋著白雪，屋簷下掛著冰柱。那個去調查的警察正要出發時，天蠍偵探說不需要調查了，因為布朗特說謊，其實他昨晚是在自己屋裡度過的。天蠍偵探看出了什麼破綻？

答案：天蠍偵探是根據布朗特房屋屋簷下掛著冰柱而看出破綻的。因為房屋裡如果沒人居住，雪不會融化，屋簷下不會掛著冰柱，所以天蠍偵探斷定布朗特說謊，有做案時間。另外，布朗特家門前沒有腳印也是破綻，因為布朗特說半小時前剛回家，若真是這樣，家門前應有布朗特的腳印。

蛛絲馬跡，指向真凶 —— 縝密的天蠍偵探

✦ 好友被殺

一間公寓裡有位女子被人殺害，現場沒有明顯打鬥痕跡，地上散落很多碎紙片，死者在地上留下很明顯的爬行痕跡，痕跡是從桌子那裡往牆角

的方向。桌子上有一臺電腦，螢幕上顯示 362+124。報警的是打掃環境的老婦人，據她表示，她是在聽見呼救聲後趕到這裡的，一進屋就發現她已經死了。

天蠍偵探對死者周圍的人進行調查，在宿舍管理人員的配合下，把她們召集過來。耶麗說當時她一直在洗澡，沒注意外面的情況，什麼也沒聽見；文斯說自己一直在睡覺，沒有聽到動靜；笛莎說她一直在陽臺上看大街的人，也不了解情況。這時死者的好朋友辛迪回來了，她進屋看到好友的屍體躺在地上，便開始抱頭痛哭。後來她說，她當時一個人在辦公室清算最近的開銷，本來和死者約好一起吃午餐，不見她來，她才趕到這裡，剛到門口就得知她出事的消息。

根據以上情況，你認為天蠍偵探會懷疑誰？

答案：電腦上顯示著數字，當時只有死者的好友辛迪在算帳，做著與數字有關的事情，所以天蠍偵探懷疑辛迪。

✦ 一杯啤酒

賭鬼兼酒鬼的湯姆是一個不受歡迎的人。這天早上 8 點左右，他唯一的朋友兼鄰居彼得發現他倒在房中，於是馬上報案。天蠍偵探立即趕來，仔細觀察案發現場，看到桌上有三瓶啤酒，湯姆渾身是血躺在地上，桌上有一杯啤酒，酒還有些許氣泡。

彼得向天蠍偵探作了如下的口供：「今天凌晨 3 點左右，我還在睡覺，隱約聽到湯姆的房間傳出吵鬧聲，但我太疲倦，就沒有起來看個究竟，之後就再也沒有聽見聲音了。我很快就睡熟，直到 8 點多起床後，我才走到湯姆房中，結果就見到這種情況。」天蠍偵探聽完後，立即說：「你在作假口供。」天蠍偵探是如何確定彼得在作假口供的？

答案：如果湯姆是在凌晨 3 時許死去，啤酒不應該還有氣泡。

第 8 章　天蠍座（Scorpio）10 月 23 日～11 月 21 日

✦ 酒店謀殺案

晚上十點半，天蠍偵探正準備離開辦公室回家，剛要起身，電話響了：「我要報案，這裡是萬豪大酒店，有個男的死在酒店裡，請您馬上過來一下。」

天蠍偵探馬上來到現場，發現男子死在浴缸裡，大量白色肥皂泡泡已經變成紅色，天蠍偵探問服務人員：「你是如何發現死者屍體的？」服務人員說：「在 9 點的時候，比迪先生要我幫他放好洗澡水，不到 15 分鐘，他又打電話，叫我送過來一瓶 XO，當時他在浴缸裡，一邊抽著雪茄，一邊喝著美酒。在我轉身要離開時，他告訴我，一個小時以後，請我過來一下，說有一些髒衣服要乾洗。」天蠍偵探又問服務人員：「是你為這位死者放好洗澡水的嗎？」服務人員回答：「是的！」天蠍偵探聽完，拿出手銬，將服務人員銬上，並帶回警察局。你知道為什麼嗎？

答案：浴缸裡的肥皂泡泡經過一個小時的時間，早就應該消失了，因此天蠍偵探斷定服務人員在說假話，很有可能他就是凶手。

✦ 兩支手錶

桑德要和兩個從未見面的人談一筆生意，事先定在一家很有名的酒店裡，因為桑德知道這次生意如果談不好，很可能會有生命危險。桑德就事先告訴酒店經理，說：「我要在 308 號房間和兩個人談生意，因為我們可能隨時需要服務，希望你能在門口安排兩個服務生，這是小費。」經理很爽快地答應了。

晚上 9 點多，兩名「客人」來到 308 號房間。豈料過了 20 分鐘，從客房裡傳出打鬥聲。服務生剛要敲門問裡面發生什麼事，只見兩名「客人」奪門而出，服務生也不敢攔阻，便急忙進房間看發生什麼事情。只見桑德胸口中了一刀，血不停地往外冒，他一把抓住服務生的手說：「凶手，21

點 32 分……」便死去了。

天蠍偵探趕到現場，兩位服務生提供了兩名「客人」的體貌特徵，很快兩名嫌疑人在機場被捕獲。可是，兩名嫌疑人都說是對方殺死了桑德。凶器上兩個人的指紋都有，天蠍偵探看著滿桌都是嫌疑人的物品，疑惑了起來，當天蠍偵探看到兩支不同手錶的時候，他突然大喊一聲：「我知道誰是凶手了！」你知道真正的凶手是誰嗎？

答案：還記得桑德在臨死之前對服務生說的 21 點 32 分嗎？只有電子錶才會顯示出「21 點 32 分」，其他手錶均是 12 小時制。所以天蠍偵探看著桌上擺放的手錶，猜出了殺人凶手。

◆ 樹葉作證

肯貝爾意外地死在自家二樓的小院子裡，報案人是肯貝爾的妻子。天蠍偵探來到現場，發現肯貝爾躺在地上，後腦一大片血跡。妻子對天蠍偵探說：「我丈夫是個酒鬼，經常喝的爛醉如泥。上午我看他意識是清醒的，就要他把頂樓上的太陽能熱水器修理一下，之後我就去市場買菜了。等我從菜市場回來，發現他已經摔死了。是我害了他，他當時肯定還處於酒醉狀態……」

天蠍偵探聽完死者妻子的敘述，來到肯貝爾家頂樓，頂樓上的確有一個沒修好的太陽能熱水器，且院中的一棵楊樹高度已經和二層樓一樣了，與頂樓之間距離只有兩公尺遠。細心的天蠍偵探突然發現楊樹的幾片葉子上有血跡，於是他趕緊要手下拿回去化驗，化驗結果顯示葉子上的血跡正是死者肯貝爾的。於是天蠍偵探立刻命人抓捕肯貝爾的妻子。這到底是怎麼一回事呢？

答案：根據死者妻子交代，肯貝爾應該是不小心從頂樓摔下去導致死亡，但天蠍偵探卻在與二層樓同樣高度的樹葉上發現血跡，這就說明肯貝

第 8 章　天蠍座（Scorpio）10 月 23 日～11 月 21 日

爾是先被人在樓上打中後腦，血液濺在樹葉上，然後被推下去的。所以他的妻子有很大嫌疑。

✦ 殺人凶器

天蠍偵探接到一個女人的報案，自稱殺死了自己的丈夫貝德。天蠍偵探來到現場，對死者貝德做了屍檢，發現貝德是被重物擊中頭部導致死亡的。天蠍偵探問因驚嚇過度而站在一旁發抖的貝德妻子：「妳是用什麼將妳丈夫殺害的？」貝德妻子一句話也不說，天蠍偵探又多問了幾遍，她就蹲在地上抱頭痛哭，看樣子精神已經快崩潰了。但是沒有找到凶器，這案子就還是存在疑點，所以天蠍偵探開始四處搜查。

天蠍偵探對死在廚房裡的貝德又進行了一次檢視，突然發現貝德身邊有一灘血水，他起身打開貝德旁邊的冰箱。天蠍偵探嘆了一口氣，對貝德妻子說：「妳不用說了，凶器我們已經找到了。」

你知道凶器是什麼嗎？

答案：是凍在冰箱裡面的冰塊。因為天蠍偵探看見貝德身邊有一灘血水，又打開冰箱，發現裡面有結凍的冰塊。那麼地上的血水，就是冰塊融化後，和貝德的血混在一起形成的。

✦ 時間與凶器

托尼正在自己家中睡覺，他萬萬沒有想到，他這一睡就再也沒有醒來。托尼家的保母趁他睡覺時，用利器刺穿了他的喉嚨。正當保母準備離開托尼的臥室時，被托尼的二弟撞見了，保母只好束手就擒。

雖然保母被送到警局，但辦案人員卻沒有找到殺人工具，大家都很疑惑。於是在警局有多年辦案經驗的天蠍偵探，仔細搜查托尼的臥室，但也沒能搜到。正當天蠍偵探準備回去時，臥室裡的落地鐘響了。天蠍偵探走到大鐘旁邊，看了看時間，然後對旁邊的幾個警員說：「我找到凶器了。」

你知道凶器是什麼嗎？

答案：落地鐘裡面的長針就是凶器。因為長針用銅製成，尖銳無比，刺穿喉嚨絕無問題。保母就是用長針犯的案，殺了托尼之後，將長針上的血跡擦掉，再將長針放回落地鐘內。

✦ 賊喊捉賊

天蠍偵探正在辦公室整理檔案，突然工作被一個電話打斷，一位叫哈瑞的男孩說他的女友今晚要自殺，請天蠍偵探過去一下。天蠍偵探按照他說的地址趕到了女孩的住處，看見他已在門口等候。男孩說，他今晚放學剛回到家，就在桌子上看見一封女友寫的遺書，說今晚要自殺。

天蠍偵探撞開門，進屋時，發現女孩已經死了，是割喉而死，傷口很深。門是從裡面拴住的，屋內窗戶緊閉，空調開著，初步推算，死者死於一個小時前。在檢查刀上的指紋時，天蠍偵探卻意外發現，指紋的指向與正常人握刀的方向相反，天蠍偵探由此推測死者是被謀殺的。不久，天蠍偵探在門的插銷上找到了一小段釣魚線，天蠍偵探走到陽臺，將窗戶打開再關上，在窗戶上發現了絲織物。他在陽臺沉思了很久，轉過身來，到報案男孩面前：「你自以為做得天衣無縫，其實還是留下了線索，我現在以謀殺罪名拘捕你。」

天蠍偵探為什麼會認為他就是凶手呢？

答案：天蠍偵探在窗戶上發現了絲織物，正好和男孩衣服上的絲織物一樣。於是天蠍偵探推斷男孩是先殺了女友，然後製造自殺的假現場，隨後再報警。殺死女友之後，男孩將釣魚線綁在門裡的插銷上，然後關上窗戶，陽臺的窗戶是關不緊的，總有一條縫隙，男孩繫好釣魚線後，將它從窗戶的縫隙送到外面，再關上門，在外面用釣魚線把門插銷插在插槽裡，這樣就製成了密室。

245

第 8 章　天蠍座（Scorpio）10 月 23 日～11 月 21 日

> 細節告訴真相 ── 天蠍偵探的敏銳洞察力

✦ 銅錢的主人

從前，一個魚販和一個趕車者住進同一家客棧，還住在同一間客房。他們倆很投緣，就買了一斤酒，邊喝邊聊，一直聊到很晚才睡。第二天，魚販起床後，著急趕路，背上行囊才發覺放在包袱裡的 500 文銅錢不見了。魚販懷疑是趕車者偷的，趕車者也很著急的樣子：「誰叫你晚上睡覺睡那麼熟，不好好保管你的行囊，我身上也帶了很多錢，大約有 600 文銅錢，昨夜我放在懷裡，連睡覺都不放手，所以我的就沒丟。」無奈之下，魚販只好報官。於是，二人一起來到縣衙門。

縣令看著堂上的一堆錢，數了數，大約有 600 個銅錢，他問魚販：「你說這錢是你的，你有證據嗎？」「沒有，我的錢都是隨便裝在這個舊布袋裡的。」縣令接著又問趕車者：「你的錢有什麼記號嗎？」「都是平常用的東西，我哪裡會在意那些。」

縣令拿起一把銅錢，放在眼前仔細端詳，忽然，他笑了，他對趕車者說：「你這惡人，竟敢欺瞞本官，還不從實招來！」趕車者連喊冤枉，縣令說了一番話，趕車者才沒話說，承認了自己偷錢的事實。

如果你是得知上述線索的天蠍偵探，知道縣令是如何識破趕車者騙局的嗎？

答案：縣令端詳銅錢時，聞到銅錢上的魚腥味，因此銅錢一定是魚販的。

✦ 消失的汽車

飛盜集團是一個嚴密的組織，經常做一些大案，他們的手法高明，常常讓警方難以破案。當天傍晚 7 點鐘，警方得到通報，偷盜得手的竊賊逃離了追捕，他們開著一輛黃色的福特車上了高速公路，看樣子想從 A 地轉

移到 B 地。連接 A 地和 B 地的高速公路為高架式路段，與旁邊一條道路形成立體交叉式路段，途中無出入口。

得到訊息的警方，立即在 A 和 B 兩地封鎖道路。然而，左等右等，仍不見有做案車到達 B 地，也沒有車中途折回 A 地的跡象。做案車在半路上謎一樣地消失了。在道路被封鎖的過程中，只有一輛吊車經過，是由 B 地向 A 地行駛的。當吊車到達 A 地後受到盤問時，司機回答：「途中沒有見到對開的車。」

如果你是得知上述線索的天蠍偵探，知道做案車到底消失到什麼地方去了嗎？

答案：題目已經說明，「連接 A 地和 B 地的高速公路為高架式路段，與旁邊一條道路形成立體交叉式路段」，吊車將做案車吊起，放到下面的公路上。這樣一來，做案車就可以不必通過 B 地逃脫了。

✦ 凶器去哪了

「我只是偶然出現在那裡，那個人的死和我無關。」在案發現場被捕獲的查理這樣為自己辯解。儘管很多線索都指向查理，不過一直沒找到關鍵的證據。

死者既然是被勒死的，那麼凶器去哪了呢？兩天後，案情有了新的發展，一根細長的麻繩在距公寓約 200 公尺的草叢中被發現了。「很難想像沒有離開過現場的查理，怎麼能把凶器丟那麼遠。」辦案警察從包包裡翻出一張備忘錄，接著說：「案件發生時，在那一帶，有人聽到嗡嗡的聲音……」天蠍偵探一聽，眼睛頓時一亮：「問題解決了。」警方很快捉拿了查理。

查理是用什麼方法把凶器丟到遠處的草地上呢？

答案：查理使用的是一架無線電操縱的模型飛機。當模型飛機飛到鐘塔上空時，他操縱飛機翻跟頭，把放在飛機背上的繩子丟在草地上。

第 8 章　天蠍座（Scorpio）10 月 23 日～11 月 21 日

✦ 多出來的一個球

碧綠的草坪上，一個矯健的身影正揮舞著高爾夫球杆，他打出了一個好球。高爾夫球遠遠地飛了出去，這個人駕著車開了過去。

他似乎找不到剛才球的落點，草地上怎麼有 2 個球呢？到底哪一個是自己的？場地上並沒有其他人在玩球，看來是工作人員遺漏的球吧！

這個人揮舞著球杆，擊飛了第一個球，走了 3 步，又擊打第二個球。突然聽到一聲巨響，工作人員趕到球場時，只見這個人躺在草地上抽動了幾下，便立刻嚥了氣，一句話也沒有留下。他的腿和腹部傷得很嚴重，幾乎血肉模糊，而草地上只發現他所留下的高爾夫球杆，其他什麼也沒有。而且工作人員也證明，並沒有人進來過。

天蠍偵探接到報案後，立刻趕到現場，他們將整個高爾夫球場找了一遍，似乎什麼也沒找到。最後，天蠍偵探肯定的說：「我已經知道凶手是用什麼傷人的了。」

你知道凶器是什麼嗎？

答案：凶器是高爾夫球，有人在高爾夫球中放了炸彈。

✦ 鑽石失竊案

鎮店之寶被盜了，老闆報了警。天蠍偵探來到店裡，發現靠大街的櫥窗玻璃被人劃開一個大洞，接著發現放在玻璃展示櫃裡價值 5 萬英鎊的鑽石不見了。經調查發現，現場除了櫥窗上有一個被劃開的大洞外，沒任何線索。經過調查，有一個玻璃廠的工人很可疑，因為有人看見他昨晚在這裡逗留很久。可再深入調查，排除了這名玻璃廠的工人。後來，鑽石在黑市上出售，天蠍偵探順藤摸瓜抓到了盜賊，偷鑽戒的人正是店裡的銷售人員。可當時他並沒有帶劃開玻璃的工具。你知道他是用什麼劃開厚厚的玻璃櫥窗嗎？這當然難不倒天蠍偵探，會難倒你嗎？

答案：銷售人員就是用鑽石劃開玻璃的。因為鑽石成分正好可以鋒利的劃開玻璃。

✦ 鐵罐頭做案

隔壁的空房子傳來打鬥聲，有人慘叫，鄰居老頭聽到後，立即打給警察局，天蠍偵探很快趕到了現場。他們破門而入，看到其中一人頭被打破，已經死去。從傷口看，死於鈍器猛擊。可是，問屋裡另一個人，他拒絕回答。在這間空蕩蕩的屋子裡，兩個人就睡在地板上，什麼家具都沒有。天蠍偵探搜查了半天，也沒找到鈍器。只有一個吃完的鳳梨罐頭，空鐵盒被壓扁後隨意扔在地上。

「你是怎麼打死死者的？」「笑話！我根本沒打他。」活著的人攤開雙手，做出若無其事的樣子說道。據住在隔壁的老頭說，因為天氣熱，他一直開著家門，可以證明案發後，凶手一步也沒有離開過房間。而且樓下乘涼的人也說，沒看見樓上的人往窗外拋過什麼凶器。凶手到底是用什麼凶器，又把它藏在哪裡呢？天蠍偵探稍微思索了片刻，猛地把這個人的手臂扭到背後，朝他的腹部猛擊。這個人因受到突然襲擊，疼痛難忍，「咳，咳，咳……」地嘔吐起來。

「怎麼樣，你還假裝不知道嗎？」說著，天蠍偵探指出了真正的凶器。

凶器究竟是什麼呢？

答案：凶器是裝有東西的罐頭盒子。腹部受到猛擊的凶手，由於劇烈的疼痛而嘔吐。他吐出來的，都是尚未消化的鳳梨。凶手正是用鳳梨罐頭猛擊被害者的頭部，使其當場斃命的。此後，他立刻打開罐頭，把裡面的鳳梨狼吞虎嚥地全部吃光，使之成為一個空罐頭盒子。

第 8 章　天蠍座（Scorpio）10 月 23 日～11 月 21 日

生活常識，揭穿假象 —— 實踐經驗豐富的天蠍偵探

✦ 有驚無險的冒險

在一次酒會後，一個從非洲回來的探險家自吹自擂說：「那時，我被一群可怕的食人土著抓住，眼睛被蒙住，兩手被反綁，棄置在一條小道上。那條小道只有一公尺寬，且兩側都是令人頭暈的懸崖峭壁，可是我格外冷靜，絲毫不感到害怕，一步一步地走到平原，安全逃脫。怎麼樣，夠驚心動魄吧！」

大家都為這位探險家的勇氣所感動，但只有一個人在冷笑，此人便是天蠍偵探。

「像你那種探險，連小孩子都可以，也值得在這裡吹噓？」為什麼天蠍偵探會這樣說？

答案：那條小道是在懸崖下面的山溝裡。兩側是令人頭暈的懸崖峭壁，這一點也沒錯，但峭壁卻是向上聳立著的。因此，即使撞到兩側的峭壁，也不必擔心會從懸崖上跌落下去。

✦ 揭穿謊言

一座公寓發生竊盜案。天蠍偵探在勘查現場時，女傭人說：「我聽到房間裡有聲音，就走到門口，因為害怕，我就透過門上的鎖孔往裡面看，看到一個男人從房間左側的暖爐裡，把什麼東西裝到口袋，然後穿過房子，從右側窗戶跳窗逃跑。」天蠍偵探聽罷，立即知道這是謊話。他的依據是什麼？

答案：根據一般門的厚度，透過鎖孔不可能看到房間的兩側，所以天蠍偵探判定女傭人說的是謊話。

✦ 奇怪的證言

天蠍偵探審問最後來到哈伊房間的年輕人。

「當我進入哈伊房間時，他不在，等了一會兒。他還是沒有回來，所以我就在他那面 60 公分高的鏡子前整理了我的領帶，接著退後兩、三步，照照全身，然後就出去了，再沒有見到他。現在聽說他自殺了，真令我大吃一驚，這怎麼可能呢？」

聽完這個年輕人的話，天蠍偵探大笑：「你根本就是一派胡言！」

天蠍偵探為什麼說這個年輕人是說謊呢？

答案：鏡子只有 60 公分高，退後幾步根本無法照到全身。

✦ 手電筒的光

天蠍偵探接到一個搶案的報警電話，急忙趕到現場。報案者對天蠍偵探說：

「今晚我值班，大約一刻鐘前斷電，一群人衝了進來。他們直奔財務室，撬開保險櫃，偷走了裡面的 200 萬美金和經理的『勞力士』金錶。他們一走，我馬上打電話給您。」

「當時您在什麼地方？」天蠍偵探問。

「我看他們人很多，就先躲在儲藏室。」

「這些人有什麼特徵嗎？」

「有。他們一共 5 個人，為首的好像臉上有塊疤。因為他手裡拿著手電筒，當手電筒的光從門縫射進來時，我藉著光，一眼就……」

「住口，」天蠍偵探厲聲喝斥，「你說謊的本領也太不高明了。竊賊就是你。」

天蠍偵探為什麼這樣說呢？

第 8 章　天蠍座（Scorpio）10 月 23 日～11 月 21 日

答案：報案人就是罪犯。因為既然停電，漆黑一片，報案人怎麼知道失竊的東西和錢的總數呢？另外，手電筒射進門縫時，報案人如果往外看，是根本看不見什麼的，所謂看到臉上傷疤，是不可能的。

✦ 間諜小說家的離奇死亡

專門寫間諜小說的作家 A，喜歡在舊倉庫裡的燭光下寫小說。有天早晨，A 被人發現死在那個倉庫裡。他趴在自己的書稿上，書稿旁還剩餘半根蠟燭。或許是他太迷戀小說情節，精神過於緊張，才心臟麻痺猝死。死亡的時間是昨晚 12 時左右。

天蠍偵探看了現場的情形後，就一口咬定說：「不，這絕不是自然死亡，是凶手用特殊手法將他弄成心臟麻痺的樣子。」

天蠍偵探究竟是根據什麼證據而說出這些話呢？

答案：天蠍偵探因為看到熄滅的蠟燭而斷定小說家 A 不是自殺。如果 A 真是因為太沉浸於小說情節，精神緊張，而導致心臟麻痺致死，那第二天早晨發現屍體的時候，蠟燭應該還在繼續燃燒或燒盡了熄滅才對。

✦ 偽造的自殺現象

一天，天蠍偵探無意中走到好友夸克的門前。他按了半天門鈴，也沒有人開門，他看見窗戶打開，意識到很可能出了什麼事情，便用身體撞開大門。他進到客廳，發現臥室的門緊閉著，但鎖孔好像已經從裡面鎖死，他就從窗戶爬進去，發現夸克已死在床上。房間內的一切現象似乎都顯示他是自殺而死。在鎖孔上還插著一把鑰匙，留下的拇指和食指指紋，與夸克的右手拇指和食指指紋一樣，這似乎更證明天蠍偵探關於夸克反鎖門後自殺的推斷。

但細心的天蠍偵探經過反覆推敲，還是看出了這是一場偽造的自殺。那麼，他又是從哪看出破綻的呢？

答案：我們其實都有這樣的生活常識。當我們插入鑰匙，轉動鑰匙開鎖時，我們用的的確是大拇指和食指。但不是食指指尖，而是食指關節的部位，是夾住鑰匙來轉動的。因此，鑰匙上即使留下大拇指的指紋，但絕不會留下食指的指紋。既然鑰匙上留有夸克的食指指紋，那只能說明是有人故意將被害人的拇指和食指指紋按在鑰匙上，造成自殺的假象。

第8章　天蠍座 (Scorpio) 10月23日〜11月21日

第 9 章

射手座（Sagittarius）
11月22日～12月21日

第9章　射手座（Sagittarius）11月22日～12月21日

【神話由來・象徵意義】

　　射手座呈現的是半人半馬的型態，具有動物和人類雙重面目，是著名的先知、醫生和學者。他是希臘著名大英雄傑生（Jason）、阿基里斯（Achilles）和亞尼斯（Aeneas）的撫養者。傳說他是克洛諾斯（Cronus）和菲呂拉（Philyra）之子，也是宙斯的父親。他是在受驚嚇後，把自己變為馬身，其母菲呂拉受不了兒子半人半馬的怪模樣，便變成了一棵菩提樹。

　　射手座的守護星是希臘神話中的宙斯——宇宙的主宰和全知全能的眾神之王。所以是個神聖的完美主義者，有陽剛的氣息、寬大體貼的精神，重視公理與正義的伸張。

　　射手座基本上是半人半獸的怪物，手裡有張大弓，也是個瀟灑且帶侵略性的獵人，到處尋找獵物，只要是好玩、好吃，能刺激他的東西，他的箭會射得又快又急。所以他們總難安頓下來，像點了火的箭，射到哪裡就燒到哪裡，來得急也去得快。

【智商代表詞彙】

我相信

　　射手座幽默、剛直、率真，對人生的看法富含哲學性，也希望能將自身所散發的火熱生命力及快感傳遞給別人，所以人緣通常都很好。他們外向、健談，喜歡新的經驗與嘗試，尤其是運動及旅行。射手座永遠無法被束縛，不肯妥協，同時又具備人性與野性，精力充沛且活動力強，有遠大的理想，任何時候都不會放棄希望和夢想。

　　射手座的智慧多發揮在學東西方面，尤其是語言，很快上手。喜歡多

角度分析問題，往往都有好主意、好辦法，很有自信。而且懂得把握機會，將自己多方面的才華盡量顯露在別人眼前，受人讚賞。

射手座容易給人喜歡戶外運動勝於智力活動的印象，事實上，他們是相當擅長思考的。他們非常愛好真理及正義，喜歡探討自己所不了解的領域，語言是他們拓展見聞的工具，因而積極拓展多方面的語言能力。他們常會著眼於自己能力所不及的事物，將之視為簡單易得的目標而全力追求，卻總是在完成一件事情之前，就急於從事新的計畫。

看似毛躁的射手座，實際上對數字和量化很有天分，因此他們是透過量化後的數字，作為自己判斷事物的標準。但唯一不同的是，心理年齡成熟的射手座，也很擅長從無序中整理出一套屬於自己的標準，這與處女座有些近似。

公認智商指數：120～125

【情商代表詞彙】

我追求

正面的射手座性格是樂觀、熱情，求知慾強，好冒險，幽默，會自我解嘲；負面的射手座性格是任性、放縱，以為無所不知，有時言過其實。

射手座性格開朗，思想活躍，注重文化修養，同時又不忘放眼世界，他們大多很崇拜三毛那種撒哈拉沙漠裡的日子。射手座熱愛活動，喜歡往人群多的地方去，還是一個幽默風趣的調情聖手。他最愛把旅遊新鮮事掛在嘴邊，因為他最喜歡把歡樂傳遞給每個人。有他在場，絕不會冷場！

射手座一向被認為是十二星座中的長途旅行家，最喜愛的事莫過於能一下子就收拾行李，出外接觸新鮮事。射手座熱愛戶外生活，且透過運動

第9章　射手座（Sagittarius）11月22日～12月21日

結識不少新朋友，只可惜不容易持久。

　　不論是在思想上還是行動上，射手座隨時都準備去經歷風險。他對人生、未來和愛情的樂觀情緒，使他永保青春。在人生道路上，他所做的一切努力，都是為了使人們擺脫困境。此外，樂觀主義精神、健康的體魄和快樂的情緒，會為他帶來好運和廣泛的好感。他很善於安慰和鼓舞自己與周圍的人，並振奮他們的精神。

公認情商指數：70～92

【智商‧情商之最】

　　最誠實

　　最樂觀

　　最會運動

　　最不修邊幅

　　最不重視紀律

　　最會突發奇想

　　最不重視精神層面

　　最有肚量

　　最不會記恨

　　最禁得起玩笑

　　最拿得起放得下

　　最會傷人心

　　最怕無聊

　　最愛往外跑

　　最丟三落四

最會臨時抱佛腳

最不會判斷是非

最喜歡刺激

最不會看臉色

最容易交到壞朋友

最愛好和平

【智商・情商綜合評價】

1. 天然的樂觀主義者，有寬厚待人的美德。

2. 他們善於研究人，而且抱持很大的興趣去猜測朋友扮演的角色，願意提醒別人失敗的後面是成功，悲傷的後面是快樂。

3. 儀表姿態優雅大方，喜歡開玩笑，喜歡養狗。

4. 多才多藝，具有多方面的才能，可選擇的職業多。

5. 敢作敢為，無所畏懼，愛尋找有風險的機會，有勇氣承擔風險，認為不順利是暫時的。

6. 心地善良，是生活中容易上當受騙的一族，要提高自己分辨是非的能力。

7. 又高傲又很沉靜，思想較內向。

8. 在各種遊戲中贏多輸少，有時又會失去機遇，但是幸運的機會多。

第 9 章　射手座（Sagittarius）11 月 22 日～12 月 21 日

【射手偵探訓練案例】

想像案發過程 —— 見微知著的射手偵探

◆ **妙計越獄**

聖誕節到了，為了樹立監獄的好形象，監獄舉行了一次演出。來自外界的演出團體和囚犯們共同上演了一場精彩的晚會，可在這次晚會之後，約翰便失蹤了。那天來的是一個 10 人的龐大樂隊，音樂會在操場上舉行，約翰坐在人群的內圈。當演出結束，樂團離開後，獄警集合囚犯點名時，才發現少了約翰。他是混在樂隊裡逃掉的。可門口有崗哨人員的嚴密檢查，樂團進出時都是 10 人，並沒有發現其他可疑之處。

如果你是得知上述線索的射手偵探，知道約翰越獄用的是什麼妙計嗎？

答案：約翰身材瘦小，身輕如燕，又在幾天前開始節食，體重減輕了很多。10 人樂隊中有人是約翰的同夥，約翰是躺在樂器箱子裡逃走的。

◆ **逃出婚禮現場**

「女神」再過幾天就要結婚了，新郎卻不是自己。和艾麗斯戀愛 5 年的布朗尼傷心不已，他不停打電話給艾麗斯，並經常去打擾她。艾麗斯不勝其煩，就告訴自己的未婚夫蒂格。為了防止布朗尼在婚禮上搗亂，蒂格告訴他的好友一定不要讓布朗尼混進婚禮現場。

婚禮這天，布朗尼穿上西裝，貼了一個假鬍子，換了一個髮型，戴著一個藍框眼鏡，還掛了一個工作識別證，就像婚顧公司的工作人員一樣。布朗尼背著帶有閃光燈的照相機，偽裝成一名攝影師，利用偽造的工作識別證，混進了婚禮現場。布朗尼鎮定自若地穿梭在賓客之中，他圍繞著新

娘不停拍照，完全不顧及婚禮現場的攝影師。攝影師以為他是新郎安排的，雖然很反感，但也無法批駁，只好變換位置，找合適的鏡頭。有點混亂的現場，很快引起新郎的注意。新郎對身邊的兩個伴郎耳語幾句。伴郎們向布朗尼走了過來，把他拉到一邊，非常客氣地說：「請把你的工作識別證給我看看。」布朗尼鎮定地掏出識別證，遞給伴郎，伴郎看了一眼，說道：「汽車展覽會的工作識別證？你到底是什麼人？」一面說，一面準備按住他。

布朗尼知道自己已暴露，必須立即逃走，雖然他站的地方離大門很近，但如果就此轉身，對方一旦按住他，自己就會被拉到後院痛毆一頓。千鈞一髮之際，布朗尼靈機一動，順利地逃出大門。如果你是得知上述線索的射手偵探，知道他是怎麼逃出來的嗎？

答案：布朗尼用閃光燈對著對方的眼睛閃了兩下，便讓伴郎們暫時失明，他就可以趁機逃走了。

✦ 轉獄的米麗

女犯米麗需要轉獄，因為她是另一起案件的目擊者，如果她能出庭作證，會對警方破案產生關鍵作用。但是，另一起案件的重要嫌疑人也在關注米麗的舉動，他不希望米麗出現在法庭上，因此花重金僱殺手，要讓米麗永遠閉嘴。

週三早晨，米麗搭一輛警車前往F市，不料在途中遭遇車禍，殺手槍殺了跟車的警察，米麗趁著車輛冒出的濃煙逃走了。當殺手四處尋找她時，卻發現她已經失蹤了。車禍現場遠處的一個地方燈火通明，好像正在舉行舞會。先不說米麗是怎樣逃跑的，問題是她穿著囚服，怎麼可能走遠呢？

如果你是得知上述線索的射手偵探，知道米麗穿著囚服去哪裡了嗎？

第 9 章 射手座（Sagittarius）11 月 22 日～12 月 21 日

答案：舉行宴會的地方正在舉辦化妝舞會，米麗穿著囚服進去也不會引起人們的懷疑和騷動。

✦ 金蟬脫殼

沃克在院子裡殘忍地殺害了他的情敵，轉身突然發現對面山上有一個人正用望遠鏡觀察著這裡。沃克認識那個人，那是他高中時的好友尼采的父親。沃克想，剛才他一定全看見了，怎麼辦？這個老傢伙最愛管閒事了，而且還看到自己殺人，他一定會報警的。尼采家的那部老式撥盤式電話機就在老頭手邊，他一定會報警的！只要拖延半個小時，沃克就能逃到墨西哥邊境了。沃克迅速想出一個辦法，讓老頭暫時沒有辦法打電話，並逃離了現場。

如果你是得知上述線索的射手偵探，知道沃克是怎麼做的嗎？

答案：沃克靈機一動，打電話給老頭，電話接通後，沃克就把電話放在一邊，並不結束通話，然後迅速逃離現場。一般老式撥盤式電話，只要開始接聽，而另一方不結束通話，那就會一直占線，而老人是一個人住在山上，要找其他方法報警，需要一段時間，沃克就趁機逃走了。

✦ 救生筏上的死者

印度洋上，一艘小型遊艇遭遇風暴，船長和觀光客因為及時轉移到救生筏中，才得以倖存下來。此後的海面風平浪靜，救生筏本來是 4 人用的，所以承載 2 個人綽綽有餘。筏上有 4 個肉品罐頭，5 瓶水。「如果這樣漂幾天，大概會有搜尋飛機來救助，無需擔心。」船長安慰著觀光客。

可是，半個月後，一艘油輪才發現這個救生筏，船長和觀光客都已經死了。船長是被一把瑞士軍刀刺死的，而觀光客不知為什麼，用左手的一個手指，摳住鼓起的空氣管，俯在筏上死了。船上還有一瓶水沒動過，

裝在救生筏後面的袋子中。「這兩個人是為搶奪最後的一瓶水而互相殘殺吧？」「但如果是這樣，活著的凶手為什麼不喝水而活活渴死呢？」油輪上的船員們感到不可思議。

如果你是得知上述線索的射手偵探，知道漂泊的救生筏上到底發生了什麼事嗎？

答案：兩人爭奪最後一瓶水而搏鬥，將皮筏刺破了，觀光客將船長殺死，卻必須用手堵住破洞，活活被渴死。

✦ 蒸汽火車上的失蹤案

美國西部開發時，鐵路上經常出現命案。有一次，一輛夜行的火車到達終點站時，晚了數分鐘，且停車位置還錯開許多距離。站在站臺上的終點站站長感到奇怪，就朝火車走過去。就在這時，年輕的司機助手搖搖晃晃地從駕駛臺上下來，被煤煙燻得髒髒的臉上裂了一道傷口，還流著血，而司機卻不在車上。

「司機呢？去哪裡了？」站長問道。

「司機在火車行駛時跳車逃走了，放棄了職位。」司機的助手回答。

「怎麼回事？」站長迷惑地問道。「車過山底隧道時突然減速，當時我正在加煤，於是我就問司機怎麼了，但他突然奪過我的鐵鍬向我打來，並要跳車，我緊抓住他的腿不放，可是他朝我臉上踹了一腳，然後翻身跳下車。我失去了知覺，醒來時火車已跑出很遠，我想再停車也找不到他了，就只好一人開車回來。」

這時，最後一節車廂的押車人員說，出隧道時車速減下來了，還以為是慢速行駛，他往前方看了一眼，但什麼也看不見。於是站長動員所有工作人員，將山底隧道附近一帶仔仔細細地搜尋，仍沒找到司機的下落。現在正值春季，沿線的土坡上有繁茂的草叢，要是跳到那裡，照理草地會有

第 9 章　射手座（Sagittarius）11月22日～12月21日

被踩到的痕跡，但怎麼也找不到，最後搜查毫無線索。

如果你是得知上述線索的射手偵探，知道貨車司機到底跑到哪裡去了？

答案：其實這列火車的司機早已在蒸汽火車的鍋爐中被燒成了灰，凶手就是司機的助手。他用鐵鍬砍死司機後，將屍體塞到鍋爐中火化了。蒸汽火車的鍋爐就像煉礦爐一樣，火很大，燒屍體不成問題，剩下的骨灰摻到爐灰裡看不出來，而燒屍體時的臭味，在列車行駛過程中也會被風吹走，簡直就是移動的火葬場。

◆ 當眾出醜

卡弗特酒莊是一個著名的葡萄酒莊園，莊園主人是一個富有正義感的人士，在德軍占領期間，他一直暗中支持抵抗力量。有一次，納粹為了找到殺害他的理由，聲稱他在售給德軍士兵的葡萄酒中放了毒，導致士兵死亡。

為了樹立自己的「公正形象」，納粹把化驗這批葡萄酒的任務交給當地著名的醫生夏洛特，並答應事成後重金酬謝。可是夏洛特拒絕金錢的引誘和刺刀的威脅，他在法庭上當眾宣布葡萄酒中無毒的化驗結果。

納粹很不滿意這個結果，要求夏洛特修改結論。夏洛特不僅沒有修改結果，反而作出一個舉動，使納粹軍官當眾出醜，暴露了納粹陷害莊園主人的真面目。

如果你是得知上述線索的射手偵探，知道夏洛特是怎麼做的嗎？

答案：為了證明酒沒有毒，夏洛特當著其他人的面，喝下了一杯被化驗的酒。

✦ 沉入江底的金磚

二戰時期的西班牙，英國間諜威靈頓溜進德國人開設的銀行，盜出5塊金磚，每塊重達10公斤，然後裝到汽車上逃走。但運氣不佳，他剛開出不遠，就被德國職員發現了。此時的西班牙政府是親德派，巡邏的憲兵馬上出動兩輛汽車在後緊追不捨，威靈頓開足馬力，沿著河邊的公路逃跑，但憲兵在後面緊緊咬住不放。當來到一個轉彎處時，也許是方向盤失靈，突然威靈頓的汽車像脫了韁的野馬，撞斷道路護欄，在空中翻個觔斗，掉進河裡。

「好好盯著水面，一露出頭就開槍打死他。」憲兵隊長命令說。可是，水面一直沒發現威靈頓的蹤影。「馬上把金磚撈上來。」憲兵隊長又命令說。一個小時以後，一群穿著潛水衣的人鑽入水中。雖然發現了沉入河底的汽車，但車子裡是空的，別說威靈頓的屍體，連金磚的影子也未見到。

「怎麼會有這等怪事，即便威靈頓的屍體被河水沖走了，可50公斤重的金磚，是不可能被沖走的。也許是車子掉進河裡時甩出車外了，再仔細找找。」按照憲兵隊長的命令，潛水者上上下下在河底找了好幾遍，卻一無所獲。

如果你是得知上述線索的射手偵探，知道沉入河裡的威靈頓和金磚到底哪裡去了嗎？

答案：威靈頓事先穿了潛水衣，且將金磚也捆在救生筏上。在被憲兵追趕時，他故意連車翻進河裡。在河裡，他迅速從車裡爬出，帶著金磚，潛水逃向遠處。因夜裡很黑，憲兵們是無法發現威靈頓潛入河底逃跑的。

✦ 巧妙的暗殺

二戰期間，專門搞破壞的德國間諜德克勒克死在自己的臥室裡。射手偵探接到報案後，馬上來到現場，發現德克勒克穿著睡衣倒在床上，脖子

265

第9章　射手座（Sagittarius）11月22日～12月21日

上有一道很深的勒痕。壞事做盡的德克勒克知道自己很危險，做事一向很謹慎，怎麼會讓人從背後偷襲呢？是什麼人才能得到德克勒克的信任呢？射手偵探仔細檢查現場，在床上發現一個大頭針。射手偵探馬上知道是誰接近德克勒克並殺死了他，但是他沒動聲色，此案一直未破。那你知道是誰了嗎？

答案：殺手是為德克勒克做衣服的裁縫師。因為裁縫師通常會為了固定衣物而隨身攜帶大頭針。一向謹慎的德克勒克，是不可能讓別人在他後面下手的，唯一的可能就是裁縫師在為他量身的時候，趁機從後面勒住德克勒克的脖子，導致德克勒克窒息而死。

✦ 哪裡露出馬腳

「朋友，想不想過億萬富豪的生活，跟我去一趟怎麼樣？山頂的那個別墅家裡沒人了，我們可以在那過個好聖誕節，哈哈！」流浪漢老漢斯對他的老搭檔吉米說道，兩人一拍即合，於是準備好工具後，光顧了這個別墅。

當天夜晚的氣溫非常低，而且還飄起小雪，外面的溫度也已經降到零下12度。凌晨2點，老漢斯和吉米成功地從後院翻進別墅院子裡。他們撬開別墅的房門，走進屋裡。好溫暖啊！兩個人跑進臥室，蓋上棉被呼呼大睡起來，他們已經大半年沒睡好覺了。

上午9點以後，他們醒過來了，開始四處翻動，尋找錢和首飾等物。不一會兒，老漢斯發現冰箱裡擺滿食物，他立刻拿出來，放在桌子上解凍。兩人覺得天色已亮，無論是開燈還是點火，都不會被別人發現，就商量做一頓美味大餐。吉米甚至還點燃了壁爐裡的乾柴，讓屋子更暖和了。兩個流浪漢把別墅當自己家，一邊坐在壁爐邊轉動發出誘人香味的肥雞，一邊還把電視打開，將音量調得很低，看電視裡的精彩節目。

然而，就在這個時候，門鈴響了，兩人嚇得跳起來，面面相覷，不知所措。射手偵探推門而入，晃晃手銬，將兩個小偷銬了起來。那麼，兩個流浪漢究竟在什麼地方露出了馬腳呢？

答案：兩個自以為是的小偷居然在別墅裡生火，煙囪當然會冒出煙氣了，被鄰居看見，而鄰居又知道別墅主人去了南方，猜想有外人摸進了莊園，於是報警。

✦ 高層謀殺案

房地產大亨為了一塊地皮，和競爭對手死纏爛打，終於將這塊寸土寸金的地塊弄到了手。他禁不住歡喜，一個人在辦公室裡打開香檳痛飲。2小時後，他的祕書進屋發現他已經死去，大亨被人槍殺了。

射手偵探來到現場勘察，這是一座28樓高的大樓，死者辦公室在18樓。死者躺在椅子上，背部靠窗，窗戶上有一個小洞，子彈是從窗外射進來的。但令人困惑的是，如此高的大樓，凶手在窗戶外面是怎樣對死者下手的呢？射手偵探仔細觀察窗外，終於知道了答案。那麼，你知道答案了嗎？

答案：凶手在頂樓固定好繩索，慢慢滑到18樓，並用槍殺死了被害者。

✦ 吊在梁上的主任

一天早上，糧食倉庫工作人員上班時，他們聽到頂樓傳來呼叫聲。一個工人跑到頂樓，發現倉庫主任的腰部繫了一根繩子，被吊在頂梁上。主任對工人說：「快點把我放下來，去叫警察，我們被搶劫了。」

主任把經過情形告訴射手偵探：「昨夜我在倉庫下班後，正準備關門，有兩個強盜衝進來，搶走好幾袋糧食。然後把我帶到頂樓，用繩子將我吊在梁上。」射手偵探起初對他說的話並沒有懷疑，因為頂樓空無一人，他

第 9 章　射手座（Sagittarius）11月22日～12月21日

無法把自己吊在那麼高的梁上，地上沒有可以墊腳的東西。有一個梯子曾被盜賊用過，但它卻放在門外。

可是，射手偵探發現，倉庫主任被吊位置的地面有點潮溼。沒過多久時間，射手偵探就查出主任就是偷盜者，因為虧空，他才設計這次偷盜。可是沒有別人的幫助，主任是如何把自己吊在頂梁上的呢？

答案：他利用梯子把繩子的一頭繫在頂梁上，然後把梯子移到門外。他從冷凍庫裡托出一塊巨大的冰塊帶到頂樓。他立在冰塊上，用繩子把自己繫好，然後等時間。第二天，當工人發現他的時候，冰塊已完全融化了，主任就被吊在半空中。

◆ 離奇死亡

麥粒山谷是一個天然的日光浴場所，許多富豪都來這裡度假，然而在一幢別墅前，卻發生了一起命案，死者正是這幢別墅的男主人。案發當日，死者想享受日光浴，因此一個人躺在熱呼呼的青石板上晒太陽，不料卻出了事。射手偵探很快趕到案發現場，在審視現場環境時，發現死者是被太陽傘的傘尖擊中而身亡。地面上除了東倒西歪的桌椅外，再也找不到別人的足跡。既然這樣，凶手是怎樣把自己的腳印消除的呢？射手偵探沉思了一會兒說：「我知道誰是凶手了。」你知道真正的凶手是誰嗎？

答案：凶手是風。當死者正在享受日光浴的時候，突然颳起了一陣大風，風把太陽傘吹起，當太陽傘落下的時候，傘尖正好刺入了死者腹部。

◆ 凶手的名字

酒店的領班按約定的時間敲響了瑪格麗特的房門，可是瑪格麗特就是不開門。領班叫服務生用鑰匙打開房門，屋內卻不見瑪格麗特。領班敲了一下洗手間的門，發現從門縫底下流出的鮮血已經凝固。領班大吃一驚，

馬上請服務生下樓報警，自己也退出房間。不一會兒，射手偵探趕到，他們一起打開洗手間的門，見瑪格麗特穿著睡衣坐在地上，已經死了，是被匕首狀的凶器刺中了背部。射手偵探勘查了現場，除了洗手間的門閂被撞壞，未發現任何其他有價值的線索。射手偵探又檢查了洗手間，在洗手間發現了重要線索，且知道了凶手的名字。那麼，射手偵探是從哪裡發現凶手名字的呢？

答案：是在廁所的衛生紙上。被害人逃進洗手間後，把衛生紙拉出幾公尺長，用自己的血寫下凶手名字的大寫字頭，然後再把衛生紙捲好。凶手撞開洗手間的門，檢視現場，沒有發現異常，看到瑪格麗特已經死去，就放心地離去。

◆ 轉移贓物

小偷大多是集體做案，為的是快速轉移贓物，這樣即使被抓住，也會因為沒有證據，導致警方無法立案。不過即使小偷只有一個人，也會迅速轉移贓物，目的也是為了自身的安全。某日中午，街道旁的一家公司，員工都在座位上吃午餐，一個穿戴整齊的男子走了進來，實際上很多人都有看到進來一個陌生人，但都以為他是要找別的同事，所以就沒人詢問他。他轉了一圈，拿走了一個員工放在桌子上的錢包，轉眼間，裡面的幾張千元大鈔就進了他的口袋。錢包隨後被他扔在另一張桌子上，該男子迅速走出這家公司。

不巧的是，他剛離開公司的大門，就在街道轉角處遇到了射手偵探。射手偵探憑直覺覺得他可疑，攔住了他，恰好公司裡面的人追了出來，說錢被偷了，該男子自然成了嫌疑犯。但是，經過仔細搜查，在他身上不但沒有找到失竊的錢，就連一張千元鈔票也沒有，但射手偵探認定他就是小偷。經過對周邊環境的深入調查，查清了他的做案手法。你知道他是怎麼做案的嗎？

第9章　射手座（Sagittarius）11月22日～12月21日

答案：這個小偷先準備一個寫了自己名字並貼好郵票的信封，然後才去行竊。他將偷來的鈔票裝進這個信封，投到街道邊的郵筒中才離開。這樣一來，偷來的錢便經由郵差的手送到他家中，真是一個狡猾的小偷。

✦ 體育健將的罪行

班傑明是一個退役的體操運動員，分配在某學校當體育老師。因為收入不高，他的女友離開了他，和一個有錢人在一起。班傑明陷入嚴重的單相思，無法自拔，最後決心報復並殺害女友。一個週末，他尾隨女友，並殺害了她。為了混淆現場的腳印，班傑明特意穿女友的小高跟鞋逃離現場。班傑明的身材不高，腳卻很大，他要穿43號鞋。他女友則恰恰相反，個子矮小，穿的是36號的高跟鞋，所以班傑明的大腳，絕不可能塞進那雙細小的高跟鞋。射手偵探經過一番深入調查，揭開了真相。你知道班傑明是怎樣穿女友的鞋逃走的嗎？

答案：班傑明是用手套著他女友的36號高跟鞋，倒立著離開現場的。即使是個腳很大的男人，只要用手，仍然可以套進小高跟鞋。班傑明是體操運動員，倒立行走不是問題。

✦ 一秒鐘消失了

金輝珠寶店來了一個男子，他目中無人，舉止粗野，態度蠻橫，對店員指手畫腳，一會兒抱怨店太熱，一會兒抱怨店員動作太慢，嘴裡還嚼著口香糖，並不時吹起小泡泡。兩個店員只好忍氣吞聲地應酬著。

「你這個鑽石是真的嗎？不會是玻璃的吧？」「我們店裡所有首飾都是真的，我們是百年老店，信譽至上，小心……」男子不斷地將手裡的鑽石拋上拋下，掂量著，好像他的手能驗證出真假一樣。突然，他手一滑，鑽石不小心掉到地上。店員慌忙拾起來一看，沒有破損，卻覺得入手的重量不對，機警的店員將鑽石放在天平上一秤，是純粹的假貨。

「先生，非常抱歉，是您將鑽石調包了吧？」直到這時，店員才強硬起來。男子勃然大怒，一腳踹翻櫃臺外給顧客坐的椅子，起身就要打店員。經理一邊拉住男子，一邊要店員報警。射手偵探來到現場，翻遍了男子全身，沒有發現真鑽石。

「今天要是不給老子一個交代，你們這間店就別開了。」男子盛氣凌人，連射手偵探都不放在眼裡。經理雖堅信是此人玩了調包計，可又查不出證據，拿不出物證，只好拿錢消災，想打發這個人趕快走。就在這時，全面了解情況的射手偵探，突然問了一句：「剛才你口香糖嚼的那麼噁心，現在你的口香糖呢？我問你，你的口香糖呢？」男子臉色大變，射手偵探搜尋了一下現場，果然在被他踢倒的椅子坐墊下找到了鑽石。

請問，真鑽石是怎樣消失的呢？為什麼會出現在椅子坐墊下面？

答案：男子拿起真鑽石假裝端詳的樣子，趁店員不注意，迅速用口香糖將它黏到椅子坐墊下面，然後取出假鑽石故意掉在地上，好讓店員去撿……

✦ 誰偷了金項鍊

聽說有一批款式非常漂亮的首飾在展出銷售，立刻吸引許多顧客。到11點左右，櫃臺前人很多，人們都在精心挑選首飾，而首飾商的銷售人員也忙的滿頭大汗。這時，一名穿著很有格調的女子，一連要銷售人員拿出數條金項鍊挑選，她似乎很內行，總是能挑出每一條項鍊的小問題，把銷售人員弄的很狼狽。

這時，一個男子在她身後大聲說：「炫耀什麼，買不起別在這裡搗亂！」這個女子回過頭，氣憤地說：「狗眼看人低，你看我像買不起的人嗎？我這條金鑲玉項鍊價值23萬呢！」只見女子白皙的脖子上戴著一條精美的金項鍊，項鍊的下方還有一塊鑲嵌著美玉的金吊飾，果然是一個絕美的首飾。

第 9 章　射手座（Sagittarius）11月22日～12月21日

　　男子不說話了，女子說了句「真掃興」，然後轉身離開了櫃臺。當她在人群中走動時，突然脖子很痛，金項鍊被人搶走了。女子一搶，總算把金鑲玉吊飾拉了下來，但是金項鍊卻被搶走了，她大喊：「我的金項鍊丟了，抓小偷！」她盲目追趕著附近的幾個人。這時，正在附近維持秩序的射手偵探聞聲趕到，加入追捕的行列。最後，射手偵探追上了一個穿著西裝的男子，但搜查全身，仍找不到贓物。就在這時，另外三個警察領著三名匆匆跑離廣場的嫌疑人走過來。經過一番仔細判斷，射手偵探找到了小偷。這三個嫌疑犯身上都有一條項鍊，請仔細思考，利用下列線索，嘗試偵破這宗偷竊案。

1. 打扮濃妝豔抹的風塵女子，手提袋內發現一條金項鍊。
2. 一名身穿運動服，滿頭大汗的男子，頸掛著金項鍊。
3. 一個乞討的女子，她身旁的小孩正在玩一條金項鍊，坐在廣場上行乞。

　　答案：原來小偷以偷龍轉鳳的方式，把項鍊交給廣場上的乞討女子。他們是同夥，看見女子被捕，立即將金項鍊交給小孩玩耍，以掩人耳目。

◆ 頭冠哪去了

　　76歲的溫斯頓伯爵邀請社會名流到他的莊園賞玩他的亞洲收藏品，在50多年的收藏生涯中，溫斯頓可以說是碩果纍纍，他的收藏品不僅在澳洲的收藏界很有名氣，即使放眼當代，能與他相提並論的人也不多。他收藏了很多珍貴文物，尤其是來自印度阿育王的頭冠，更是他的鎮宅之寶。在賓客們的豔羨聲中，溫斯頓伯爵飄飄然了。

　　可就在人們舉杯歡慶的那十幾秒裡，頭冠不見了，溫斯頓伯爵立刻報警。射手偵探立刻命令所有出入口全部關閉，警察控制每一個重要的位置。為了證明自己的清白，所有來賓都主動配合警察的搜查。頭冠不是一

個小東西，隨便藏在哪裡都可以，它肯定需要一個包裹才能裝入。證明清白的賓客們都被集中到一個空地上，他們都默默地注視著那些還沒被檢查完的賓客。

「對不起，先生，請打開你的皮包。」日本人農田近極將自己的黑皮包打開，只見他的皮包裡面是空的，「玩什麼鬼把戲？」有個賓客嘟囔著，「拿著空皮包也太奇怪！」射手偵探也覺得有點不正常，就用手在包的內部摸了幾下，似乎感覺有點溫溫的。「咦？哪來的羽毛？」日本人不斷鞠著躬走向空地處。「不對，你先不要走！」射手偵探把日本人請到監控室，準備再做調查。調查結果證明，這個日本人果然就是竊賊。

你能猜到頭冠是怎麼消失的嗎？

答案：頭冠被日本人偷走了，只不過是以另一種方式。他拿著一個皮包，皮包裡放的是一隻被他訓練到很聽話的獵鷹，皮包溫溫的，是因為之前獵鷹一直藏在裡面。他趁眾人喝酒之際，拿出獵鷹，然後把頭冠放在獵鷹的身上，再把獵鷹放走，獵鷹就把頭冠帶回了他的住處。

◆ 失蹤事件

如果沒有意外，羅德曼將繼承他父親的所有財產，但是據醫院的護士所說，他的父親羅孚死前將他5,000萬美元的財產重新做了分割。如果屬實，那麼羅孚的私生子就有可能繼承其中的一部分財產。這個消息令羅德曼十分生氣，他發誓一定不會讓這份新遺囑出現。他聘請了2個職業殺手，務必將這份遺囑截獲，並交給他銷毀。

不過，羅孚事前早就預料到了這一點，他也聘請了私家偵探暗中保護女律師從底特律去紐約。事情出現轉折，在前往紐約的火車上，女律師離奇地失蹤了。有人看見她進入火車上的洗手間，從此就不見蹤影了。既沒有跳車的跡象，也沒發現屍體。而她所戴的大帽子和一雙很重的鞋子，在

第 9 章　射手座（Sagittarius）11 月 22 日～12 月 21 日

鐵路旁被發現了。射手偵探搜查了這列火車，除了這個女律師外，還有另外四組乘客，他們都有私人包廂。一組是兩個到紐約觀光的小姐；一組是兩個中年的工程師；一組是兩個私家偵探，也就是報案人；最後是一對年輕夫婦，妻子是化著濃妝的美人，丈夫是個冷峻的傢伙。因為事關重大，所以射手偵探檢查了他們的行李，卻沒有發現什麼。第二天，失蹤的女律師在底特律火車站被發現，她因頭部受到重擊而喪失記憶力。

後來，羅孚的新遺囑果然出現在羅德曼的手裡。羅德曼看完之後，一把火燒了遺囑，然後支付給 2 個職業殺手 500 萬美金。正在他洋洋得意時，射手偵探上門抓捕了他。這究竟是怎麼一回事呢？

答案：殺手使用了調包計。為了避開保護女律師的私家偵探，殺手決定利用這個女律師的身分，年輕夫婦就是殺手。在底特律火車站出發前，他們先把女律師打昏，然後由妻子打扮成女律師。由於女律師戴著大帽子，遮住了臉，私家偵探和她彼此都不認識，所以不用擔心會被人拆穿識破。他們把新遺囑藏在隱蔽處，躲過了檢查。到了車上，那女人進入洗手間卸下女律師的打扮，恢復本來的面目。女律師的帽子和鞋子又大又重，就被她扔到了窗外。

◆ 渡輪與凶手

女子棒球隊的福愛麗意外死在北海道的一處山林，她是被繩索勒住脖子，窒息而死的。經過警方調查，凶案發生在三天前的午夜零點左右。透過兩天的偵查，一名叫田村的年輕人有很大的嫌疑，他曾向被害人借過一筆錢，而被害人最近一直在追討。於是射手偵探將田村傳喚到警局配合調查。

射手偵探問道：「5 天前夜間零點左右，你在哪裡？」田村答道：「5 天前的晚上，我在度假啊！當時我從本州前往北海道坐渡輪過海。午夜零點

左右，船應該在海上航行，而我住在三等艙裡，我和另外幾個人還玩撲克牌了呢！我有其中一人的電話，不信你們可以調查，我不可能在那個時候去殺福愛麗的。」後來，經過調查，正如田村所言，無論是乘客還是服務人員，都清楚地記得田村是住三等艙的乘客。

不過，射手偵探最終還是識破了田村的詭計。即使田村在航行的船上，也不能作為他無法做案的證據。你知道田村用什麼方式殺害了福愛麗嗎？

答案：田村搭的是車輛渡輪，上船前強迫福愛麗喝下安眠藥，然後將她藏在汽車後車箱中帶到船上，半夜時分，他溜回車上勒死福愛麗後，仍舊將屍體藏在車輛後車箱中。第二天，坐船到北海道後，將屍體拋棄在山林裡。

✦ 浪漫的晚餐

米斯特今天晚上十分開心，她的情人艾倫帶著 6 個好友，為她舉辦了一個浪漫的晚餐。紅酒、牛排、清爽的沙拉，雖然都是在餐廳訂的餐，但依舊那麼讓人感動。米斯特的房間被布置的格外溫馨，十幾個又粗又矮的美麗蠟燭，讓所有在場的女士都認為這對戀人太美好了。所有人都舉杯祝福他們，米斯特最先喝多了。

蛋糕還沒吃呢！主人就醉倒了，大家都覺得沒盡興，艾倫提議去樓下的燒烤店喝啤酒，讓米斯特好好休息一下。於是，幾個人安頓好米斯特後，就一起下樓了，那些溫馨的蠟燭依然點燃著，真是美景啊！米斯特是一個兼職會計，自己在家接十幾家小公司的記帳、會計工作，雖然忙，收入也不菲。放著蠟燭的桌子上有一大疊財務報表，旁邊是一臺傳真機。

出門前，艾倫對眾人說：「蠟燭安全嗎，要不要熄滅？」大家都說，蠟燭離紙張那麼遠，不要緊的。再說，每個蠟燭都放在瓷碟裡，不會燒到家

第 9 章　射手座（Sagittarius）11 月 22 日～12 月 21 日

具的。大家就出去了。吃燒烤期間，艾倫到附近一家雜貨店買了 2 包他習慣抽的菸，大約花了 5 分鐘。

半小時後，消防車的警笛響起，原來是米斯特的家裡發生火災，消防人員撲滅了大火，但是在廢墟中發現了被濃煙燻死的米斯特。接到報案後，射手偵探迅速趕到現場，凶手到底是誰呢？射手偵探經過一系列的勘查後得出結論，凶手就是米斯特的情人艾倫。據調查，艾倫買菸過程中，沒有回過米斯特的房子，那麼火災是怎麼發生的呢？

答案：第一，只有艾倫有做案時間；第二，蠟燭放在米斯特的辦公桌上是艾倫精心設計的，他在買菸時，在路邊的另一家打字店裡發了一份傳真到米斯特家，傳真紙碰到燭火而燃燒起來，又引燃了桌上的財務報表，於是發生了火災，燒死了米斯特。

✦ 不幸的野餐

教授夫婦應她的學生美惠子之邀，去郊外的別墅野餐，一起去的還有美惠子的堂姐以及堂姐的未婚夫。美惠子的雙親都已去世，由她繼承鉅額家產。她的身材小巧輕盈，貌美而可愛，深得教授夫婦的喜愛。

到達別墅後，他們在庭院的草地上野餐。美惠子帶了三個大籃子，籃中裝滿食物。吃飽後，籃子就收進別墅中。教授夫婦和堂姐聊天時，美惠子和堂姐的未婚夫一起進了別墅，好久也不見他們出來。於是堂姐進屋查看，卻發現裡面空無一人。當教授也想進屋時，堂姐的未婚夫從另一邊的樹林裡出來了。他一身泥巴，在摘野草莓呢！教授問他美惠子在哪裡，他說在屋裡。然而當他們三人進屋時，卻無論如何也找不到美惠子，而且門窗都是從裡面鎖住的。教授夫婦找來找去，只在走廊上撿到一塊防水布。四人失望地將野餐用具收拾整齊，把大籃子放回車上，離開了。後來射手偵探又進行了仔細的檢查，但除了在浴室裡發現一點血跡外，實在找不出

什麼來。

美惠子到哪裡去了呢？她被謀殺了嗎？屍體呢？凶手又是誰呢？射手偵探經過一番深入調查，揭開了謎底。你知道謎底是什麼嗎？

答案：凶手就是堂姐和她的未婚夫。他們提議邀請教授去野餐，是為了要讓他們當證人。當美惠子和堂姐未婚夫進入別墅後，堂姐未婚夫便殺了她，在浴室裡處理了屍體，用防水布包著，放進大籃子中。因為被害者很嬌小，重量輕，不易被發覺。事後，他從後門出去了。堂姐進屋查看時，把門從裡面鎖上了。堂姐未婚夫把屍體掩埋時，教授夫婦毫不知情。

找到凶器──射手偵探的神奇視角

◆ 北極命案

在冰雪覆蓋的北極冰原上，經常可以看到各國的研究人員，他們在這塊寒冷的地帶，進行著科學研究。有一天，加拿大的研究團隊在冰面上發現了一具屍體，死者是一位考察北極熊生活的人員。離屍體不遠處，有一塊像被燒焦似的異狀石頭，正是這塊怪異的石頭擊中了死者頭部，導致死亡。然而，其他工作人員勘察現場後，發現死者周圍只有他一人的足跡，沒有發現其他異常，更令人百思不得其解的是，石頭就是殺人凶器。面對被冰雪覆蓋的北冰洋，根本沒有陸地，也不可能找到石頭。

如果你是得知上述線索的射手偵探，死者到底是如何被殺害的呢？

答案：死者是被隕石擊中頭部導致死亡的。地球上有很多隕石從宇宙飛來，往往是以驚人的時速穿過大氣層，墜落在地球上。有些隕石因為速度過快，在它們快要落到地面時，依然是燃燒狀態的。因此研究人員是死於意外。

第9章　射手座（Sagittarius）11月22日～12月21日

✦ 殺人的扳手

一個夏季的中午，造船廠派人到警局報案：「我們這有一個工人死了，就在工廠的牆角。」射手偵探馬上來到案發現場，發現死者頭部受到重創，應該是流血過多才導致死亡。法醫仔細檢查死者的傷口，認定傷口是被硬物擊打所形成。檢查完屍體後，法醫認為極有可能是被扳手、槌子之類的工具造成的傷害。

射手偵探馬上請工廠裡的人把自己的工具拿來檢查，如果有私自隱藏，那就是殺人嫌犯。不一會兒，全工廠的人都拿工具來了，有一百多把，都擺在工廠前的空地上。

射手偵探細細端詳工具，最後拿起其中的一個扳手，問道：「這是誰的？」一位身形矮小的中年男子，從人群中走了出來：「是我的。」大家聽完，都把目光投向這位男子，此人不是別人，正是和死者不睦的艾倫特。射手偵探問：「你為何殺人？」「我沒有。」「你賴不掉，看看這把扳手就知道了。」

請問射手偵探怎知是艾倫特殺人？只是簡簡單單的扳手，就能成為破案的關鍵嗎？

答案：在炎熱的夏天裡，雖然扳手上洗得很乾淨，但上面仍有血腥的味道，會招來許多蒼蠅。所以射手偵探判斷艾倫特就是殺人凶手。

✦ 凶器哪去了

在美麗新世界度假村裡，發生了一起離奇的死亡案件。兩個前來旅遊的女子，一起去蒸三溫暖，十幾分鐘後，又有顧客進去蒸三溫暖，看到一個女子倒在地上，另一個女子若無其事地哼著歌、梳洗著她長長的頭髮。顧客趕忙過去扶起倒在地上的女子，結果發現女子已經停止了呼吸。

度假村的工作人員立刻報警，射手偵探趕到現場，對現場進行了仔細

勘察，在勘察中沒有發現什麼有用的線索。但有一點可以確定，死者是被勒喉窒息而死，沒有手指勒喉的痕跡，現場也沒有發現繩索之類的東西。很明顯，另一個女子是凶手，但她把做案工具藏在哪裡呢？這些都難不倒射手偵探。那麼，請問死者是被什麼東西勒死的？你知道答案嗎？

答案：凶手是用自己的長髮當繩索進行謀殺的。

✦ 死亡之謎

利物浦街頭，有一名巡警騎著摩托車巡邏時，發現一名逃犯。逃犯連忙跑進附近的施工大樓內，希望擺脫巡警的追捕。巡警不甘示弱，放棄摩托車，也追入大樓內，院子裡的兩個工人看到這一幕，他們也跟著追過來。沒跑幾步，兩個工人聽到大樓內傳來六聲槍響。

兩個工人聽到槍聲，不敢繼續追下去，他們撥打報警電話。不一會兒，警察趕到，發現巡警已經死亡，他的手槍也掉在地上，地上有五顆彈殼，胸口有槍傷痕跡，顯然他與逃犯發生槍戰。這時另一組警察抓住了逃犯，逃犯卻說警官不是他殺的，而是自殺。警方在逃犯身上和案發周圍搜尋，果然不見任何槍枝，但是警官為什麼會自殺呢？何況，槍聲又是六聲，彈殼卻只有五顆。正在束手無策時，射手偵探發現了一樣裝修用的工具，揭破了巡警死亡之謎，也證明了逃犯是殺人凶手。射手偵探到底發現了什麼東西？

答案：裝修槍。凶手是用裝修槍殺死警察的。

✦ 奇特的死亡現場

寒冬季節，滴水成冰。隨著門被猛地推開，喧鬧的酒吧一下子靜了下來。只見一個身穿紅色羽絨衣，頭戴棉帽，手提黑皮包的200公分高壯漢直接走了進來。此人的出現，立刻引起在場所有人的注意。這個人穿過酒

第 9 章　射手座（Sagittarius）11 月 22 日～12 月 21 日

桌，轉過吧檯，要了一杯伏特加，一飲而盡，然後直接轉進洗手間。客人們這才緩過神來，大家繼續喝酒聊天，抽著嗆人的雪茄。有人還打賭說剛才這個人一定酒量很好，兩瓶伏特加沒問題。

20 多分鐘過去了，那傢伙怎麼還不出來？有人已經開始想念這個傢伙了。這個人還在洗手間裡，而且毫無動靜。店員覺得奇怪，就上前推開了門，大聲問是否需要幫助。沒人回答，他又推開了男洗手間，被所見情景嚇到了：洗手間裡有一具屍體躺在血泊中，正是剛才這個客人，黑皮包扔在一邊。經警方調查，沒發現任何凶器，黑皮包是空的，而且洗手間沒有其他出入口。調查結果，只發現血裡滲著一點水跡。射手偵探勘察完現場後，揭開了此人的死亡之謎。那麼，這人是怎麼死的呢？

答案：死者是自殺。凶器是藏在黑皮包裡的尖冰刀。

◆ 企業家之死

日本大企業家松下新丸每天都會去附近的公園晨跑，這個習慣已經陪伴他 40 多年，風雨無阻。7 月分的一天早晨，松下新丸像往常一樣在公園裡跑步，可是當他被發現時，已死在公園小樹林裡。警察趕赴現場調查，發現松下新丸的後腦被鈍器所擊，導致死亡。幸運的是，警方在現場發現了一個人的腳印，說明凶手是單獨做案。根據附近鍛鍊的人回憶，當天沒發現有人攜帶可能做案的凶器，因為這個季節鍛鍊的人衣著都很少，身上要是帶著鈍器，肯定很引人注意。射手偵探做了一連串詳細的偵查，他們把案發當天在公園裡鍛鍊過的橋本、大島、由美子三人視為主要懷疑對象。

橋本：當天早上在公園裡遛狗。

大島：當時在練太極拳。

由美子：早晨時在逗自己最喜愛的鳥。

在這三個人當中，你覺得誰是最值得懷疑的？

答案：最有可能襲擊松下新丸的是當時遛狗的橋本，只有他身上才有最好的武器——狗鍊，他把鐵鍊纏在自己手上，然後襲擊了松下新丸。

◆ 凶器消失之謎

秋野是一個機械修理師，業餘時間喜歡玩飛機模型，他設計的飛機效能卓越，尤其是直升機更是一絕，可以在空中做靜止不動、盤旋、翻跟頭等高難度動作。週日早晨8點，秋野在外面玩夠了，才醉醺醺地回到家中。一進家門，他妻子紀子就和他大吵大鬧，並大聲叱責：「滾出去！就知道喝酒玩飛機！你知不知道我已經忍你很久了，你就不知道多賺點錢回來，看看隔壁左禾子穿的都是名牌，你再看看我，嫁給你5年了，還是窮兮兮的，你滾，再也不要見到你！」秋野忍無可忍，在酒醉的狀態下，他與紀子大吵起來，終於拿起製作模型用的刀具，將妻子活活捅死了。

七、八分鐘後，秋野打電話報警，稱自己剛到家時，就發現妻子被殺。射手偵探迅速趕到現場，經過2個小時的勘查，基本上排除了外來人員做案的可能，把疑點集中到秋野身上。然而秋野以沉默來對付審訊。射手偵探搜查了公寓大樓的樓梯間、垃圾桶，甚至周圍地區，依然找不到凶器。偵查陷入了僵局，直到兩個星期後，有一個家庭主婦帶著她的小孩來警察局送交一個東西，警察才找到凶器，不過凶器是在遠離案發地點600多公尺遠的22樓「櫻花木大酒店」屋頂發現的。按照時間推算，秋野似乎不太可能在這麼短的時間內跑到那麼遠的酒店屋頂上丟凶器。但這難不倒射手偵探，你知道凶器怎麼會出現在那裡嗎？

答案：秋野是個機械師傅，會設計高效能的直升機，他殺妻後將凶器放在直升機的模型上，遙控直升機飛行到「櫻花木大酒店」屋頂拋下凶器，然後讓直升機墜毀在任何一處，故警察在現場找不到凶器。

第 9 章　射手座（Sagittarius）11 月 22 日～12 月 21 日

空中危機 —— 射手偵探的「高階」視角

✦ 被劫持的飛行員

　　一架水陸兩用遊覽飛機被劫持了，劫機者開槍擊壞無線電裝置，使飛機與地面無法聯繫，命令駕駛員按他指示的方向往北飛，飛到海面上，那裡有一艘潛艇在接應他，他身上帶著機密情報。

　　劫機者用望遠鏡觀察海面，發現來得太早，潛艇還沒露出水面，只得命令駕駛員在空中盤旋。駕駛員提高高度，盤旋飛行。此時，突然起風了，平靜的海面上掀起了白色巨浪。駕駛員一直在畫著三角形的路線盤旋飛行。這時，劫機者見潛艇浮出了水面，便命令駕駛員把飛機降落在潛艇旁邊。駕駛員拉下油門桿，減小了動力，飛機開始下降。雖然緊貼海面下降，但駕駛員故意著水失敗，從潛艇的頭上飛過去，再次抬起機頭。潛艇上穿著制服的人正在放橡皮筏。

　　「喂！你在做什麼？快點著水！」劫機者氣急敗壞地喊道。

　　駕駛員嚷道：「這不是直升機，如果不看準風和浪的方向著水，飛機會翻倒，那時你、我只能去餵鯊魚。外行少插嘴！有插嘴的工夫，趕快去穿座位下面的救生衣，若有側浪是會弄翻飛機的！」被駕駛員這麼一嚇唬，劫機者趕忙穿上救生衣。駕駛員為爭取時間，作大幅度盤旋。這次雖然順利浮在水面上，但距潛艇還有 200 公尺遠時，他就把發動機關了。劫機者見狀，用手槍抵著駕駛員的後腦勺。

　　「扣扳機前，你給我好好聽著！」駕駛員沉著地反唇相譏。

　　正在這時，上空有聲音傳來。一架雙引擎的水上飛機，正飛速地朝這邊飛來。海面上的潛艇撤下橡皮筏，慌忙開始下沉。駕駛員緊緊抓住劫機者的手腕。「為時已晚了，那是海軍的水上飛機，是接到我發出的求救訊號，趕來救我的。」

沒有無線電裝置，又是在杳無人煙的大海上空，駕駛員是怎樣發出呼救訊號的呢？如果你是得知上述線索的射手偵探，知道答案嗎？

答案：駕駛員在上空一邊盤旋一邊等候潛艇時，是按照三角形路線飛行的，每兩分鐘向左飛行，這就是航空求救訊號。當飛機在飛行中無線電裝置出現故障時，就會用這種飛行方法求助。這樣，基地的雷達就會馬上派出救生機緊急前往搜尋。

✦ 專機安全著陸

間諜008在位於赤道下面的東南亞K國機場當機械師，工作是為大型客機塗漆、修理。

3月6日，K國總統將搭專機出訪日本。008收到間諜總部的密令，要在總統歸國前將其暗殺。008將高效能的塑膠炸藥弄成板狀，再照機翼上的徽章形狀切好，塗上相同的油漆，黏在飛機徽章上。因為機翼有油箱，所以炸彈一爆炸，剎那間飛機就會爆炸起火。引爆電源開關裝在主起落架的緩衝裝置上，一旦著陸時的衝力導致壓縮緩衝器，炸彈開關就會啟動。開關與機翼的塑膠炸彈相連結，用導電油漆代替電線。在導電油漆的周圍，為了不讓電流漏到機體上，塗了絕緣材料。這樣一來，一旦起飛，這架飛機就無法再著陸了，因為著陸的同時，炸彈就會發生爆炸。

當日，專機載著總統直飛日本。專機到達東京的情況，電視臺透過衛星轉播。008坐在電視機前，等待著自己的傑作。電視畫面上出現了成田機場，機場正下著雪。不久，專機在雪中出現了。008屏氣凝神，注視著專機接地的一瞬間。不知為什麼，專機滑向跑道平安著陸，靜靜地停下，沒發生任何事情。安裝了塑膠炸彈的機翼上的徽章，清晰地出現在電視螢幕上，飛行中照理是不會因空氣摩擦脫落的。如果你是得知上述線索的射手偵探，知道塑膠炸彈為什麼沒有爆炸嗎？

第9章　射手座（Sagittarius）11月22日～12月21日

答案：因為成田機場在下雪。如果飛機高速在雪中飛行，即便是柔軟的雪花，也會像堅硬的沙子一樣發生摩擦。由於雪的這種摩擦，鑲嵌在機翼上的塑膠炸彈及導電油漆，像是被用挫刀削掉似地都脫落了。間諜008身在熱帶國家，所以沒有考量日本早春降雪這個情況。

◆ 墜落的直升機

3名恐怖分子襲擊一所小學，把十幾名兒童當人質，占領了教室，並提出條件，要求政府當局釋放被逮捕的5名同夥，並用直升機送他們去某國。

另恐怖分子驚訝的是，政府輕易地答應了他們提出的條件。等到天黑後，那5名囚犯被從監獄牢房送到小學裡，並派來一架直升機，降落在小學的操場上。駕駛艙裡坐著兩名駕駛員。

「這架直升機包括兩名駕駛員，限坐10人，如果讓孩子也上去的話，會超載、墜毀。有駕駛員當人質，請你們把孩子們放了！」聽到包圍在學校周圍的警察指揮官喊話後，聚集在一起的8名恐怖分子，要兒童們排在直升機登機口前，警惕地用槍對著他們，自己迅速登上直升機。他們的坐艙與駕駛室有門隔開。

直升機立刻升空，消失在夜幕之中。可是，在幾分鐘後，直升機飛到郊外荒野的上空時，發生了猛烈的爆炸，連同駕駛員都被埋在一片火海之中。

其實，這是政府的一次巧妙安排。如果你是得知上述線索的射手偵探，知道政府為什麼要犧牲自己的飛行員嗎？

答案：那架直升機上的駕駛員，兩個都是與真人一模一樣的機器人。實際上是從地面用無線電遙控操縱的直升機，使其在安全的郊外荒野上空，發動機熄火墜落。因為是在夜裡，駕駛室又被用門隔開，所以恐怖分子沒有察覺到駕駛員是機器人，就急忙登上了飛機。

✦ 直升機的證言

某人搭乘朋友的直升機去一個海島旅遊。但十分鐘後,直升機折返機場。直升機駕駛員向警方聲稱,此人竟然在飛行途中自行打開機艙門跳了出去,而他的椅子上則留有一封遺書。遺書說他罹患重病,覺得生無可戀,所以要了結自己的生命。

射手偵探看完遺書後,深思了一會兒,又打開直升機座艙看了看,便拘捕了直升機駕駛員。射手偵探發現了什麼破綻呢?

答案:若直升機在飛行中,艙門被打開時,由於機內外的氣壓不同,所以一定會有一陣急風,將機艙內的東西扯出艙外,因此,遺書不可能仍放在椅子上。射手偵探便肯定是駕駛員把他的朋友丟出直升機,然後關了機艙門,再把遺書放在椅子上的。

✦ 劫機驚魂

飛機剛剛起飛,兩名男子就衝進後艙配餐室,持手槍對著空姐,要她接通機長的機內電話。「是機長嗎?這架飛機被我們劫持了,空姐是人質。以下請照我的命令行事。首先讓全體乘客都繫上安全帶。」

「了解,你們的目的是什麼?」機長應答。「這個以後再告訴你,快點指示繫安全帶!」客艙中嘈雜聲四起,但乘客均照機長指示開始繫安全帶。「你們也都坐到空著的座位上,繫上安全帶!」罪犯命令空姐,又抓起電話與機長通話:「現在我要到你那裡去,把駕駛艙的門打開。不要做什麼蠢事,這裡我的同伴正把乘客當作人質。」「知道了。你來吧!我們談談。」

兩名罪犯持著手槍出現在客艙,一邊緩步穿過,一邊確認乘客是否都繫上安全帶。其中,一人站在通道中央大聲地說:「我們不打算傷害諸位,到達目的後會釋放女人和孩子……」但是還未說完,數秒鐘後,事態為之

第9章　射手座（Sagittarius）11月22日～12月21日

一變，兩名劫機犯絲毫沒作抵抗，就被乘客制服了。其實，這一切都是射手偵探在電話中幫機長出的主意，你知道是什麼主意嗎？

答案：劫機犯說話時，機長操縱機體突然下落了大約50公尺，緊接著又上升了30公尺左右，造成「空中陷阱」現象。由於兩名劫機犯站在通道上沒繫安全帶，所以頭重重地撞到機艙頂，倒下休克了。乘客和空姐們都繫著安全帶，所以平安無事。「空中陷阱」也稱「亂氣流」，指空中因氣流下降等原因使飛機突然下落的現象。

✦ 尋找機密檔案

某國間諜勞倫，奉命到敵國去刺探軍事情報。他順利完成任務，並且把所得的檔案拍成微縮膠卷，搭飛機返回本國。在飛機上，他向本部呼叫：「我已把膠卷藏在飛機上最安全的地方，即使飛機失事，也不易損壞……」話還沒說完，他突然大叫道：「不好，飛機上有定時炸彈！」緊接著，電訊中斷，隨之而來的是飛機失事的報告。

射手偵探奉命到失事現場找膠卷，但飛機爆炸成無數碎片，到哪裡去找呢？勞倫說過，膠卷放在飛機上最安全的地方，射手偵探根據這句話找到了膠卷。到底哪裡是最安全的呢？你能找到嗎？

答案：在機尾。通常飛機失事時，機尾部分大多最安全。

✦ 恐怖的暴破計畫

墨西哥某城市的一架飛往美國紐約的飛機，起飛不到20分鐘，就接到一通匿名電話：「我們在飛往紐約的那班飛機內裝了炸彈，在飛機起飛10分鐘後，炸彈匣內的定時裝置就會開始啟動，當飛機要著陸時，降到海拔2,000公尺以下，由於受氣壓變化的影響，炸彈就會送全機人員上西天，哈……」

機長聽完從機場傳來的惡訊，剎那間臉色慘白。飛機控制中心整個氣氛緊張起來。因為目前飛機是在離地 1 萬公尺上空飛行，假如降落到海拔 2,000 公尺的低空時，飛機就會爆炸。那麼飛機飛行的高度，勢必不能低於 2,000 公尺，可是燃料用盡之後，炸彈怎麼也找不到，如何死裡逃生？

　　機長與射手偵探通話之後，突然胸有成竹地宣布：「各位放心，警方已經想出了辦法，讓我們安全無虞！」於是，他改變了航向後繼續飛行。

　　在接近某機場時，飛機由 8,000、6,000、5,000、4,000、3,000……的高度逐一降落，最後在首都墨西哥城的機場安全地著了陸。

　　事後檢查飛機，專家在設有氣密裝置的尾翼找到了特殊的炸彈。為了證實這枚炸彈的可靠性，於是進行實驗，果然在海拔 2,000 公尺處爆炸了。既然炸彈的威力不減，那飛機何以安全降落呢？

　　答案：在海拔 2,000 公尺以上的機場降落肯定安全。墨西哥城位於海拔 2,200、2,300 的高原上，機長改變航向，在墨西哥城的機場降落。

第 9 章　射手座（Sagittarius）11 月 22 日〜12 月 21 日

第 10 章

摩羯座（Capricorn）
12月22日～1月19日

第 10 章　摩羯座（Capricorn）12月22日～1月19日

【神話由來・象徵意義】

漢密斯的兒子潘恩是半神之一。半神雖不如天神，但卻仍遠比人類卓越。牧神潘恩長得醜，連親娘都嫌棄，他頭上長有山羊的耳朵和犄角，上半身是長毛的人形，下半身卻是山羊的姿態。他最喜歡音樂，經常吹奏自己所製的葦笛。有一次，諸神在尼羅河岸設酒宴時，突然出現一個怪物，諸天神都大驚失色，變成各種形態逃進河中。潘恩也急忙跳進水中避難，但由於過度驚慌失措，而無法完全變成一條魚……這就是「摩羯星座」的由來。

在十二星座中，摩羯座和射手座同屬「非常態」的類型，射手座是人頭馬，而摩羯座則是只有在希臘神話中才有的「海羊」──上半身是羊，下半身是蜷曲尾巴的魚的變種山羊。所以和其他雙重組合的星座──如兩條魚的雙魚、兩個秤錘的天秤、半人半獸的射手一樣，是複雜、矛盾的。

摩羯座也叫山羊座，但事實上又不是純正的羊，而是羊頭魚身的一種動物，複雜度可見一斑。摩羯座象徵著有山羊的毅力、刻苦耐勞；內在的非理性情緒，也許是哲學性或潛在的感情部分，則要把另一半給留住。

【智商代表詞彙】

我要利用

摩羯座是嚴謹刻板、穩重老成的星座。雖然一向給人呆板的印象，但呆板的人普遍來說，都不太耍花樣。不管是在事業或愛情上，他們也都以這份特殊氣質獲勝。

摩羯座就像一隻走在高山絕壁的山羊一樣穩健踏實，會小心翼翼地度過困厄的處境。通常都很健壯，有過人的耐力，意志堅決，有時間觀念，有責任感，重視權威和名聲，對領導統御很有一套，自成一格，組織能力也不錯。他們從周圍人的認知中總結出對自己有用的標準，因此在複雜的陌生環境中，學習能力及成長能力最慢的，往往是魔竭座。

通常他們也絕少是天才型，但卻心懷大志，經過重重歷練，到中年才會漸漸擁有名聲和成功。一方面是因為他們有安定向上的心和堅強的毅力，加上擅長知識和經驗的累積，如此才一點一滴地達成目標。雖然有時為了成功，會用一些殘忍無情的策略，但摩羯座還算是有正義感的。他們善於外交、好動，活力充沛，目標確定，重視現實利益及物質保障，具有宗教或神祕學科的理解能力及人文科學的邏輯概念，是屬於大器晚成的類型。

魔羯座非常珍視用自己辛勤工作換來的財富。開銷很有計畫，不喜歡揮霍浪費。勤儉節約是其本色。他從事傳統的、有條不紊的工作，要比創新的工作更容易成績卓著。

摩羯座條理分明，擅長精密而繁瑣的思考模式，且具有付諸實現的耐心與能力，一旦開始行動，就沒有轉圜的餘地。摩羯座充滿野心、城府頗深，他們在判斷事情和從事研究工作時，很少立即做出情緒性的反應或判斷，通常只做有把握的事，沒有十成勝算，至少也要有八成把握，才肯放手一搏。他們總是仔細考量、反覆推敲之後才會下結論，所以如果你和摩羯有賭局，只要看到他下大賭注，那你最好快點認輸，因為他要不是百分之百的贏家，就是要把你弄到兩敗俱傷。

魔羯座以事業為主，常常把個人生活置之度外，一切都從最現實的觀點出發，腳踏實地，從零做起，並追求實實在在的結果。他們渴望成功，也許這是為了補償內心的某種需求或深藏的孤獨感，但卻從來不會把感情與事業混為一談。魔羯座的邏輯思想、客觀態度和組織觀念，有可能使他進入高職要位，有時還會把他引向社會或政治生活的道路上去。

公認智商指數：100～102

第 10 章　摩羯座（Capricorn）12月22日～1月19日

【情商代表詞彙】

我做

　　正面的摩羯座性格是能幹務實，認真理性，追求安定，注重保障，雄心勃勃；負面的摩羯座性格是重利現實，嚴肅遲鈍，工作狂，不夠浪漫。

　　摩羯其實是個雙面人，外表冷漠，內心卻火熱無比。他們看起來現實，但心底卻渴求浪漫。他們不喜歡失去控制權，但是超越其控制能力的異性，對他們卻有莫大的吸引力。摩羯座天性略帶羞怯，通常喜歡默默觀察別人的表現來決定接近的距離遠近。如果你的表現符合他們的標準，和他們的期望相符合，他就會靠你近一點，但仍處於警戒狀態；假若你的言談思考讓他覺得和你同一陣線，就有可能和你來往。但只有當他開始把心中真正的感覺、不為人知的過去（例如戀情的起伏）告訴你時，才算把你列入正式朋友的名單。

　　「嚴以律己」是摩羯座的特點，最怕別人認為他們不完美，所以總是嚴厲地批評自己，對自己的過失一點也不寬容。因為情緒總在緊繃狀態，所以脾氣常會失控，容易在小事上大發脾氣。摩羯座多半渴望被了解，但因有極度的不安全感，對別人不信任，所以很少有知心朋友，生活十分孤單。你經常可見摩羯人擺出孤寂、冷漠的臉孔。他們生性憂鬱，是所有星座中憂鬱氣質最濃厚的一個。

　　摩羯座常會有人際關係的困擾，尤其難以和別人建立起親密關係。他之所以不善溝通，一方面可能是因為害羞，另一方面則是他過度執著於事業上的成就。不管在何種情況下，摩羯座常有被孤立的感覺。

　　摩羯座的缺點是頑固，又獨斷獨行，可能以為自己的智慧足以應付一切，所以任何事都不抱客觀的態度分析。但是否聰明不是自己決定的，而是別人的看法，別人會透過你做事的結果來斷定你是否真的聰明。

　　年輕的魔羯座都是很單純的，天性善良，感情也很脆弱，也許會因為

一些小事難過很久，所以他們通常表面很酷，一副淡然的樣子，其實他們只是不希望讓別人看到他脆弱的一面，堅強、理智、承受是魔羯座的代名詞。他們並不是很隨便地表達自己所想，希望了解身邊所有人的性格也不是因為好奇，好像只是因為一種安全感。為了保護自己，魔羯座鍛鍊出一種特殊能力。

公認情商指數：68～82

【智商・情商之最】

最深沉

最勤奮

最愛用功

最重視考試

最不會投機取巧

最會做生意

最有上進心

最受不了被批評

最想出頭

最怕肉麻

最值得信賴

注意力最集中

最易致富

最不浪漫

第 10 章　摩羯座（Capricorn）12月22日～1月19日

【智商‧情商綜合評價】

1. 工作非常投入，會認真討論問題的實質，絕不敷衍。

2. 有領導才幹和組織能力，善於利用人和事去完成自己的既定目標，善於組織材料寫作。

3. 他們對事情是根據數據和推理作出猜想，頭腦冷靜而聰明，知道何時該進，何時該退。

4. 心理狀態永遠年輕，具有很強的自我洞察力和判斷力，對重要事情給予極大的關注。

5. 是現實主義者，公正地面對生活，毫不畏懼，信心百倍地實現自我目標。

6. 對家庭和親友十分忠誠而慷慨，而個人生活節儉，會討價還價。

7. 不善交際，交往對象要長時間觀察才能進入實質性階段，容易失去機會。

8. 人生信條：（1）對一件事懷疑就不要去做；（2）不要急於求成，但要雄心勃勃。

【魔羯偵探訓練案例】

情理推理──深諳人情世故的魔羯偵探

◆ 搶孩子

宋朝初年，在河南的王莊，李家和劉家的媳婦在同一天都生了一個胖娃娃，兩個孩子長得有點像雙胞胎。可是李家的孩子不到一個月就夭折

了，李家悄悄地把孩子埋在自家的後院，不讓左鄰右舍知道，準備找機會把劉家的孩子偷來。

有一天機會來了，李家媳婦趁劉家媳婦出門，偷偷地把孩子抱回自己的家。劉家兩口子和鄉親們在附近找了兩天，不見孩子的蹤影。第三天上午，劉家媳婦去李家串門子，一進屋發現在搖籃裡睡覺的孩子正是自己家的孩子，兩個女人為了爭奪這個孩子，在屋裡打得頭破血流。一個長者建議她們去開封府找包公評斷。

兩家人帶著小孩來到開封府。包公升堂斷案，兩家都說孩子是自己的，但都拿不出確鑿的證據。這時包公發話了：「妳們在大堂上搶孩子吧！誰搶走，孩子就歸誰。」

兩個婦女開始搶孩子，一人拉小孩一隻小手臂，剛一用力，小孩大聲哭叫，劉家媳婦馬上鬆手，孩子被李家媳婦搶走了。這時，包公驚堂木一拍，「大膽李氏，妳偷劉家孩子，還不從實招來。」包公見大家帶著疑惑的目光看著他，便站起來說了一番話。這時就聽堂下李家兩口子說：「我們認罪了，孩子是我們偷的。」

如果你是得知上述線索的魔羯偵探，知道包公這番話是怎麼說的嗎？

答案：包公說：「你們想一想，一個多月的孩子，細皮嫩肉的，他的親生媽媽會捨得用力拉他嗎？用力搶孩子的媽媽一定不是親生媽媽。」

◆ 賣藥人

一天，路旁有一群人圍著一個賣藥攤子，那賣藥人頭上戴頂草帽，前面放著一個藥箱，箱蓋上放著幾粒廣告用的藥丸。此時，賣藥人正在口若懸河地兜售：「本藥是根據祖傳祕方，精心製作而成，專治脫髮、禿頭，治一個好一個。哪位買回去試試，包你滿意！」他說得搖頭晃腦，口沫橫飛，頭上的草帽也跟著上下跳動。圍觀者有的問這問那，有的掏腰包。賣

第 10 章　摩羯座（Capricorn）12 月 22 日～1 月 19 日

賣藥人見生意馬上要開張，非常得意，就彎下腰去開箱，沒想到一不留神，把箱蓋上的藥掀落在地上，恰好又颳來三分鐘熱風，草帽也被吹掉了。賣藥的人慌張地撿藥又撿帽。等他戴好帽，抬頭一看，周圍已經空無一人。如果你是得知上述線索的魔羯偵探，知道為什麼嗎？

答案：賣藥人的草帽被吹落，露出了光頭。大家見他連自己的禿頭都未治好，賣的肯定是假藥，所以都走了。

◆ 沒有雙臂的特務

34 歲的尼古斯一出生就沒有雙臂，他從青少年時期就愛讀偵探小說，愛看警匪片，很早便立志要成為一名偵探。他曾對自己的好友說：「我不敢把志向告訴別人，因為恐遭嘲笑，但我漸漸明白有志者事竟成，關鍵是靠自己努力。」經過長時間的苦練，尼古斯的腳趾練得像手指一樣靈活，能翻閱檔案、操作電腦、扣衣服鈕扣、吃飯。

尼古斯從電腦學院畢業後，多次找工作，都因為是身障人士，所以很難找到，但他不灰心，終於在 1979 年考進美國內政部。憑著卓越的工作表現，他很快成為最傑出的十位身障公務員之一。1981 年他申請調職，進入聯邦調查局工作，以冷靜的頭腦和鍥而不捨的精神，在洛杉磯屢破大案，深受上司重用。後來又參與了轟動全美的國防部貪汙案調查工作。他的上司利根說：「尼古斯是我們隊伍中的菁英，他的工作無懈可擊。」

一天，尼古斯和同事一道去破一件竊密案，到現場後，罪犯已經開車逃跑。尼古斯尾隨追捕罪犯，在半路下車步行偵查，他的同事開車向右轉走。躲在路旁的罪犯看尼古斯沒有雙臂，就毫不在乎地下了車。突然，尼古斯隻身鑽進罪犯的車子，這輛車被啟動後，向右方轉去。不一會兒，尼古斯的同事趕來，罪犯束手就擒。

尼古斯沒有雙臂，車輛怎麼能開走呢？如果你是得知上述線索的魔羯

偵探，知道答案嗎？

答案：尼古斯有一雙經過刻苦訓練的雙腳，這兩隻腳能翻檔案，當然也能開車。

✦ 無動於衷的警察

在一個專為行人開設的十字路口，當行人在過馬路時，不管哪個方向來的車輛，都必須停在人行道前方。可是有一次，在該交叉路口，有很多行人正在過馬路時，就在人行道前方等待的卡車司機，儘管也知道現在是行人的綠燈，但他卻突然全速衝向人群之中，奇怪的是，站在一旁的警察看到這一切也無動於衷。如果你是得知上述線索的魔羯偵探，知道是為什麼嗎？

答案：司機也是行人。從我們日常生活的經驗來看，卡車的車體與司機是一體的，互相分不開。其實本題只要將司機隔開，就不會感到混亂。

✦ 是否失職

賽車選手Ａ先生行駛於公路上，因前方有車子全速朝向他開過來，Ａ先生突然向左轉入人行道上。但是，旁邊有位看到此幕的交通警察，居然沒有責備他。如果你是得知上述線索的魔羯偵探，知道這是為什麼嗎？

答案：因Ａ騎的是腳踏車。從賽車選手的字眼裡到騎的是腳踏車的事實，的確會令人無法想像。但是，若能想到，即使騎在人行道上也無妨的交通工具是什麼的話，便可找出答案。

✦ 小偷被偷

有一個職業小偷。一天，他到公車上做案，先偷了一位時髦小姐的錢包，等她下車後，又接連偷了一位西裝革履的男子和一位白髮蒼蒼的老太

第 10 章　摩羯座（Capricorn）12月22日～1月19日

太的錢包。他興高采烈地躲在一個巷弄的角落裡清點，發現三個錢包裡總共不過兩百元。接著他又尖叫起來，原來與這三個錢包放在一起的他自己的錢包不翼而飛了，那裡面裝著七百多元呢！他口袋裡還有一張紙條，上面寫著：「讓你這該死的小偷嘗嘗我的厲害，看你偷到誰的頭上來了！」

如果你是得知上述線索的魔羯偵探，知道那三個人中，究竟是誰偷了小偷的錢包嗎？

答案：時髦小姐。因為如果是另兩個人的話，他們應該連那位小姐的錢包也一起偷走才對，就算他們不全偷，他們也不知究竟哪個錢包才是職業小偷的。

◆ 先後之分

警校教官在一次課堂上，出了一個問題給學員們：「一位死者在自己家中，仰臥而死。當時他的身上有兩處槍傷，一處在胸部；一處在額頭。我們先不管現場留下了什麼線索，也不管凶手為什麼要用兩槍來結束死者的生命。我們只猜想死者身上的兩處槍傷位置，哪一個在先，哪一個在後？」學員們聽完，沒有交頭接耳，沒有你問我答，而是低頭思考。最後，魔羯偵探第一個答對了教官的問題。請問，你知道答案嗎？

答案：額頭的中槍部位在先，胸部在後。如果先射中頭部，人在死前頭部會向後仰，由於慣性，身體也會向後倒。如果先射擊人的胸部，人多半會因疼痛而向前彎腰，趴在地上。

◆ 認馬妙法

在兩個相鄰的農場裡，有一天發生了一件糾紛，A 農場和 B 農場的主人為一匹馬是誰的而爭執。

「這匹馬是我的，我的馬大部分是棗紅馬。」

「棗紅馬誰都有，這匹馬是偶然跑到你們那裡去的。」

他們都說這匹馬是自己的。這件事鬧到魔羯偵探那裡，他請工作人員把那匹馬牽來，檢驗後又命令把這匹馬放進馬群裡，這個馬群中有十幾匹棗紅馬。然後要 A 農場和 B 農場主人分別去認馬。結果，魔羯偵探很快就斷定這匹馬屬於誰。

聰明的讀者，魔羯偵探是怎樣判斷的呢？

答案：魔羯偵探要工作人員在那匹馬身上做記號，放進馬群裡，再讓 A、B 農場主人去辨認，如果真的是這匹馬的主人，很容易就會從眾多馬匹中認出。

✦ 售票員變偵探

一名警察和他的妻子到滑雪勝地去度假，警察的妻子被發現摔死在懸崖下面。在度假勝地工作的售票員與魔羯偵探取得了聯繫，魔羯偵探在向售票員詢問詳情之後，立刻以謀殺罪逮捕這名丈夫。魔羯偵探怎麼知道這是一起故意殺人案？

提示：

(1) 售票員從來沒有見過警察和他的妻子。

(2) 如果沒有售票員提供的訊息，魔羯偵探就不能逮捕這名警察。

(3) 雪橇留下的軌跡無法顯示這是一起故意殺人案。

(4) 她是摔死的。

(5) 她是個滑雪好手。

答案：警察幫自己買了一張來回票，但沒有幫他的妻子買。魔羯偵探認為這很奇怪，不符合人之常情。當魔羯偵探調查此事時，這名警察已經拿到了他妻子死亡的保險費。警察承認了這一切。

第 10 章　摩羯座（Capricorn）12 月 22 日～1 月 19 日

✦ 偷寶物嫌疑人

兩兄弟都是收藏迷。一天，哥哥從外地買來一個據說是明朝時期的寶物，並把它放在客廳中一個有鎖的玻璃櫃內，櫃中的收藏品都是他們兄弟二人的。弟弟看著哥哥的這件寶貝，羨慕不已，經常站在玻璃櫃前端詳。

週末，一位從國外趕來的女收藏家登門拜訪兄弟二人。哥哥便從櫃中取出寶物，給這個女收藏家欣賞，女收藏家同樣羨慕不已，愛不釋手。第二天一早，哥哥發現寶物不見了，急忙報警。

魔羯偵探到現場調查，發現玻璃櫃的鎖是完好的，證明竊賊是用鑰匙打開的。而且，無論在客廳的家具上、玻璃櫃上，都像被人打掃過一樣乾淨，沒有留下指紋和線索。魔羯偵探立即鎖定二個嫌疑人，那就是弟弟和那個女收藏家。請問，你認為這兩個人中，誰是真正偷寶物的人？

答案：女收藏家。因為只有她才會將所有指紋抹去，弟弟則不需要抹掉包括家具上的所有指紋。

✦ 珠寶失竊案

世界珠寶展覽會在巴黎舉行，香格里拉酒店特意派領班米麗小姐將珠寶設計師新秀珍妮小姐接來，安排在 3 樓貴賓室裡。米麗從珍妮手中接過裝滿參展珠寶的手提箱，放在床頭邊。「您有什麼需求嗎？」米麗問。「明天早上幫我送杯牛奶吧！」珍妮疲憊地說。

第二天清早，珍妮在盥洗室剛刷好牙，正用毛巾洗臉時，突然聽見門邊「啊」的一聲，接著是「撲通」聲。珍妮立刻奔向門口，只見米麗歪倒在房門口，鮮血從她的額頭流下來。珍妮急忙去找枕巾，想幫她止血。然而，當她去拿枕巾時，突然發現床頭邊裝滿珠寶的手提箱不見了。頓時，珍妮臉色慘白，大叫一聲：「天啊！」然後立刻打電話報警。

魔羯偵探趕到現場時，米麗已經進入珍妮的房間。珍妮哭著告訴魔羯

偵探，她的手提箱不見了。米麗接著說：「剛才，我為珍妮小姐送來一杯熱牛奶。可當我剛跨進房間時，就覺得很奇怪，沒等我回頭，頭上就被硬物砸了一下，摔倒在地，恍惚間好像看見一個蒙面男人，拿著珍妮的手提箱逃走了。」

魔羯偵探走到床頭櫃前，見床頭櫃上放著一杯牛奶，對珍妮說：「喝牛奶壓壓驚吧！」「我現在喝不下去。」珍妮淚如泉湧。米麗摸了摸杯子說：「涼了點，我再去幫您熱一下。」說著，端起放有牛奶的盤子就要離開。魔羯偵探擋住她的去路，說：「小姐，先不忙著離開，請把珍妮小姐的手提箱位置告訴我吧！」

請問，魔羯偵探為什麼會這樣說呢？

答案：如果米麗真的是剛進房間就被打倒，她端著的牛奶肯定會打翻在地，不可能放在床頭櫃上，所以米麗明顯在說謊。肯定是她和竊賊一起，偷走了珍妮裝滿珠寶的手提箱，然後，假裝被襲擊，試圖誤導警方的調查。

◆ 失敗的演出

賭鬼約翰在麥卡租用的房間頂樓殺害了麥卡。當他想鎖門離開時，才發覺鎖門要用鑰匙，急切中找不到，現在無法鎖門了。兩小時後，他駕著車與魔羯偵探一道回到這幢房子。「麥卡近來因生意失敗心情很不好。」約翰對魔羯偵探說：「本來我早該來看看他的，可是沒人知道他把自己藏到哪裡去了。今天上午他突然打電話給我，說他不想活了，我這才問明瞭他的住址，我想您跟我一起來也許能開導開導他。他在電話裡說，他住在德拉維爾街126號一幢白色樓房裡，我們應該已經到了。」

魔羯偵探先走下車，見大門虛掩，便推門而入，打開電燈。5分鐘之後，兩人在頂樓發現了麥卡的屍體，正當他倆傷心地面對屍體時，樓下傳

第 10 章　摩羯座（Capricorn）12 月 22 日～1 月 19 日

來「吱」一聲開門的聲響。魔羯偵探跟著約翰趕到樓下的後門，只見一個漂亮的小女孩站在門口。

「我媽媽叫我把這瓶牛奶送給麥卡先生。」她甜甜地說。

魔羯偵探接過牛奶，待女孩離去後，立即打電話回警察局。警察趕到後，魔羯偵探立刻命令他們將謀殺嫌疑犯約翰拘捕候審。

約翰哪裡露出了破綻？

答案：雖然約翰偽造了自殺現場，小心翼翼地編了他從未到此地的謊言，但他在頂樓上卻知道開門的響聲是來自後門，這無異於不打自招。

◆ 鬧劇的破綻

魔羯偵探有一次開車去看朋友，夜幕已降臨，距離目的地還有 50 英里，他就下車找個飯店吃飯，這時，一個漂亮女士請求搭車回家。

魔羯偵探答應了，但走了不到一英里，就有一輛小汽車從後面追了上來，那個女士轉身去看，突然大叫道：「追來的是我丈夫，他會殺死我們的！」

魔羯偵探覺得很蹊蹺，加上天黑，道路不熟，他決定不與追車賽跑，乾脆把車停在路邊。很快追車也停了下來，從車裡跳出一個暴躁的男人，大喊大叫。魔羯偵探完全明白是怎麼回事了，他平靜地指出製造這個鬧劇的破綻，這對男女垂頭喪氣地走了。

猜猜看，魔羯偵探明白了什麼？

答案：在黑夜裡，那位女士不可能迎著汽車的前燈燈光，觀察得如此仔細，甚至辨認出誰在開車，所以這顯然是個有預謀的圈套。

科學推理 —— 嚴謹仔細的魔羯偵探

✦ 路遇搶劫犯

一天深夜 11 點，魔羯偵探在回家的路上，聽到遠處喊著「抓強盜」的急促呼救聲。魔羯偵探飛步趕到出事現場，只見一胖一瘦兩個人正扭打在一起，見魔羯偵探來了，都說自己的手錶被對方搶了。魔羯偵探問：「錶是什麼牌子，何種錶帶？」那兩人異口同聲地回道：「勞力士，真皮錶帶。」

魔羯偵探從地上撿起手錶，只做了個簡單的動作，便斷定二人中誰是攔路搶劫犯，並將他押回警察局審問。你知道是什麼動作嗎？

答案：魔羯偵探將手錶分別試戴在兩個人手上，根據錶帶洞扣痕跡，他判斷出誰是那支手錶的主人，誰是搶劫犯。

✦ 聰明的爸爸

魔羯偵探閒暇時喜歡在家看電視，一天，他像往常一樣坐在沙發上看電視，15 歲小女兒趁他看電視之際，在他身後，將他放在桌子上的錢包拿起來，從中抽走了一張鈔票。過了一會兒，魔羯偵探召集家裡所有人，說：「我少了一張鈔票，我知道是誰拿走的。我希望這個人能主動站出來承認錯誤。」小女兒吐著泡泡糖，一副無辜的樣子。魔羯偵探只好詳細地描述了當時的情景，小女兒見無法抵賴，只好承認此事。魔羯偵探真的知道是誰拿走了鈔票嗎？

答案：知道。因為當看電視時，節目若是光線很暗的畫面，那我們就可以透過螢幕反射出背後的情景。因此，小女兒拿鈔票的所有過程，都盡收爸爸眼底。

第 10 章　摩羯座（Capricorn）12 月 22 日～1 月 19 日

✦ 毒氣入口

約翰是哥倫比亞販毒集團的成員，也是受警方保護的證人，3 月 10 日，他將會出庭指證販毒集團的首腦。約翰被警方關在警察總部的密室內，密室裡面沒有空調裝置，也沒有窗戶及地道。除了鐵門外，就沒有第二個出口，而室內的空氣也透過鐵門流通。

不幸的是，約翰在某天早上被發現倒斃在密室內，而死因是吸入毒氣而死。閉路電視的錄影帶顯示，事發時沒有人去過約翰的密室門口。最後，魔羯偵探卻從角落找到了答案。你知道毒氣是從哪裡進入密室的嗎？

答案：毒氣是透過洗手盆的排水口噴出的。

✦ 虛假的證詞

橋旁有一具被水淹死的年輕女性屍體。剛才在船上，用盡全力划船，向橋的方向行進的男子證明說：「那女子從橋上脫了帽子後，縱身跳下河裡，我親眼看到的。」但魔羯偵探立刻得知這是騙人的證詞，你知道為什麼嗎？

答案：人是背對著前進方向划船的，所以背對著前方橋的方向划船的男子，不可能親眼看見橋上所發生的事情。

✦ 快速賺錢的「生意」

凱米是個不稱職的父親，年輕時拋棄妻子和孩子不顧，到處閒晃，拈花惹草。不過在他 43 歲時，總算買下一間房子。突然有一天，他覺得自己生活有點艱難，於是想到了養老的問題，他沒有一技之長，就想著怎麼弄點可以快速賺錢的「生意」。終於，他構思了一個計畫。他開始購買「藝術品」，並為這些藝術品保了高額保險。同時也幫自己的房子投了鉅額保險。然後，他就決定外出旅行，他家中有一隻陪伴他多年的貓，可是這次

旅行，他不能帶著牠，於是貓被留在家中。

「生意」如期進行著，在他離開家的半個月之後，就接到了電話，說他的房子著火了，由於火警搶救及時，房屋的殘垣斷壁遺留下來，但是裡面的「藝術品」全被燒毀了。火災專家從事故現場看，貓被關在封閉的房間裡，沒有洞可以鑽出去而被燒死。起火點是一張鋪著涼蓆的房間。可整個房間沒有任何火源，也沒有漏電痕跡，煤氣開關也是緊閉的。地上有個破碎的魚缸，且燒焦的蓆子上殘留著少量石灰，於是魔羯偵探斷定這是一場縱火案。請問，你知道縱火者是誰嗎？

答案：縱火者就是凱米自己。他把貓關在封閉的房間內，目的就是不讓牠吃東西，貓餓了就會想吃魚缸裡的魚。貓打翻魚缸後，水灑在涼蓆上的生石灰，反應生成熟石灰，並釋放出大量的熱量，於是就著火了。

◆ 殺人不見血

著名歌星迪翁麗絲近幾年在事業上很不順利，自從她結婚後，收入銳減，婚前的財產也都被她的丈夫拿去做生意，據說生意很糟糕，一直在賠錢。

週一這天，迪翁麗絲被週末休假的女傭發現死在自己的別墅中。接到報警後，魔羯偵探帶著助手到達現場，很快確認死者的位置為第一現場。經過檢驗，沒有發現死者受任何傷，死者死於驚嚇過度，不過死者沒有心臟病史，只是從死者血液裡檢測到有小量安眠藥和軟性毒品的成分。

據調查，她丈夫對她很好。只是因為她丈夫經常干涉她從事的娛樂事業，兩人也吵過架。夫婦二人都曾經買過鉅額保險，不過在死者死亡的前四天，她的丈夫一直在國外為自己公司的生意奔波。細心的魔羯偵探在死者家裡發現了一些新的音響設備，他仔細想了一會兒，隨即釐清整件事就是一個有計畫的殺人案！

第 10 章　摩羯座（Capricorn）12 月 22 日～1 月 19 日

那麼殺害歌星的凶手是誰？行凶動機是什麼？行凶手法如何？

答案：殺害女歌星的凶手就是她的丈夫，殺人動機就是為了錢，是為了死者的高額保險金。這是一個有計畫的殺人案，而且是殺人不見血的謀殺案。在女星死前一、兩個月，她丈夫就已經想好了整個謀殺計畫，他先叫自己的朋友在家裡裝好新的音響設備，而自己就約妻子出去。裝好後，他每天都在妻子的飲用水和咖啡中加入軟性毒品。當然，一開始只是少量的，第一天加一點，第二天增加一點，隨後越加越多。女星吃了軟性毒品後，整天都有幻覺，死者的丈夫裝作沒事發生。凶狠的丈夫趁有機會就放點恐怖的聲音給妻子聽，而他裝作沒有聽見，女星因此經常失眠，不得不借助安眠藥才能安睡。後來隨著軟性毒品造成的幻覺跟恐怖的聲響越來越多，女星越來越憂鬱，有時還三更半夜驚醒。丈夫覺得機會到了，便離開家，外出談生意。他用手機連線上網，控制家裡的所有音響設備，女星死的那晚，他不停播恐怖的聲音。女星一個人在家裡，覺得很恐怖，沒過多久便嚇死了！

✦ 恐怖的炸彈

魔羯偵探去外地辦案時，發現床下被安放了炸彈，是一顆接在鬧鐘上的定時炸彈。一定是白天魔羯偵探外出不在時，對手潛進來放置的。這是一種常見的老式鬧鐘，定時指針正指著 4 點 30 分。可能一到這個時間，就會接通鬧鐘中的乾電池，引爆炸彈。現在距離爆炸時間，只剩下五分鐘。

鬧鐘和炸彈被用黏合劑固定在地板上，拿不下來。鬧鐘和炸彈的線，也被穿在鋁帶中，用黏合劑牢牢黏在地板上，根本無法用鉗子取下切斷。而且，鬧鐘的後蓋也被封住了，真是個不留絲毫空間的老手啊！

就連魔羯偵探也著急了。這間屋子是公寓的五樓，所以不能一人逃離了事。如果定時炸彈爆炸，會帶給居民大不幸。所以要設法防爆於未然，

可眼下報警請專家過來拆掉,為時已晚,躊躇之際,時間在一分一秒地過去。魔羯偵探鑽進床下,在地上用指尖輕輕敲動鬧鐘字盤的外殼。外殼是透明的塑膠,不是玻璃製的。並非輕易就取得下來。萬一不小心,會接通電流,有引爆炸彈的危險。

怎麼辦好呢?他思索了一下,突然計上心來。在炸彈將要爆炸的一分鐘前,設法拆除了定時裝置。你知道是什麼方法嗎?

答案:讓鬧鐘停下來就行了。魔羯偵探用打火機將鬧鐘字盤的外殼燒掉。因外殼是塑膠的、不耐熱,很快就像糖一樣熔出一個洞,再用瞬間膠從洞伸進去,將指針固定住,這樣鬧鐘就停了。只要指針不動,無論什麼時候,也到不了四點半,炸彈就不會引爆。

◆ 觀察塔上的凶殺案

格林斯潘養鱷魚賺了大錢,他的鱷魚養殖場面積越來越大,雖然也僱用了許多工人餵養、照看鱷魚,但是他並不放心飼養場的安全,每天都會仔細檢視所有安全設施,避免鱷魚的逃亡。為了方便,他在飼養場的中心地帶建立起一個觀察塔,這樣他可以在每日巡視完畢後,隨時再檢視。有一天,格林斯潘突然死在觀察塔最高的平臺上,身上沒有明顯傷痕,一個老舊的單筒望遠鏡隨意放置在他的腳邊。經仔細檢查,發現他的右眼,被一根長約 3 公分的細毒針刺過。在他的屍體旁邊,有一枚沾滿血跡的針。由現場情況看來,格林斯潘顯然是自己把刺進眼中的毒針拔出來以後才死亡的。

觀察塔是一個獨立的塔樓,大約有 4 層樓高,其餘建築物都是一樓的平房。而且,觀察塔下面的大門是鎖著的,沒有鑰匙絕對無法打開,也沒有撬開的痕跡,格林斯潘是鎖好下面的門,才到觀察塔上去的。所以凶手一定不是從觀察塔的大門進去,觀察塔的下方就是一個最大的飼養池,下

第 10 章　摩羯座（Capricorn）12 月 22 日～1 月 19 日

面有近百條鱷魚。自觀察塔到飼養場圍欄，大約有 1,000 公尺的距離，昨夜又颳著很大的風，即使凶手是從外面把細毒針發射過來，也不可能飛得這麼遠，而且還那麼準的打到格林斯潘的右眼。可是，死者正是被此毒針打中右眼而死的。那麼到底誰是凶手呢？又是用什麼方法把人殺死的呢？這真是一件令人百思不解的案件。

從調查的過程中，魔羯偵探知道死者肯定不是自殺。魔羯偵探隨後調查了跟死者密切接觸過的人，最後了解到格林斯潘有一個私生子，最近剛剛確定了他們的父子關係，因此常有往來。格林斯潘打算將財產分出 80% 給私生子，可是他的妻子卻認為這種做法相當愚蠢，他們為此多次爭吵。在格林斯潘的辦公室保險箱裡，魔羯偵探還發現了一個檔案袋，裡面是一份親子鑑定，鑑定的結果顯示，格林斯潘與現任妻子所生的 2 個孩子，都和他沒有任何血緣關係。

「在發生此案的前一天，格林斯潘的妻子帶著一個長長的背包來過飼養場。她和老闆在觀察塔上待了一會兒，不過晚上他們是一起離開的。」院中的清潔工對魔羯偵探說了以上的話。

魔羯偵探閉上雙目，靜靜地思索著，又睜開眼睛，望著岸邊趴滿鱷魚的餵養池，他似乎頓悟出：「我根據情形做了推測，也許我是錯的，能不能叫人打撈此河，尋找證據，儘管讓那些鱷魚搬家有點困難……」最後警方同意了。他們在河底找到一個望遠鏡，這是一個長度僅四十公分的望遠鏡。這個望遠鏡，就是殺害格林斯潘的凶器！

這個望遠鏡怎會和殺人案扯上關係呢？誰是殺害格林斯潘的凶手呢？

答案：格林斯潘的妻子把細毒針裝在望遠鏡的鏡筒內，當格林斯潘把望遠鏡放在眼睛上，一面用手轉動鏡筒中央的螺絲，來調整鏡頭焦點，藏在鏡筒內的細毒針，受到彈簧的反彈力，便跳了出來，正巧刺進他的右眼。格林斯潘驚慌失措，把手中的望遠鏡扔了出去，望遠鏡就是這樣掉進

觀察塔下的池子裡，雖然格林斯潘及時用手拔掉了刺在眼中的細毒針，可是這樣更加快了他的死亡。

自然永珍皆有語 —— 善於取證的魔羯偵探

◆ 彩虹下的劫案

雨驟風停後，亮麗的晴空中出現了一道彩虹，魔羯偵探打開窗戶欣賞著。他面對的正好是東西向的交通要道，就在這時，幾名歹徒忽然闖入路旁一家珠寶店，搶了不少珠寶。魔羯偵探火速趕往現場，詳細調查了歹徒的特徵與外貌，下令全面追查剛剛逃走的歹徒。過了半天，抓回三名外形符合的嫌犯。

第一個激動地說：「什麼搶劫？那是幾點鐘發生的事？5 點 30 分？我正在南公園附近的餐廳吃麵，突然下起雨，我躲了一會兒，雨停了，才走沒多遠就被抓了，為什麼？」

第二個說：「突然下起大雷雨，我很怕閃電和打雷，所以去附近的咖啡店避雨。等到雨停，我走到教堂前，忽然看到彩虹，就停下腳步觀賞。因為看太久，而且陽光又很刺眼，所以就離開了。但是卻被警察抓來，真不知是為什麼？」

第三個男子也接著說：「我和女朋友在書店買書，因為下雨，只好一直待在店裡。出來之後，我們就分手各自回家了。什麼？要找我女朋友？別開玩笑了，她只是我在書店認識的小女孩，連她叫什麼名字我都不知道。什麼彩虹我沒看見，反正什麼事我都沒做。」

魔羯偵探此時沉默了一下，斷定這三人中有人在說謊，各位，你們知道是誰嗎？

第 10 章　摩羯座（Capricorn）12月22日～1月19日

答案：強盜是第二個人，因為彩虹的位置永遠和太陽相反，所以看彩虹時絕對不會覺得陽光刺眼，他在彩虹出來時搶劫了珠寶店，走出來後發現天邊有彩虹，就編出了這個不合情理的謊言。

✦ 嫌疑犯的破綻

一個萬里無雲的夏日清晨，一間公寓內發生了一起凶殺案，時間大約是下午4點左右。魔羯偵探經過三天的深入調查，終於拘捕一個與案件有關的嫌疑犯，但他卻說：「事發當天，我一個人在郊區遊玩。直至下午4點左右，我到水庫划船。當時適值雨後天晴，我看到附近山峰西面的天空上，橫掛著一道美麗的彩虹，所以凶手是別人，不是我！」魔羯偵探大聲喝斥：「你在說謊！」你知道嫌疑犯的話露出了什麼破綻嗎？

答案：嫌疑犯說話的破綻，在於看到彩虹的方向。要是他真的看見彩虹，太陽應該在彩虹對面。既然案發時間是下午4點，彩虹應該在東面的天空出現，而不是西面呀！

✦ 破綻在哪

氣溫零下5°C的一天，魔羯偵探在旅館附近的湖邊散步。這時，突然有一個渾身溼漉漉的人，氣喘吁吁地在樹林中出現。他對魔羯偵探說：「我的朋友掉進湖裡，凝結的冰突然破裂了，我嚇了一跳，跟著跳了進去，可是已不見人影。請你快叫人來幫忙。」

於是魔羯偵探馬上請來旅館保全人員、附近村民幫忙，大家一起往出事地點走去。他們走了一公里半的路，看到了冰上的裂洞。魔羯偵探把視線轉移到那人身上，說：「我雖然不知道是何理由，但是，你就是殺害朋友的凶手。你以為我看不出你的破綻嗎？」

破綻究竟在哪裡呢？

答案：當時氣溫是零下5℃，而現場和旅館有一公里半之遠，那個聲稱救朋友而跳進湖裡的人，在這種氣溫下走了這麼多路，照常理來說，褲子早應該結冰了，而他卻是全身溼漉漉的。說明他只是在旅館附近故意弄溼自己，以掩飾謀害朋友的罪行。

✦ 甲板槍聲

遊船在風暴中東搖西晃，顛簸前行。風暴暫息時，一號甲板傳來一聲槍響。正在度假的魔羯偵探幾個箭步就衝上升降手扶梯，在手扶梯盡頭轉彎處發現了死者，死者頭部有火藥燒傷。

船長和魔羯偵探馬上展開調查，以弄清楚事發時船上每位乘客的所在位置。調查工作首先從離屍體被發現地點最近的乘客們開始。

第一個被詢問的是湯姆，他說聽到槍聲時，他在艙室裡正好要寫完一封信。

「我可以過目嗎？」船長問道。魔羯偵探從船長的肩上望過去，看到信箋上滿滿清晰的蠅頭小字。很顯然，信是寫給一位女士的。

下一個艙室的乘客是韋恩小姐。她緊張不安，回答說，由於被大風暴嚇壞了。問及事發時她在做什麼，韋恩小姐顯得情緒激動地說，她躲進對面未婚夫邁克的臥艙。

後者證實了她的陳述，並解釋說，他們之所以未衝到走道，是因為擔心這麼晚同時露面的話，也許會有損於他們的名譽。魔羯偵探注意到邁克的睡衣上有塊深紅色的痕跡。

經過調查，其餘乘客和船員的所在位置都令人無懈可擊。請問，魔羯偵探懷疑的對象究竟是誰？為什麼？

答案：湯姆因涉嫌而被拘捕，因為在狂風巨浪中，要寫出清晰的蠅頭小字是不可能辦到的。

第10章　摩羯座（Capricorn）12月22日～1月19日

✦ 風暴後的疑案

某市最近發生了一場龍捲風暴，風力大到連大樹也被捲到天上去。暴風過後，警察局收到一宗離奇的傷亡報告，郊區二路一排平房中，靠左的那間，有一名男子死亡。由於室內雜物東倒西歪，所以摩羯偵探進去時特別小心。死者就伏在客廳中的一張沙發上，死因後來被證實是後腦重創至死，猜想是他身旁的一座音響擊中了他。音響上有血跡，沒有指紋，一時無法斷定死者是被謀殺還是意外。

魔羯偵探猶疑之間，忽然想起還有辦法馬上可以斷定他是否被謀殺。於是拜訪了死者的鄰居，結果如他所料，證實死者是被謀殺的。魔羯偵探想到了什麼呢？

答案：如果是發生風暴的地區，一定整個城市都受到創傷，只要看看死者鄰居，如果像死者家裡一樣凌亂，就無法確定他是被殺。但現在鄰居家裡基本上沒有什麼損毀，就證明死者是被謀殺而故布疑陣。

第 11 章

水瓶座（Aquarius）
1月20日～2月18日

第 11 章　水瓶座（Aquarius）1月20日～2月18日

【神話由來・象徵意義】

特洛伊的王子蓋尼米德（Ganymede）是個黃金般的美少年，有一天他在牧羊時，突然被宙斯變成的老鷹抓到奧林帕斯（Olympus），負責嫁給海克力斯的西碧公主原所擔任的斟酒工作。在古羅馬，太陽的位置在這個星座的第一個月為雨季，所以定名為水瓶。

水瓶座（也稱寶瓶座）指的是重生之水和智慧的泉源之意，常被稱為「天才星座」或「未來星座」，是近神星座之一，代表神的思想。

【智商代表詞彙】

我要抓住關鍵

在充滿絕對意識的魔羯座之後，是頭腦不斷閃爍著新奇古怪念頭的水瓶座。他常常不考量事情的某些具體方面，而一味地推動它們的前進，富有開拓精神。水瓶座的思維能力高於本能，是先鋒派人物。他們感興趣的不是昨天，而是明天。

水瓶座常被稱為「天才星座」或「未來星座」，因為他們的守護星是天王星，而希臘神話中上知天文、下知地理，並有預知未來能力的智慧大神——烏拉諾斯（Uranus），是水瓶座的守護神。所以，他們具有前瞻性、獨創性，聰慧而理性，喜歡追求新的事物及生活方式。

另外，他們也很重視理論和知識，有優秀的推理能力和創造力，客觀冷靜，善於思考，思想博愛，講求科學、邏輯和概念，價值觀很強。水瓶座對超能力、超自然現象會積極證明，人緣及辯才均佳，忠於自己的信念，又令人難以捉摸。

水瓶座理想高遠，不管對自己或別人，最大的願望就是領先潮流。而保持最新觀念的方法，就是不斷的變動、革新，可以說，水瓶座是革命型的人生觀。水瓶座是新思想的開拓者，如果給他完全的行動自由，讓他隨心所欲地去思考和決定，他就會表現出卓越的工作才能。水瓶座還具有科學精神，能夠以批判的態度與合乎邏輯的思考方式面對問題。水瓶座層出不窮的念頭和突如其來的直覺，使他們能預感到未來。他們對發現、探索和一切有關開拓性的事情都感興趣，也可能在攝影和電影藝術方面有所創新。

公認智商指數：100～102

【情商代表詞彙】

我了解

你看過花瓶的樣子嗎？口很小，想伸進去很難，但如果你能進入瓶子裡，你真的會看到一個廣闊無比的空間，水瓶座就是這樣。正面的水瓶座性格是才氣洋溢，創意無限，魅力難抵，理想色彩濃厚；負面的水瓶座性格是冷漠無情、無動於衷，交友雖多，知心卻少，屬於激進派。

水瓶座是一個平等博愛的星座，他們非常能夠包容理解各種不同的人，社會性很強，舉止大方，思想開放，頭腦也很聰明。他們往往很有個性，也接受別人個性的張揚。

水瓶座嚮往人與人之間美好的情意，但絕不願意受感情上的絲毫束縛。他們喜歡豐富自己的思想境界，在旅行中開闊自己的視野，並喜歡在交往中了解你的思想觀點。

水瓶座具有利他精神，朋友有難，馬上雪中送炭。與人意見不合時，

第 11 章　水瓶座（Aquarius）1月20日～2月18日

即致力於溝通，不會停滯在無益的憤怒、叫罵或頹廢的情緒中，會追求積極面，排除消極面，表現出公正的性格。他們選擇朋友有點嚴格，而且喜歡開朗的人，不太會主動對沉默的人伸出友誼之手。一旦被水瓶座的友誼之手握住了，在朋友危急時，他們是不會鬆手任其跌落的。

公認情商指數：72～84

【智商・情商之最】

最難理解

最喜歡獨處

最我行我素

最不重視紀律

最敢與眾不同

最會突發奇想

最讓人覺得是怪人

最可能當黑馬

最需要自我空間

最重視精神層面

最可能有蒐集癖好

最會拖時間

最愛幻想

最喜歡大自然

品味最古怪

最無性別概念

最看不起錢

災難中最冷靜

最致力學課本外的東西

【智商‧情商綜合評價】

1. 是好奇心最強的人，凡事喜歡找關鍵，對事情的猜想準確度高，做事知道找誰，快而準確。

2. 心智模糊，沒用的東西不記，但時常出現令人震驚的想法，有奇異、準確、閃電般抓住事物本質的本領。

3. 工作精益求精，天資聰明。

4. 工作時不知掩飾自己，固執，自控能力欠佳。

5. 不愛和別人聊天，也不取悅任何人，愛和不相識的人談天說地。

6. 花錢大方，愛趕時尚、著時裝。

7. 在工作和愛情上為實現自己的理想而奮鬥，非實現理想不可。

【水瓶偵探訓練案例】

隱蔽手法 —— 獨具慧眼的水瓶偵探

◆ 「贏」字破案

明朝萬曆年間，有個山西客人在長江邊的一個旅店過夜。第二天早上起來，發覺自己的包袱有被動過，打開一看，裡面一百五十兩銀子不翼而飛。當晚旅店沒有別的旅客入住，因此，店老闆是最可疑的。山西客人找

第 11 章　水瓶座（Aquarius）1 月 20 日～2 月 18 日

到店老闆，店老闆發誓沒有見到過銀子。於是，山西客人就把失竊銀子的事告到縣衙門。縣官傳令店老闆到公堂，店老闆自以為偷銀子時做得手腳俐落，一點蛛絲馬跡也沒留下，所以矢口否認。縣官察言觀色，初步確認銀子是店老闆偷的，但由於店老闆堅決不承認，縣令又擔心搜查不到銀子，沒有確鑿的證據，定不下案來。

縣官想了一會兒，終於想出一個好辦法。他叫店老闆伸出手來，用毛筆在他手心底寫了一個「贏」字，然後對他說：「你到門口臺階下去晒太陽，如果很長時間字還在，那麼你的官司就算打贏了。」這店老闆好不奇怪，心想：「這縣官也真是個糊塗官，只要我不去洗手，寫在手心裡的字怎麼會沒有呢？」

過了一會兒，縣官派差役到這家旅店，把老闆娘帶來。老闆娘見自己的男人在門口臺階下晒太陽，也弄不清楚到底是怎麼一回事，心中充滿了疑慮。只聽見縣官上下打量她一會兒，突然對她丈夫大聲說道，「店老闆，你的『贏』字還在不在？」店老闆唯恐「贏」字不在，所以馬上回答說：「在，在！」老闆娘一聽，居然把偷銀子的事都講了出來，就承認了事實，乖乖帶差役回到家裡，把窩藏的一百五十兩銀子如數交還給旅客。

如果你是得知上述線索的水瓶偵探，知道這個「贏」字為何發揮這麼神奇的功效嗎？

答案：由於「贏字」與「銀子」的讀音相近，老闆娘做賊心虛，她清清楚楚聽到男人已經承認「銀子」在，再也不敢隱瞞了。

◆ 巧判死刑

南宋時期，揚州有一家人勢力龐大，尤其是這家的公子于川風倚仗自己的大舅在朝廷裡當官，無惡不作。有一天，因為喝酒和鄰桌的人發生爭吵，就當眾將鄰桌的廣州客人打死。圍觀百姓也沒有一個人敢站出來，廣

州客人的同鄉連夜趕到衙門報案。縣官為官清廉正派，一聽此事，馬上派人把于川風一夥從半路堵住，押回衙門。案子很明顯，就是于川風光天化日之下行凶殺人，證據確鑿。縣令審訊完畢，叫人把于川風押進大牢。

于川風和他的家人對此毫不理會，他們對衙役說：「孩子的大舅是朝廷大官，你們敢拿我們怎麼樣⋯⋯」縣令聽完這些話，說：「王子犯法與庶民同罪，我一定要治于川風的死罪，不過他大舅一定會找各種理由，把我呈上去的摺子退回來，要我們重審。時間久了，于川風肯定會被他大舅找到很好的理由釋放出去。」縣令想了一個時辰，突然想到一個辦法，可以讓上級批准此案的判定，他在于川風的名字上做了點文章。

如果你是得知上述線索的水瓶偵探，知道縣令想到什麼辦法了嗎？

答案：縣令把「于」字先寫成「丁」字呈報上去，等上級把批文批回來，縣令再在「于」字上加了一橫，就變成了「于川風」。

✦ 一字之差

一個惡霸仗著家裡有錢有勢，就霸占鄰居的土地，爭吵中，他用斧頭將鄰居砍死。鄰居家人悲痛欲絕，遂報告官府，希望這個惡霸受到應有的制裁。經過縣衙審問、調查，惡霸殺人屬實，便押進大牢。隨後縣令將文書遞到州府。文書上寫：「王建華用鐵斧砍死鄰居王大能，應判死罪，請批示！」惡霸家的父母急忙花銀子買通州府官員。一週過後，文書批了下來，縣令一看，怎麼會判關押兩年呢？明明應該是死罪啊！縣令仔細一看才知道，是州府有人在文書上做了手腳。雖然僅一字之差，但對案子卻影響重大。

如果你是得知上述線索的水瓶偵探，知道州府的人是如何在文書上動手腳的嗎？

第 11 章　水瓶座（Aquarius）1 月 20 日～2 月 18 日

答案：批文上寫著「王建華用鐵斧砍死鄰居王大能」，被州府的人改成「王建華甩鐵斧砍死鄰居王大能」，把故意殺人的動機改成了意外。

✦ 逃走的小偷

一個小偷潛入一個上等社區，他在某家的書房裡找到了 10 萬元，隨後又悄悄潛入一家禮品店。他剛進入禮品店，就不小心觸到牆上的警報器，聽到報警器的響聲，七、八個保全飛奔到禮品店外。小偷見人越來越多，很難脫身，就把 1 萬元的封條解開，拿在手中。當保全拉開禮品店的門時，見門內撒出大量鈔票，保全頓時亂了，大家不由自主地用手去接這些錢。保全隊長意識到，竊賊是想趁亂逃走，就告訴門口的保全：「要嚴密注意出來的人，一定不能讓小偷逃掉。」然而小偷就是這時逃掉的。

如果你是得知上述線索的水瓶偵探，知道小偷是用什麼方法逃掉的嗎？

答案：小偷見保全越來越多，就把自己先前偷的錢在保全打開門的一剎那，撒向空中，以分散他們的注意力，並穿著事先準備好的保全制服，成功地逃離了現場。當時情況混亂，保全們根本注意不到多一個人，這一招可謂險中求勝。

✦ 被盜的豪車

傑弗遜喜歡開著自己新買的豪車到處閒逛，因為亂停車被罰了好多錢，但是他不在乎，「不缺錢」是他的口頭禪，不講公德的他，仍我行我素。一天中午，傑弗遜約幾個朋友在一家酒店喝酒，他開著心愛的豪車，直接停在酒店門前的大街上，完全不在乎自己的車擋住了正常通行的車。幾個人在酒吧裡喝得不亦樂乎，傑弗遜和朋友們一直喝到下午 3 點才迷迷糊糊走出酒吧。

傑弗遜從口袋裡拿出車鑰匙，發現自己的豪車不見了。他大怒，立刻打電話問拖吊場是否拖走了他的車，拖吊場查詢後，說沒看見這輛車的紀錄。傑弗遜只好報警，警察趕到後調查，卻聽人說傑弗遜的車的確是被拖走的，但拖吊場為什麼卻說沒拖呢？傑弗遜的車就這麼不見了，可是為什麼沒報警呢？

　　如果你是得知上述線索的水瓶偵探，知道竊賊是如何把車偷走的嗎？

　　答案：因為傑弗遜違規停車，竊賊直接在玻璃貼上「違例停車」的單子，然後開自己的拖吊車，把車給拖走了。

◆ 巧妙接頭

　　巴黎警方接到線人檢舉，有兩個犯罪集團的主要成員將在巴黎博覽會上接頭，有可能會導致城市犯罪率上升。警方組織大量警力人員，對現場實施監控。下午三點，一名犯罪分子出現在警方的視線當中，該男子來到大廳的廣播處，對工作人員說了一些話，隨後服務人員用廣播播出：「溫蒂小朋友，你的爸爸在大廳廣播處等你，請馬上前來。」警方認為這個叫溫蒂的小孩，可能就是這個犯罪分子要等的接頭人員，所以一直埋伏在廣播室附近。但等了一個小時，也不見小朋友出現。其實在這一個小時裡，兩個犯罪集團已經成功完成了接頭任務。

　　如果你是得知上述線索的水瓶偵探，知道犯罪分子之間是如何取得聯繫的嗎？

　　答案：負責廣播的工作者就是另一個犯罪集團的接頭人員，廣播中所廣播的內容，是他們故意安排的，用來混淆警方的注意視線。因此，犯罪分子在與廣播工作者交談的過程中，就把訊息交換了。

第 11 章　水瓶座（Aquarius）1 月 20 日～2 月 18 日

✦ 危情豔遇

定居在澳洲、謹慎膽小的耶倫，乘船前去紐西蘭看望自己的父母，在甲板上，耶倫一直在思考程式設計的問題，對身邊乘客的說話聽而不聞。船開到一半，有一個漂亮的女士觸碰了他一下，用挑逗的眼神勾引他，最後耶倫經不住誘惑，跟著女士去了她的客房。然而剛進入客房，這位女士就露出自己的真面目，威脅耶倫，說如果不給她一筆錢，她就要大喊有人強行入室，欲行不軌！耶倫知道自己惹上麻煩了，然而情急之下，他靈機一動，很快就擺脫了女騙子。

如果你是得知上述線索的水瓶偵探，知道耶倫到底是怎樣做的嗎？

答案：在船上的時候，耶倫其實並沒有說過話，因此就趁機裝作什麼都不懂的聾啞人，寫字條問女騙子想做什麼，而女人以為耶倫真的是聾啞人，就把自己的威脅意圖寫在紙上。接過字條的耶倫，就有了女騙子的把柄，當然可以理直氣壯地離開了。

✦ 父親留下的保險金

馬尼卡是個有責任感的父親，他一直盼望自己的兒子能夠在音樂藝術上獲得偉大的成就。因此，將自己的收入全部用在兒子的求學上。但是，走音樂的道路花費實在是太大了。一年前，馬尼卡所在的公司因為電腦行業的大發展而破產了，的確，馬尼卡的公司技術實在太落後了，跟不上社會潮流。馬尼卡四處找工作，可是他的知識和技術已經過時。怎麼支付兒子的求學費用，他傷透了腦筋。

半年後的一天清晨，人們在馬尼卡的住處發現了他的屍體，他是被一顆子彈射穿頭而死亡的。後來，警察在離馬尼卡屍體十幾公尺外的羊圈裡，找到了一把小手槍。警方根據一般規則推斷，馬尼卡若是自殺，手槍必在屍體旁邊，而現在擊斃馬尼卡的手槍在十幾公尺外的羊圈裡，這是死

者本人所無法做到的，所以認定是他殺，警方於是立案調查。

立案後的半個月，馬尼卡的兒子簽署了保險公司支付的意外死亡保險金，這是一筆很可觀的錢，足夠他求學了。但是，殺害馬尼卡的凶手一直沒有捕獲，成為一個懸案。只有在天國的馬尼卡知道，他是自殺的。為什麼自殺用的手槍會在十幾公尺外的羊圈裡呢？如果你是得知上述線索的水瓶偵探，知道這是什麼道理嗎？

答案：馬尼卡在自殺前先準備好一條長紙帶。他將紙帶的一端繫在自殺用的手槍柄上，然後走到羊圈旁，將紙帶的另一端讓羊含在嘴裡。接著，他便走到離羊圈十幾公尺外的地方，舉槍自殺。槍響後立即死去，手槍當然就掉在屍體旁邊。但是，羊有吃紙的嗜好，牠不斷地把含在嘴裡的紙帶往肚裡吞，繫在紙帶另一端的手槍也就被拉進了羊圈。馬尼卡想得很周到，為了防止羊吃到一半就不吃了，他從前一天開始就不餵羊了。

✦ 浴缸殺人

秋風起，落葉繽紛，在這樣的時刻去看望老朋友，多少有點傷感。是的，水瓶偵探的老友豪伊已年近70，身體也不大好，他一再要求水瓶偵探過來一趟，有些話要和他聊聊。水瓶偵探開著車，沿著海濱公路行駛著，他打了個電話給豪伊，告訴他大約半個小時後到。

半小時後，水瓶偵探準時到達，可是在客廳等了5分鐘，還未見豪伊出現。這時僕人說：「老爺還在洗澡，已經半個多小時了。」水瓶偵探覺得不正常，就來到浴室，發現豪伊死在浴缸裡了。從初步檢查的結果來看，他是溺水死的。警察趕到後，做了進一步分析，發現豪伊的肺部有大量海水，並沒有淡水殘留物。而整個下午只有僕人一個人在家，沒有其他人來過。

水瓶偵探第一反應就是抓住僕人，說他是凶手。僕人拚命否認，說他沒有做案時間，因為水瓶偵探打電話來的時候，主人還在接電話，從那時

第 11 章　水瓶座（Aquarius）1 月 20 日～2 月 18 日

到發現屍體，也只有 30 多分鐘，可是從這裡到海邊，卻要一個小時。但水瓶偵探卻一口咬定是僕人做的，你認為他的判案理由是什麼呢？

答案：思維定式是偵探最大的敵人。在海水中溺死是一條重要的線索，同時它也暗示警察案發地點是在海邊，而僕人擁有不可能做案的時間證據。實際上，如果仔細思索一下，溺死現象並不一定會發生在海邊，如果有足夠多的海水，在浴缸裡，同樣也能做案，然後放掉海水，裝滿淡水，這只需要 10 分鐘就足夠了。

✦ 晶片的去處

「如果沒有那張晶片，這臺價值千萬的儀器就是一堆廢鐵。」地下工程總指揮拜克對前來調查的警察痛苦地說道。「半小時前，我們關閉機器休息了一會兒，這期間沒有人外出，偷晶片的人就是眼前的這些人。我們做了內部調查，沒有人承認，只好找你們了。」

警察再一次搜查了辦公室的裡裡外外，包括每個人的身上，結果一無所獲。這也難怪，一個小小的晶片，隨便藏在哪裡真的很難發現。警察似乎也無能為力了，大家都不說話，指揮部裡除了那架開著的特大號電扇發出的噪音外，沒有任何聲響。拜克再一次說，他能確保休息時，沒有任何人進出過這個房間，顯然排除了轉移贓物的可能，晶片還是在這裡的某處藏著。這時，趕到現場的水瓶偵探仔細觀察一番後，立刻找到了晶片。那麼，晶片究竟被藏在哪裡呢？

答案：偷晶片的人把晶片用透明膠黏在特大號的電風扇的葉片上，然後打開電風扇，因為電扇在高速轉動，所以大家都不可能發現晶片。

✦ 輪胎的痕跡

渥太華市的郊區發生一起命案，一名女子被人殺害。警方在案發現場發現了清晰的輪胎印，根據車印，警方判斷這部車子是屬於高級轎車勞斯

萊斯專有的，在本市很少見。警方根據這個線索，在全市的車名單中，找到了這部車的主人。車子的主人是一家公司大老闆，他對水瓶偵探說：「我昨天夜裡參加前妻的生日聚會，因為喝酒所以沒有開車，車也一直停在車庫裡。如果你們不信，可以問我的司機和管家。」水瓶偵探向司機和管家調查此事，的確如老闆所說，昨天夜裡他的車一直都沒有離開車庫，老闆也一直在前妻的生日宴會現場。那現場怎麼會有老闆家的車印呢？水瓶偵探仔細思索了一會兒，找到了答案。你知道答案嗎？

答案：老闆沒有殺人，凶手另有其人。真正的殺人犯把老闆家車子上的輪胎換到自己車子上，等殺完人回來後，再把車輪換回來。這樣就製造了一個老闆殺人的假象。

✦ 馬群邊的屍體

密西西比河邊有一片遼闊的草原，這裡飼養著成群的馬，擁有美麗的自然風光景色。可是這樣美麗的草原，也發生了一起命案，死者是一名50多歲的男性，死於早上7點左右，他身中數刀，且在屍體附近，有一群馬在吃草。在草原上，馬自由自在地吃草，是不需要專人看管的。經過警方的一番調查，最後認為殺人凶手就是死者的弟弟。

但死者的弟弟並不承認這一點，並對水瓶偵探說：「我哥哥死的時候，我和朋友們在為馬釘馬蹄鐵呢！忙了一個早晨，所以人不是我殺的。」的確，死者弟弟工作的地方，離現場的位置大約有七、八公里遠。如果弟弟把屍體運到這麼遠的地方，就不可能有時間返回工作。但是睿智的水瓶偵探還是拿出了證據，雖然弟弟有不在場證據，可他仍是殺人凶手。你知道證據是什麼嗎？

答案：弟弟殺死哥哥以後，正是早上7點左右，也是馬吃草的時間，弟弟把屍體放在頭馬的背上，然後用力鞭打頭馬一下。馬群在頭馬的帶領

第 11 章　水瓶座（Aquarius）1月20日～2月18日

下奔向草原，因為路上顛簸，最後屍體掉在警察發現的地方。所以看似弟弟有不在場證明，實際上這個證明也是有漏洞的。

◆ 不在現場的證據

下午 2 點整，酒店老闆沒有按約出席開設分店的籌備會議，這讓員工們很吃驚。打電話也不接，經理只好上門來找他。經理發現大門沒鎖，便推門而入。進門後，他發現老闆倒在車庫前的院子裡，腦後部鮮血淋漓。經理慌忙拿出手機，撥打醫院的急救電話和報警。水瓶偵探迅速趕到現場，經過檢查，發現老闆早已死亡。在死者旁邊有一個摔碎的魚缸，幾條觀賞魚已經死了，在盛夏灼熱的陽光下，地面的水也基本上蒸發完了。

「魚缸裡流出來的水已經快被太陽晒乾了，可體型不大的觀賞魚並沒有被晒乾。這說明魚缸摔碎的時間並不長。如果已經過了好幾個小時的話，在陽光的直射下，小魚早就應該被晒乾了。」現場勘查的警員看著地面上的魚說。

經過調查，水瓶偵探發現被害人的小舅子有做案動機。水瓶偵探傳喚嫌疑人進行調查，卻發現他在案發那天上午 10 點以後，一直與幾個朋友在一起打牌，直到下午 4 點。

「4 個小時前他離開現場，如果他是罪犯，摔落在地面上的小魚早應該被晒成魚乾了，難道不是他犯的案？」一位警察輕聲嘟嚷著。不過，老練的水瓶偵探卻說：「如果他使用了一些手法，也可以使小魚在 4 小時內不被晒乾。」最後，調查的結果證實了水瓶偵探的推測。

那麼，你知道罪犯是怎樣讓小魚在 4 小時內不被晒乾的嗎？

答案：罪犯知道經理會在 2 點鐘左右去老闆家，他事先把小魚凍在適當大小的冰塊裡，殺害老闆後，摔碎魚缸，並將凍魚留在現場，使小魚沒有被晒乾，企圖製造不在現場的假象。

✦ 隔空做案

某上等公寓的頂樓發現一具女屍，水瓶偵探仔細勘察了現場，既沒有發現凶手的痕跡，也沒有發現死者的足跡，看來是被凶手故意擦掉了。水瓶偵探心中有個謎團：死者之前一直住在17樓，和頂樓還差兩層樓高，而死者在被害之前一直在屋內，未曾離開過，死者家中的門也是從裡面反鎖著，也就是說，死者生前是待在自己家裡的。那她為什麼又離奇死在頂樓呢？凶手是怎樣做案的呢？

經過一番深入調查，水瓶偵探終於揭開了謎底。你知道真相是什麼嗎？

答案：凶手在死者窗外製造奇怪的聲音，以吸引死者的注意力。當死者打開窗戶，將頭探出時，凶手用事先結好的繩套，從頂樓將她套住，勒死之後再將其屍體拉到頂樓，於是造成了死者隔空出現在頂樓的情形。

✦ 危險的吞蛋表演

勞爾自稱魔術師，經常在朋友面前表演魔術。今年的聖誕晚會上，他要表演吞吐生雞蛋。勞爾在樂曲聲中，打開一個雞蛋，兩手一掰，仰起頭，猛地吞下流淌出來的生雞蛋液，接著又吞下兩個雞蛋，贏得全場的掌聲。第四個雞蛋打開後，他一口吞下，只見勞爾突然面色一變，吐了一口鮮血，話也說不出來。袖子裡面等待著魔術還原的4個雞蛋，也落在地上。在場的人大驚，急忙把他送進醫院，經搶救才脫險，原來第四個雞蛋裡有一枚鋼針。

水瓶偵探接手調查此案，查到雞蛋是由約翰提供的，於是逮捕了他。你知道約翰是如何把鋼針放入生雞蛋裡的嗎？

答案：約翰把雞蛋浸在醋中一段時間，然後，將小鋼針慢慢刺入蛋裡。這時蛋殼的石灰質被醋浸解，變得柔軟而略帶韌性。鋼針刺進時，蛋

第 11 章　水瓶座（Aquarius）1 月 20 日～2 月 18 日

殼不會破裂。待鋼針完全刺入蛋內後，蛋清便自動封口，再將蛋拿出來，讓醋揮發掉，雞蛋就和平常一樣了。

✦ 迎面而來的車

　　半夜，彼得潘謹慎地駕駛著汽車，沿著峭壁險峻的海岸線山道下山。他知道，自從自己和老闆的夫人鬼混在一起後，老闆似乎覺察到自己的勾當，經常派他做最費神費力的工作。也許是老闆的報復吧！也許是自己多心，不管怎樣，彼得潘還得忍受著，因為他知道他的情婦正醞釀著離婚，到時候會帶一大筆錢嫁給他。

　　當彼得潘開車到一個急轉彎處時，突然前方遠處出現車燈的光。那車燈的車速與彼得潘的車速幾乎相同，離得越來越近。彼得潘急忙按喇叭，那輛車似乎不理不睬，這條路只有對開兩輛車那麼寬，為了不越過中間線，彼得潘向左打輪時，對方似乎也同樣在向左打輪。車燈從正面直射過來。彼得潘心想，如果這樣下去，會迎面撞在一起的，但為時已晚，已經沒有躲閃的餘地。彼得潘不由地閉上眼睛，狠心向右猛打方向盤，就在這一剎那，他的車子撞斷護欄，衝下懸崖，掉進大海……

　　第二天，警察前來調查，看到現場彼得潘的車轍混亂，竟然是自己開到山道下面去的，屬於個人原因，正要下結論時，剛趕到現場的水瓶偵探發現了端倪，彼得潘竟然是被老闆害死的！你知道怎麼回事嗎？

　　答案：彼得潘的老闆在道路前方立了一面與道路同樣寬的大鏡子，這樣，就使彼得潘產生錯覺，將鏡子裡反射出的車，當成對面開來的車，於是慌忙打輪，竟掉進了大海。

巧破暗語 —— 善於猜謎的水瓶偵探

✦ 誰是凶手

公主突然被人殺死，皇帝聞知，立即召群臣入宮，傳旨：「朕小女被害，不知凶手何人，哪位愛卿奏知，必有重賞。」當時宰相上前啟奏：「萬歲，此事小臣略知一二，但不敢直言，臣寫三個字，請萬歲在每個字上各填一筆，即知凶手。」奏罷，呈上一紙。皇上過目，寫的是「菜、如、喑」三個字，只是「如」字的「口」字不知為何丟掉了左邊的一豎。皇帝仔細觀察了一番，立刻明白了。

如果你是得知上述線索的水瓶偵探，知道凶手是誰嗎？

答案：「菜、如、喑」三個字個添一筆後，變成了「菊妃暗」，意思就是菊妃暗地裡行凶，派人殺了公主。

✦ 皇帝析字

一位藩鎮總兵想謀反的消息被皇帝得知，他寫給丞相的密信也被截獲，交給了皇帝。但密信上只寫了「青旦」二字，滿朝文武沒有一個明白這是什麼意思的。但皇帝不僅看懂了其中奧妙，而且十分惱火，把丞相給殺了，並於年底派兵去該藩鎮平叛，大獲全勝。

如果你是得知上述線索的水瓶偵探，知道「青旦」二字是什麼意思嗎？

答案：「青」字可以分解成「十二月」三字，「旦」字可以分解成「一日」二字，其字義是「早晨」的意思。密信寫的是起兵謀反的時間：「十二月一日早晨」。

第 11 章　水瓶座（Aquarius）1月20日～2月18日

✦ 智破暗語

有一天，偵查員小王看見他所監視的、敵方派來的特務，突然把一個什麼東西放在一棵老樟樹的樹洞裡。等敵方特務走後，小王迅速趕到原地，仔細檢視樹洞裡究竟有什麼東西，結果只發現一個像藥丸那麼大的小紙團。小王打開一看，上面寫著四句話：

主人不點頭，

十人一寸高，

人小可騰雲，

人皆生一口。

小王看過紙團後，仍搓成一團，照樣放進樹洞，並請另一位偵查員監視這個敵方特務的動靜，自己立刻趕回，向首長報告。當天深夜二時左右，幾個敵方特務鬼鬼祟祟地鑽進我方早已布好的包圍圈，一個個束手就擒。

如果你是得知上述線索的水瓶偵探，知道樹洞中的紙條寫的是什麼內容嗎？

答案：洞中的紙條上寫的是「王村會合」。

✦ 接頭時間與地點

警方在被捕罪犯身上發現一張寫著「胖子逃樹中不訓話了」的奇怪紙條。特警部隊的破解專家很快斷定，這張紙條是該走私集團的祕密聯繫暗號。經過周密部署，在警局的協同作戰中，終於當場捕獲了這個走私文物的犯罪集團。

如果你是得知上述線索的水瓶偵探，能破解出那張紙條上暗示的接頭時間與地點嗎？

答案：因為月、半，也就是十五日；「子」是子時，即午夜時分；「逃樹中」剩下一個「村」字；「不訓話了」是一個「川」字（河）。全文是：「在十五日午夜（十一時至一時），在村子的河邊碰頭。」。

✦ 接貨時間

警方接獲一份神祕的電文：「朝：貨已辦妥，火車站交接」。經過周密分析，認定這是一夥犯罪分子在進行一項祕密交易。警方立即召開會議，決定捕獲這批犯罪分子。可是這份電文只有接貨地址，沒有接貨的具體時間，使破案無從著手。這時一位偵查員提出：「從今天起嚴密監視候車室，直到捕獲罪犯為止。」在座的大部分人認為也只能這樣。

警長沉思片刻後，向大家說出罪犯的接貨時間。根據警長的判斷，果然在這天捕獲了一個大走私集團。如果你是得知上述線索的水瓶偵探，你能破解這份電文嗎？

答案：「朝」拆開為「十月十日」，又有早晨之意，所以警長判斷，接貨時間為「十月十日早晨」。

✦ 謎語破案

警方在嫌疑犯住所搜到一張神祕紙條，上面寫著：「長耳士兵無兩足，牛走獨木不慌忙，十人只有一寸長，有人駕雲上面走，一人當有一個口。」根據警長分析，這裡每句話分別暗隱一個字。他將文字譯出，匯報給上級領導者。這果然是一群走私集團聯繫的暗號，後來他們全被捕獲。

如果你是得知上述線索的水瓶偵探，知道警長是如何向上級領導者匯報的嗎？

答案：紙上暗隱的五個字是：「邱生村會合。」根據這個線索，警方一舉破獲了這個走私集團。

第 11 章　水瓶座（Aquarius）1 月 20 日～2 月 18 日

✦ 數字電報

某縣是有名的產糧大縣。不久前，第八糧庫中有一批稻米被盜。警方的偵查員在破案的過程中，發現郵局裡有一份電報，電文僅僅是「1、2、6、3」四個數字。偵查科長在仔細分析情況後，立即布置了暗哨。終於將盜竊分子一網打盡。

如果你是得知上述線索的水瓶偵探，知道偵查科長是怎樣發現線索的嗎？

答案：「1、2、6、3」即可唱成「都來拉米」。

✦ 1257 案件

某銀行 5,000 萬元現款被盜，警方組成專案小組，並向本市交通、運輸、郵電等部門發出緊急通報。

第二天上午，開發區郵電所的劉所長急急忙忙拿著幾封電報跑進警察局，匯報說：「剛才有個男子，一下子發了 10 封電報，內容都是一樣的，都只有『1257』四個數字，我覺得這件事有點奇怪，您看會不會跟那個案子有關？」警長接過劉所長手裡的那 10 封電報一看，的確內容都是一樣的，是分別發往附近幾個區域的，發報人的姓名和地址都是同一個。警長立即召集所有值班的偵查員開會研究，大家透過分析電報的內容，終於得出了結論，發報人就是罪犯。

如果你是得知上述線索的水瓶偵探，知道警方到底是如何根據電報的內容判斷出發報人就是罪犯嗎？

答案：罪犯為了隱蔽，在電文中沒有使用明白的文字，而是利用音樂簡譜中的四個音符「1257」為密碼，即諧音「都來收息」，通知他的同夥們到他家去分贓款。

數字玄機 —— 平中見奇的水瓶偵探

✦ 一毛不拔

傑克一路闖進門，氣急敗壞地找水瓶偵探，訴說一件棘手的事情：

「我家有個老園丁叫艾倫，3 天前他跑到我的辦公室，一邊點頭哈腰，一邊傻笑，公然向我索取 10 萬美金。他自稱在修剪家父書房外的花園時，拾到一份家父丟棄的遺囑，上面指定我在紐西蘭的叔叔為全部財產的唯一繼承人。這消息對我來說猶如五雷轟頂。父親和我兩人在 11 月分的某一天，曾因我未婚妻珍妮的事，發生過激烈爭吵。珍妮不過是比我大了幾歲，父親就反對這門婚事，有可能取消我的繼承權。」

「艾倫聲稱他持有這第二份遺囑。這份遺囑比他所索取的更有價值。因為這份遺囑的簽署日期是 11 月 30 日夜 1 點鐘。比已生效的遺囑晚幾個小時，所以它將會得到法律的承認。我當即拒絕了他的敲詐，於是他跟我討價還價。先是要 5 萬，後來又降到 2.5 萬。您看這該如何處理呢？」

「我說，你應該一毛不拔。」水瓶偵探說。

水瓶偵探為什麼這樣說呢？

答案：艾倫是偽造遺囑進行訛詐的。遺囑不可能簽署於 11 月 30 日夜 1 點，因為 11 月只有 30 天。

✦ 車號謎團

一個正在穿越人行道的男子被突如其來的一輛車撞倒，肇事汽車直接逃逸。被撞人奄奄一息，在被送往醫院的途中，只說了逃跑汽車的車號「6198」，便斷氣了。

警察馬上通緝該車牌的車輛，雖然找到了嫌疑犯，但對方有確切的不在場證明，而且車壞了，在案發前就已送修理廠修理。

333

第 11 章　水瓶座（Aquarius）1 月 20 日～2 月 18 日

如此說來，罪犯的車牌號碼不是「6198」。那麼，它應該是多少呢？水瓶偵探仔細思索一番後，立刻知道了罪犯的真正車牌號碼。你知道嗎？

答案：被車撞後仰面倒在路上的男子，將逃跑車輛的號碼看顛倒了，「6198」的數字如果上下倒過來看，就成了「8619」，也就是說，罪犯的真正車號是「8619」。

✦ 奇怪的車號

一輛汽車肇事後逃跑了，水瓶偵探立即趕到出事地點。一位目擊者說：「當時發現車子後面有一輛車突然轉向小路，飛駛而去，我順手記下了那輛車的車牌，是 18UA01。」水瓶偵探說：「那可能就是肇事的車，我馬上請警察搜捕！」幾小時後，警察局告知水瓶偵探，目擊者提供的車號 18UA01 是個空號，現在已把近似車號的車都找來了，有 18UA81、18UA10、10AU81 和 18AU01，共四輛車。

水瓶偵探仔細分析了所有的車號，終於從四輛車中找出了那輛肇事車。請問他是如何判斷的呢？

答案：水瓶偵探想，目擊者提供的雖然是空號，但肇事汽車必定與此車號有相關。經過分析，他斷定是 10AU81 號。理由是目擊者從自己汽車的後視鏡中看到並記下的車號，恰好是相反的，左右位置顛倒了。

✦ 女偵探之死

美國一名私家女偵探來到英國，調查一起黑幫凶殺案時，在她所住的富豪飯店被槍殺。水瓶偵探趕到現場，見女偵探倒在窗下，胸部中了兩槍，手裡緊握著一支口紅。水瓶偵探撩起窗簾一看，只見玻璃上留著一行用口紅寫下的數字 809。又從手提包中找出一張捲得很小的小紙條，紙條上寫著：「已查到三名嫌疑犯，其中一人是凶手。這三人是：代號 608 的 A，

代號 906 的 B，代號 806 的 C。」水瓶偵探沉思片刻，指著紙條上的一個人說：「凶手就是他！」根據水瓶偵探的推斷，警方很快將凶手緝拿歸案。請問，凶手是誰？為什麼？

答案：凶手是代號 608 的 A，因為女偵探背著手寫下 608，數字排列發生變化，正反順序也顛倒過來，608 成了 809。

✦ 酒店的服毒者

星期六，一個年輕人在某著名酒店內服毒自殺。翌日，酒店服務生發現了死者，便立即告訴主管。

「是不是馬上報警？」服務生問。「別那麼笨，是他自己找死，我們何必去惹麻煩呢？只要警察一來，這件事便會宣揚出去，對酒店的聲譽大有影響。」「但屍體不能不處理啊！」服務生說。「丟到後面的公園裡吧！那裡是有名的自殺場地，上個月已有一對情侶在那裡自殺，警察無非以為又是多一宗自殺案而已。」

午夜，當所有旅客都睡著後，服務生和主管便悄悄地將屍體抬到後面的公園去。他們在草叢中看到一張白天被遊人丟棄的報紙，便把屍體放在上面。然後將遺書塞入死者的口袋裡，並把有毒的杯子放在屍體腳邊，令人看起來真的像是在公園裡自殺一樣。而主管和服務生也做得十分俐落，沒留下絲毫與己相關的證據。

第二天早上，屍體被發現了。經驗屍後，證實死亡時間應在本月 25 日星期六晚上 9 點左右。老練的水瓶偵探在觀察過現場後便說：「即便是自殺，發生的地點也不是這裡。我肯定是有人怕麻煩，才將屍體遷移到此。」你能猜出他憑什麼這樣說嗎？

答案：報紙上的日期露出了馬腳。因為死者在星期六（25 號）自殺，又怎麼會躺在星期日（26 號）的報紙上呢？

第 11 章　水瓶座（Aquarius）1 月 20 日～2 月 18 日

✦ 露餡的海頓

　　兩名武裝歹徒衝進一家銀行，搶了錢後，立即搭一輛福特汽車逃跑。一個銀行職員記下車號。一刻鐘後，水瓶偵探就帶著助手趕到了現場。正當他們談論案情時，突然發現了要找的那輛福特汽車。它剛從旁邊經過，一位警員叫了起來：「這不可能，車子的車號、顏色都吻合。」他們超車到前面，將車攔下。

　　車上是一位年輕男子，名叫海頓。水瓶偵探對海頓進行了審問，雖然發現他跟這一起銀行搶劫案有關，可是由於他不可能在現場，只能又將他放了。事後調查，歹徒從那家銀行搶走 75,000 元新鈔票。

　　沒過幾天，又發生了一起銀行搶案。案發不久，海頓開車通過一檢查站，卻直接往前開。警察攔下他說：「你沒有看見停車牌子嗎？得罰 10 馬克！」

　　「下次一定會注意。」海頓給了警察一張 10 馬克的紙幣。兩天後，警方逮捕了他，理由是與銀行搶案有關。

　　「不可能，」海頓說，「我不在現場！」

　　水瓶偵探笑道：「但你是主謀。你找了兩個朋友，弄了一輛完全相同的車。每次搶銀行，你就將警方的注意力吸引到自己身上，他們就趁機跑了。但是，這次你犯了個小小的錯誤，結果露了馬腳！」

　　你能猜出海頓在何處露餡了嗎？

　　答案：海頓交罰款的那張 10 馬克的號碼，是被搶劫的 75,000 馬克中的一張。

✦ 奇怪的算式

　　水瓶偵探應邀到數學教授喬治家去做客，在約定的時間，到了喬治家的大門口。當他正準備按門鈴時，發現大門是半掩著的，便走進了教授的

家中。

他坐在客廳的沙發上，沒有看見喬治本人。掃便整個客廳後，目光停在一臺桌上型電腦的螢幕上，這時是計算狀態，上面打著「101×5」這一道式子。水瓶偵探看了，覺得十分納悶，喬治教授算這個還要用計算機嗎？

突然，水瓶偵探從這道式子中察覺到了什麼，立即打了警察局的電話。你知道其中得原因嗎？

答案：101×5 算出來是 505，但在電腦上顯示的是 SOS，水瓶偵探看到它後立即做出反應：喬治遇難了。所以他才撥打 110。

第 11 章　水瓶座（Aquarius）1 月 20 日～2 月 18 日

第 12 章

雙魚座（Pisces）
2月19日～3月20日

第 12 章　雙魚座（Pisces）2月19日～3月20日

【神話由來・象徵意義】

維納斯和邱比特有一次被巨人堤豐（Typhon）所追逐，雙雙跳入幼發拉底河中，化身為魚逃走。米娜瓦（Mineave，雅典娜的別名）將魚化為星辰置於天上，以紀念這件事。另有一說是其為捆綁人魚仙女阿蜜妮坦（Aminitum）和希瑪（Simmah）的絲帶。

雙魚座象徵著被絲帶相連繫的西魚和北魚。由於它是12星座的最後一個星座，即包含了12個星座進化的總合，是古老輪迴的結束，所以有著昇華透澈的靈魂，卻留有世俗無法割捨的欲望。而這種靈魂與欲望牽扯不清的矛盾，使雙魚座變得像謎一樣複雜。

【智商代表詞彙】

我要探索

雙魚座位於黃道十二宮的最後一宮，集11個星座的優點於一身，當然也匯集了11種缺點，因此其複雜度和多變性，在12星座中也位居第一。此外，雙魚座在所有星座中，也最容易受到外界影響，他們生性敏感，思想脫俗但不切實際，常有逃避現實的傾向。

雙魚座的世界裡沒有絕對的對和錯，如果發生了一件事，首先要去理解、分析，而不是去判斷是對還是錯。現實中的雙魚座的確給人太多失望，感覺他們懦弱、多疑、自卑、優柔寡斷、沒有主見……雙魚座個體或許沒有上面的全部特點，但至少會有一、兩個。

造成雙魚座優柔寡斷的原因很簡單，因為同樣一個選擇，在一個射手看來，只需要考量兩樣東西，但是在雙魚看來，卻需要考量十樣東西，想

的實在是太多了。簡單一句話，雙魚會想到它會為周圍的人帶來多少種不同的影響，它會讓人對自己有怎麼樣的看法，會不會造成誤解等等。雖然很多時候，雙魚座會衝動地把一些話脫口而出。

雙魚座在決定事情或表達自己的思想時，很少前後連貫。他們的點子很多，卻經常不知如何取捨，常會提出超乎現實而不切實際的看法。不過，坦誠的雙魚，在別人以委婉的口氣提出批評時，他們會欣然接受，且不吝於讚美對方。

一般說來，雙魚座不擅長邏輯和科學方面的思考，不適合嘈雜的工作場合或從事紀律嚴謹的工作。他們具有濃厚的藝術氣息，且有那種把自己的感情融入工作中的天性，所以適合往藝術、文學或設計界發展。他喜歡一切與水相關的事，尤其水路旅行和長途的海上航行。雙魚座天生就有顆藝術心，繪畫、設計、文字、攝影、音樂等與藝術相關的專案，對他們來說，既是興趣，也可當成工作，兩兩相乘，使成績更加斐然。

公認智商指數：70～75

【情商代表詞彙】

我給

正面的雙魚座性格是敏感，想像力強，創造力強，有藝術天分，直覺強，預感靈敏，富有同情心，樂於助人；負面的雙魚座性格是有點神經質，愛幻想，會逃避現實，很沒安全感，容易迷惘、困惑、上當受騙。

雙魚座容易讓人聯想到「水」，他們的性格的確和海有許多相似之處：深沉，突然的風暴，以及翻騰起伏的浪潮。雙魚座的感情就像洶湧的波濤，深刻而強烈，因而備嘗為情所苦的折磨。世界上許多著名的藝術家，

第 12 章　雙魚座（Pisces）2月19日～3月20日

均展現了強烈的雙魚座傾向，就是善於將這份波瀾壯闊的情感加以昇華，移情於藝術當中，因而有無數傳世佳作。

雙魚座樂於行善、慈悲為懷、樂於助人，因此很容易犧牲自己去成全別人。他們的細心與體貼，在關愛不幸者時，最令人難忘。他們是很好的傾聽者，會耐心地聽別人的苦惱，即使發現敘述的內容有漏洞，也不會以言語刺激。雙魚座有豐富的同情心，能夠以悉心的看護、祈禱或冥思來療癒朋友心靈的創傷，但總缺乏面對現實的勇氣。

雙魚座有過度浪漫的傾向，他們迷濛的眼睛裡，會看到自己夢想的國度。夠聰明的雙魚座，會將自己的缺點化為優點，展露於藝術當中，小說、戲劇、詩歌或舞蹈所需要的，正是這種夢幻的特質。不幸的是，由於意志薄弱加上優柔寡斷，不懂得該如何拒絕別人，是雙魚座的弱點，應該隨時提醒自己，切勿著迷於外界的誘惑。缺乏原則的個性，則可能使雙魚座總是活在別人的陰影下。

公認情商指數：80～90

【智商‧情商之最】

最會討人歡心

最心軟

最有同情心

最易被騙

直覺最準

最不勢力眼

最念舊

最浪漫

最悲觀

最易神經質

最愛撒嬌

最有書卷氣

最愛幻想

最有服務欲

最多夜貓族

【智商・情商綜合評價】

1. 富有想像力、洞察力、創造性，熱情，聰明，有良好的風度。
2. 對工作認真負責，精益求精，踏實肯做，善於鑽研，極積向上。
3. 沒私心，遵紀守法，謙卑而善忍耐。
4. 利他主義，有求必應，但自己信奉萬事不求人，俠義心腸，博愛仁慈。
5. 膽小怕事，逆來順受，但一旦不堪忍受，便用一走了之與之抗爭。
6. 信奉莫惹是非的原則，喜歡和平、安靜，不願傷害別人，也不願受傷害。
7. 寧可幕後發光，不愛出頭，做不了開路先鋒，失去許多機遇。
8. 愛鑽研、探索古人，對新知識和新理論有濃厚興趣。

第 12 章　雙魚座（Pisces）2月19日～3月20日

【雙魚偵探訓練案例】

確定案發時間 —— 值得信賴的雙魚偵探

◆ 巧妙的謀殺

為了完成設備測試，總工程師康明斯連續加班兩天兩夜才回到宿舍，終於可以好好睡一覺了。但他的神經卻高度緊張，怎麼都睡不著，無奈之下，吃了 3 片安眠藥才入睡。

夜裡 11 點多，住在隔壁的副總工程師麗婭從陽臺悄悄爬到康明斯的陽臺，然後進到屋子裡。她看康明斯睡的如死豬一般，就把康明斯背上宿舍的天臺，然後回到康明斯的宿舍，把自己的痕跡全部擦掉，最後回到自己的宿舍。麗婭完成所有事情時，是半夜 11 點。

第二天早上，人們發現康明斯死在宿舍大樓後面的水泥地上。經過調查，警方初步認定康明斯是半夜 1 點多跳樓身亡的。明明是麗婭 11 點多把康明斯背上天臺的，警方怎麼會確認是夜裡 1 點多跳樓身亡呢？如果你是得知上述線索的雙魚偵探，知道警方錯在哪裡嗎？

答案：麗婭將熟睡的康明斯背上天臺後，放在靠近宿舍後面一側的天臺邊上。在康明斯睡覺翻身時，掉了下去，所以就造成他跳樓身亡的假象。

◆ 別影響生意

4 月 25 日晚上，阿爾卑斯山山腳下的一個鄉間旅館，迎來一群散客，他們來自不同的國家或地區，雖互不相識，但都是慕名而來。因為這間旅館環境優雅，服務熱情，最關鍵的是，在這裡可以遠眺群山，據說幸運時，可以目睹神祕的「雪怪」。

誰也無法預料，就在當晚，有一個剛剛入住的男遊客，在旅館裡打了一通電話後，神情默然，他在吧檯喝了很多酒，回到房間就上吊自殺了。旅館的老闆不放心遊客，就隨後前去探望，不料在門鎖的小孔裡，看到了男遊客的慘劇。此時正值旅遊旺季，為了不影響酒店的生意，他連夜把屍體運到遠處的公路旁，並讓死者背著背包。為了掩蓋死者來到旅館的事實，他特意在第二天早晨，將當天的一份報紙放在死者的背包裡。第二天，警方在公路旁發現死者的屍體，當時屍體的脖子處已經被野獸咬的不成樣子了。雙魚偵探在當天的採訪中，說死者的死亡時間是25日，是先被人殺害又移屍到那裡的。破綻到底出在哪裡呢？

答案：法醫鑑定死者的死亡時間是25日，但在他的背包卻找到了26日的報紙。一個死了的人，怎麼還能在自己的包裡放死後才發行的報紙呢？

◆ 不可能的做案時間

「水深草多，請勿游泳！」雖然這塊牌子高高掛在池塘邊的柱子上，但總有人不信邪來此游泳，因此經常出現溺死的人。

週一早晨，附近的農民在這個池塘發現一具男屍。由於池塘長時間沒人清理，裡面生滿了很多水藻。法醫對屍體進行解剖後，發現死者的肺部和胃中存有大量水藻和浮游生物，由此，警方猜想死者是溺水而死，死亡時間為週日晚上八點左右。

不過，死者的家屬反映，死者生前很害怕游泳，實在想不通他為什麼會死在骯髒的池塘裡，是不是被人謀害呢？雙魚偵探透過一系列的調查，發現死者的一個商業夥伴有很大的嫌疑。據該男子家樓下的酒吧老闆反映，昨晚男子一直在酒吧飲酒作樂，只在晚上8點左右，他出去了幾分鐘，然後又回到酒吧。從酒吧到郊外的池塘，來回至少需要2個多小時的

第 12 章　雙魚座（Pisces）2 月 19 日～3 月 20 日

時間。如果真是他所為，那麼他是怎樣做到的呢？這當然難不倒雙魚偵探，會難倒你嗎？

答案：凶手先把死者約到家裡，然後將其溺死在浴缸中，浴缸裡早已裝滿事先從池塘運來的水。凶手直到半夜再移屍到池塘。

立刻發現破綻 —— 生活經驗豐富的雙魚偵探

✦ 廚師如何辯白

晉文公有一次吃烤肉，端上桌時，文公發現肉的外邊纏繞著頭髮。文公大怒，於是喚來烤肉的廚師。烤肉上面有頭髮，是對文公的大不敬。如果是廚師失職，他有可能被處死。當廚師了解到被召喚來的原因後，看到文公怒容滿面的樣子，他心中已明白了幾分。如果你是得知上述線索的雙魚偵探，知道廚師怎麼證明自己是冤枉的嗎？

答案：第一，如果肉上纏著頭髮，鋒利的刀切下去，就會被切斷；現在切塊後，肉上面仍纏有頭髮（未被切斷），所以切前肉上纏著頭髮的假設不成立。第二，進一步來說，即使切塊後肉上纏有頭髮，在高溫的燒烤下，頭髮也會被烤焦；現在發現烤熱的肉上仍纏有頭髮，說明頭髮不是在燒烤前纏上去的。

✦ 張飛審瓜

有個漂亮的小媳婦抱著孩子回娘家，路過財主的瓜地。財主少爺看見她，起了壞心，叫家丁趕快去摘三個大西瓜。少爺攔住小媳婦，一口咬定她偷了三個大西瓜。小媳婦不承認。少爺指著西瓜說：「人證物證俱在，妳要麼賠西瓜，要麼到我家當傭人。」小媳婦與他講理，少爺拉住她，正要胡鬧，恰好張飛騎馬經過這裡。張飛命令士兵把他們一起帶回衙門親自

審問。少爺說他親眼看見她抱著西瓜走，家丁可以作證。

小媳婦把經過說了一遍，張飛心裡明白了。他看著西瓜，想了個主意，讓少爺立刻傻眼，只好認罪。張飛打了他三十大板。如果你是得知上述線索的雙魚偵探，知道張飛是想到了什麼主意，讓少爺認罪的？

答案：張飛問少爺：「她是怎麼偷的？你能學她，做個樣子嗎？」因為抱著孩子，無法再抱三個大西瓜走路了。張飛據此斷定少爺誣陷好人。

◆ 王之渙審黃狗

唐代著名詩人王之渙，在文安縣當官時，受理過一個案子。30多歲的民婦劉月娥哭訴：「公婆下世早，丈夫長年在外經商，家中只有我和小姑相伴生活。昨晚，我去鄰家推碾，小姑在家縫補，我推碾回來剛進門，聽見小姑喊救命，我急忙往屋裡跑，在屋門口撞上一個男人，廝打起來，抓了他幾下，但我不是他的對手，讓他跑掉了。進屋開燈一看，小姑胸口刺著一把剪刀，已經斷氣。」

王之渙問：「那人長什麼樣子？」

劉月娥說：「天很黑，沒看清楚模樣，只知他身高力大，光著上身。」

「當時妳家院裡還有別人嗎？」王之渙又問。

「除了黃狗，家裡沒有喘氣的了。」劉月娥答道。

「妳家養的狗？」

「已經養3年了。」

「那大晚上回家，妳沒聽見狗叫嗎？」

「沒有。」

這天下午，縣衙差役在各鄉貼出告示，縣官明天要在城隍廟審黃狗。

第二天，好奇的人們蜂擁而來，將廟擠個水洩不通。王之渙見人進得

第 12 章　雙魚座（Pisces）2 月 19 日～3 月 20 日

差不多了，喝令關上廟門，然後命差役先後把小孩、婦女、老頭轟出廟。廟裡只剩百多個年輕力壯的年輕人。王之渙命令他們脫掉上衣，面對牆站好。然後逐一檢視，發現有個人的背上有兩道紅印，經訊問，是劉月娥的街坊李二狗，正是他行凶殺人的。

如果你是得知上述線索的雙魚偵探，知道王之渙這次破案與審狗有什麼關係嗎？

答案：王之渙聽到劉月娥說家裡有條黃狗，晚上沒叫，從而斷定凶手必是她家熟人；聽劉月娥說與凶手廝打的經過，進一步肯定凶手是個高個子，背上一定有抓痕。

◆ 真假古畫

北宋時，有一個人在街頭賣畫，說是珍藏古畫——百馬圖。畫面上有一百匹馬，有的在奔馳，有的在嬉戲……真是千姿百態，特別是一匹紅鬃烈馬，一面低頭吃草，一面睜圓雙眼，招來不少人圍看。

忽然，人群中跳出一個人，「唰」地抖開一幅畫，叫道：「百馬圖真品在這裡！」眾人一看，兩幅畫幾乎一模一樣，只差在紅鬃烈馬的眼睛上：後一幅馬埋頭吃草，眼閉合。

這下子可熱鬧了，兩個賣畫的人都說自己的是真品，眾人面面相覷。然而，一位老農卻準確地判斷出了真假。

據傳，「百馬圖」的作者熟悉馬的生活習性。如果你是得知上述線索的雙魚偵探，你能判斷出哪幅畫是真，哪幅畫是假嗎？是根據什麼？

答案：你了解馬的生活習性嗎？馬在吃草的時候是什麼樣子？馬在吃草時，為了防止雜草莖葉刺傷眼睛，會本能地閉上眼睛，所以後面那幅畫是真品。

◆ 難做的動作

某動物園裡，有一隻猴子專愛模仿人的動作。人們逗牠，牠的姿勢、手勢簡直像一面鏡子，立刻模仿得毫無半點差別。一個人走到猴子眼前，右手撫摸自己的下巴，猴子就用右手撫摸下巴；人閉上左眼，猴子也閉上左眼；人再睜開左眼，猴子也立刻照辦。可是，一位偵探卻說：「猴子再有本事，有時一個簡單的動作，牠卻永遠也無法模仿，這不僅是猴子辦不到，人恐怕也無法辦到。」如果你是得知上述線索的雙魚偵探，知道到底是什麼動作那麼難嗎？

答案：人緊閉兩眼，猴子也兩眼緊閉。可是，人什麼時候睜開眼睛，猴子是永遠不知道的。題目中所舉的是指一隻眼的情況，猴子只要一隻眼不閉著，始終能看到牠眼前所有人的一舉一動。

◆ 大膽的竊賊

阿 D 的家在城市近郊。那是一幢別墅式的住宅，房子外面有一個大花園，附近沒有鄰居。秋天的時候，阿 D 的夫人帶孩子去外婆家，只有阿 D 一人在家，他每天都在公司吃晚餐後再回家。

有一天晚上，當阿 D 回到家時，不禁大吃一驚：只見大門敞開，家裡的一切都沒有了，包括鋼琴、電視機等，連桌子和椅子這些家具，也全都不見了，整間屋子空空如也。這顯然是被盜，但令人不可思議的是，竊賊怎麼會這麼大膽，大白天居然把阿 D 家偷得這麼徹底？而且，據說在竊賊們偷盜的時候，有兩名巡邏警察還站在旁邊看了一會兒熱鬧呢！如果你是得知上述線索的雙魚偵探，知道這到底是怎麼一回事嗎？

答案：原來竊賊扮成搬家公司的工人，所以才敢在白天把阿 D 家的所有東西都搬走，而不會引起任何人懷疑。

第 12 章　雙魚座（Pisces）2 月 19 日～3 月 20 日

✦ 被打破的櫥窗

位於赤道正下方的新加坡，以乾淨與綠化聞名。面臨大道的一家珠寶店，有一晚打烊後，櫥窗玻璃被打破了。不知是有目的還是惡作劇，犯人從對面的人行道，把某種東西拋向玻璃。瞬間，警鈴聲大作。巡邏車正好在附近，警察立即趕到現場檢視。

警方在現場搜查證物。奇怪的是，找不到犯人丟向玻璃的凶器。櫥窗是厚達 1.5cm 的玻璃。就算拿小石頭丟，現場也應該找得到小石頭啊！如果用手槍射擊，子彈應該留在店裡。但是，店裡卻實在找不出有什麼可以成為凶器的物品，只有一地的玻璃碎片。難道是用冰塊丟嗎？但如果真是如此，怎麼沒有冰塊溶化的痕跡呢？

如果你是得知上述線索的雙魚偵探，知道犯人是如何破壞玻璃的嗎？

答案：是玻璃。

✦ 別墅吸菸者

在一間別墅裡面，發生了一宗殺人案件，死者是一位富有的商人。警方到現場進行調查，凶手已經逃去無蹤，於是便向周圍的人查詢，並發現屋外種有矮樹。一位剛巧在凶案發生時，經過現場的男子，向警方提供了以下的情況。他表示，稍早時，他經過現場，由屋外的磨砂玻璃向窗內觀望時，見到有一陣陣的煙，由磨砂玻璃處顯現，似乎有一個人在內吸菸，只是，他並未看清楚凶手的真正面目。

雙魚偵探經過調查，發現凶案發生時，有兩個可疑的人物進入屋內，一個是 4 尺 9 吋高的阿倫，一個則是身高 6 尺的米高，但兩人之中，只有一個是凶手。雙魚偵探經過一番思索，知道了答案。請問，誰是殺人凶手呢？

答案：是矮個子的阿倫。他在屋內吸菸時，由於被屋外的矮樹所阻，所以外面的人看不到屋內的面目。

條分縷析 —— 善於破解謎題的雙魚偵探

◆ 林肯的推理

此事發生在林肯擔任律師的時候。一天，漢克農場的記帳員在出納室被謀殺了，他右手握著一支筆，倒在大門前的地上，大門上有 MN 兩個字母，是記帳員臨死前用手中的筆寫的。出納室的地上散落著很多文具用品，倉庫裡的錢也被搶光了，凶手大概是在記帳員工作的時候進來的，當記帳員向門口逃去時，被殺手追上而殺死。

門上的字一定是記帳員被害前寫下了凶手姓名的第一個字母。這字母透露出是黑人莫利斯·紐曼做的，他的姓名前兩個字母是 MN。紐曼太太見丈夫被抓，覺得很冤枉，因為凶案發生時，他們夫妻倆都在農場工作。她想到林肯是保護黑人的律師，就去找林肯律師代為辯護。林肯思考一番後，從農場的工人裡找出一個名叫尼吉·瓦得遜的人。這個人平時愛賭博、愛喝酒，品行很不好。林肯對他說：「是你殺死記帳員的！」「胡說，你有什麼證據？」林肯說：「記帳員在門板上寫了 MN 兩個字母。」「MN 是那個黑人，我的名字是 NW！」林肯笑著說：「案發當時，你在哪裡？」接著做了一番推理，讓尼吉·瓦得遜無言以對，終於承認自己是凶手。

如果你是得知上述線索的雙魚偵探，知道林肯是怎麼推理的嗎？

答案：記帳員被逼到門前時，背著門站立，他此時把拿筆的右手繞到背後，在門板上寫下凶手姓名的頭兩個字。手放在背後寫的字，上下左右都會反過來，NW 就變成 MN 了。

第 12 章　雙魚座（Pisces）2月19日～3月20日

◆ 「好好」的故事

藝術大師曼夫在一個秋夜被殺，不過他在臨終之時，用自己的血寫下了一行血書，提示凶手是誰。因為秋季的緣故，血跡很明顯。這行字寫著：「小心好好是殺我的凶手。」警長看了這句子，不禁莫名其妙。事後，抓了三個當晚和曼夫接觸過的人。

第一個叫劉好人。他和曼夫見面時間最早，而且是最早離開的一個，只因他名字有個「好」字，才被懷疑。

第二個叫瑪花。她美麗而擅長交際。曼夫正在追求她。當晚她和死者相處時間最長，嫌疑最大。

第三個是曼夫的老友李浩東。他嫌疑不大，無殺人動機，和死者屬生死之交，只因他平常被人稱為「老好人」而被懷疑。

如果你是得知上述線索的雙魚偵探，能猜到誰是殺人凶手嗎？為什麼？

答案：和「好」字有關的兩個人沒有問題，只有瑪花嫌疑最大，因為「好」字拆開是「女」、「子」。全句是：「小心女子，女子是殺我的凶手。」

◆ 找到了 6 位數

德國女間諜哈莉以「舞蹈明星」的身分出現在巴黎，任務是刺探法國軍情。在她結交的軍政要人中，有一位名叫莫爾根的將軍，原已退役，因戰爭需求又被召回陸軍部擔任要職。將軍最近因老伴去世，頗感寂寞，對哈莉追求得也很急切。不久，哈莉弄清了將軍機密檔案全放在書房的祕密金庫裡。但這祕密金庫的鎖，用的是撥號盤，必須撥對號碼，金庫的門才能啟開，而這號碼又是機密，只有將軍一個人知道。哈莉想，莫爾根年紀大了，事情又多，近來又特別健忘。因此祕密金庫的撥號盤號碼，肯定是記在筆記本或其他什麼地方，而這個地方絕不會很難找，很難記。每當莫

爾根熟睡後，她就檢查將軍口袋裡的筆記本和抽屜裡的東西，但都找不到號碼。

一天夜晚，她用放有安眠藥的酒灌醉了莫爾根，躡手躡腳地走進書房。這時已是深夜兩點多鐘。祕密金庫的門就嵌在一幅油畫後面的牆壁上，撥號盤號碼是6位數。她從1到9逐一透過組合來轉動撥號盤，但都沒有成功。眼看天將亮，女傭人就要進來收拾書房了，哈莉感到有些絕望。忽然牆上的掛鐘引起了她的注意。她發現來到書房的時間是深夜2時，而掛鐘上的指針指的卻是9時35分15秒。這很可能就是撥號盤上的號碼，否則掛鐘為什麼不走呢？但是9時35分15秒應為93515，只有5位數，這是怎麼回事呢？她進一步思索，終於找到了6位數，完成刺探情報的任務。

如果你是得知上述線索的雙魚偵探，她是怎樣找到的呢？

答案：如果把它解為21時35分15秒，就變成了6位數，即213515。

✦ 床底下的祕密地道

雙魚偵探到霍特家拜訪，竟然驚訝地發現大門是開著的，就在他走進大廳時，突然聽見由寢室裡傳來陣陣痛苦的呻吟聲，他闖入室內一看，不由的大吃一驚，原來有一個警察負傷倒在地上，環顧四周卻沒有發現霍特的蹤影。

看到這種景象，雙魚偵探手足無措的站在那裡，負傷的警察忍痛發出微弱的聲音：「祕密……地道……逃……走了……」說著，用手指向床底。雙魚偵探發現有一塊板子，大概就是從這裡逃走的吧！「掀……板……開關……米……勒……」

警察說到這裡就斷氣了。雙魚偵探鑽到床底，想要掀開板子，但使盡力氣，就是打不開。

第 12 章　雙魚座（Pisces）2月19日～3月20日

「開關……米勒……他是否說開關設在米勒那幅畫的後面？」這幅米勒的「拾穗者」複製品，是雙魚偵探上次送來的；他走到鋼琴旁，把圖畫拿下來，看著粉刷的雪白牆壁，左看右看，就是找不到開關。

「祕密地道的開關，究竟是裝在哪裡呢？」在他焦慮、煩躁的時候，他突然靈機一動：「原來就是在這裡！」這個祕密地道，直通後巷的下水道，凶手大概是順著下水道逃的無影無蹤的。

雙魚偵探到底是在哪裡找到祕密地道的開關呢？你能解開這個謎團嗎？

答案：鋼琴上的鍵盤就是祕密地道的開關。雙魚偵探發現室內竟然放著一架鋼琴，不覺心中狐疑。他靜下心來仔細想了一會兒，於是就解開了祕密地道的開關之謎。原來垂死的警察所說的「米勒」，並不是指米勒的畫，而是鋼琴上的3、2兩個音節。按下鋼琴上的「3、2」兩個鍵盤後，祕密地道的門自然就被打開了。

◆ 她在暗示什麼

美麗的「金絲雀」蘇珊娜終於死在「籠中」，現場是富翁迪科為蘇珊娜購買別墅中的洗手間。身為迪科婚外「籠養」的蘇珊娜，全身赤裸著俯臥在洗手間冰冷的地磚上，背部插著一把匕首，她的頭部朝右前方抬著，右手指著大理石浴缸的外壁。

刑事偵查技術員仔細勘查了現場，遺憾的是，未能提取到任何有價值的痕跡物證，而蘇珊娜右手的指向到底暗示著什麼，大家討論數次也是百思不得其解。

經偵查，蘇珊娜的初戀男友克里尼和迪科均有做案動機。克里尼可能因與蘇珊娜的戀情無法挽回或繼續而絕望殺人；迪科則對蘇珊娜已萌生厭意，無法擺脫，可能殺人。況且兩人在蘇珊娜被害的那段時間內，均聲稱

單身獨處,卻無人能加以證明。他們單身獨處之地離現場又非常近,完全能快速做案並迅速離開。

對克里尼和迪科偵查訊問多次,兩人均作痛苦狀,堅稱自己未曾殺人。案件偵查陷入僵局,雙魚偵探決定復勘現場,他在洗手間閉門獨自沉思了半個多小時後,打開煤氣淋浴器,終於解開了蘇珊娜暗示之謎。

蘇珊娜在暗示什麼呢?

答案:

A. 蘇珊娜臨死前用手指在大理石浴缸的外壁上寫下了殺人凶手的姓名,因為當時洗手間正好有熱氣。當雙魚偵探打開煤氣淋浴器,洗手間重新充滿熱氣後,浴缸外壁上的字就清晰地重現出來。

B. 蘇珊娜死時右手指著浴缸,有可能在暗示殺人凶手曾與她共浴,浴缸內有凶手的毛髮、皮屑等遺留物。

✦ 撲克牌占卜師被殺

一天早晨,單身生活的撲克牌占卜師在自己公寓的房間裡被殺。他是被匕首刺中後背致死的,推測被害時間是昨晚9點左右,看起來是在占卜時受到突然襲擊。屍體旁邊丟的到處都是撲克牌,被害人死時手裡握著一張牌,是方塊Q。

「為什麼死時握著一張方塊Q呢?」法醫感到奇怪。「大概是想留下凶手的線索,才抓在手裡的。」雙魚偵探說。「這麼說,凶手與鑽石有什麼關係?」「撲克牌的方塊與寶石中的鑽石不同,是貨幣的意思。黑桃是劍,紅心是聖盃,梅花表示棍棒。」雙魚偵探解釋說。

不久,偵查結果出來了,鎖定以下3個嫌疑犯:

職業棒球投手

寵物醫院女院長

第 12 章　雙魚座（Pisces）2 月 19 日～3 月 20 日

男演員

「3 個人似乎都與撲克牌裡的方塊沒什麼關係。」很多人感到納悶。

「即便沒關係，這個傢伙也是凶手。」雙魚偵探果斷指出真凶。

那麼，凶手到底是誰？

答案：凶手是寵物醫院的院長。撲克牌裡的方塊僅是女王，也就是女人。3 個嫌疑犯中只有寵物醫院院長是女性。職業棒球投手和演員都是男性。被害人為暗示凶手是女人，臨死前抓了方塊 Q 這張牌。

請君入甕 —— 巧設圈套的雙魚偵探

◆ 藏錢的老地方

吳迪是一個裝修工人，專門貼瓷磚，一年下來賺了不少錢。他卻不相信銀行，將賺來的錢都裝在罐子裡，藏在院子的一棵樹下。有一次，吳迪與另一個做建築工的工友喝酒，酒醉後不小心說出了這個祕密。第二天醒酒後，他回憶起自己好像說了祕密，就去檢視，結果發現自己埋藏的錢財被人悄悄拿走了。毫無疑問，這是他的老朋友做的。

吳迪想了一會兒，如果去找這個工友，他不承認怎麼辦？即使報警，如果沒有破案怎麼辦？吳迪沒有大聲叫嚷，而是想了一個巧妙的辦法，他裝作沒事的樣子，晚上又去找這個工友一起喝酒，裝酒醉的樣子，說了幾句假話，讓他的那個壞朋友主動把錢財又放回了原處。如果你是得知上述線索的雙魚偵探，知道他想到什麼好主意嗎？

答案：吳迪告訴壞朋友，他明天又要結幾萬塊的工錢，準備把錢和原來的錢埋在一起。壞朋友很貪心，想把兩筆錢都拿走，就把偷走的錢放回原處。

✦ 不翼而飛

富豪瓊斯家的大門上有一封恐嚇信：「你女兒在我手裡，我需要50萬，叫你的女傭明晚12點，在南面山腳的大樹下挖一個坑，將錢埋在地下。記住，全要舊幣，裝在一個黑色的大塑膠袋裡，如果你想報警，就等著吧！」瓊斯接信後非常著急，他思考再三，還是向警方報了案。為了人質的安全，警方請瓊斯按照綁匪的要求去做。

第二天晚上，女傭戰戰兢兢地拿著裝有現金的黑色大塑膠袋來到山腳大樹旁邊。她費了很大力氣，挖了一個很深的坑，將塑膠袋放進坑中埋好。遠處，有幾名警察埋伏著，等女傭提著鐵鍬離開後，他們就留在原處監視。但是直到第二天中午，也沒有發現什麼動靜，而富翁的女兒卻平安回家了。綁匪沒有去拿錢，為什麼人質卻被釋放了呢？

警察立刻把埋錢的坑挖開，塑膠袋還在，不過讓人驚奇的是，塑膠袋裡卻是一袋土，裡面的錢不知何時被拿走了。負責監視的警察證實，綁匪不可能來過，而且也沒有任何人靠近。如果你是得知上述線索的雙魚偵探，綁匪是如何避過警察的耳目，巧妙地拿走贖金嗎？

答案：其實贖金還在那個坑裡。女傭跟綁匪是同夥，她趁著黑夜挖坑時，故意把坑挖得很深，先將塑膠袋裡面的現金倒出來，且埋起來，然後再在上面放上空塑膠袋，隨便裝點土，再埋起來。劫匪想等到事件平靜下來再去取出現金，他們認為警察絕對沒有想到錢還在坑裡。的確如此，綁匪放了人質，就是求財而已。

✦ 贖金失蹤

默耶迪先生被綁架了，綁匪要求他的老婆準備100萬現金作為贖金，贖金必須裝到黑色的行李箱中，下午5點，將裝有贖金的行李箱放在廣場左側垃圾桶處。默耶迪的老婆依照綁匪的要求，把贖金在規定的時間，放在規定

第 12 章　雙魚座（Pisces）2 月 19 日～3 月 20 日

的地點，然後哭泣著離開了。此時，廣場附近已經被警方完全控制，為了找到並解救被綁架的人質，警方決定先讓綁匪取走贖金，然後跟蹤。

一分鐘後，一個穿著黑色 T 恤，牛仔褲的年輕女人走了過來，拿起行李箱，快步離開了廣場。出了廣場，那女人走了一會兒，便攔了一輛計程車，坐了進去。埋伏在周圍的便衣警察立即開車跟蹤。不久，計程車停在一個地鐵車站的入口處，那女人提著箱子就下了車。警車上的兩名便衣警察也跟了上去，其餘警察開車，根據跟蹤警察的對講機，開車前往下一站埋伏。跟蹤的警察只見女人把行李箱寄存在地鐵入口附近商場的自助物品寄放區，然後，混在下班的人流中，進入地鐵站。女人的裝扮太普通了，地鐵站到處都是這樣的年輕人，女子很快從警察的視線裡消失。兩位便衣警察雖然對丟失目標感到懊惱，但是心想，放錢的行李箱還在，劫匪一定會回來拿走的，也算有所收穫。可誰知，劫匪再也沒出現過，默耶迪先生在野外的公路邊搭了一輛車回到家裡，他只記得是被丟棄在路邊的。

當警方聯繫寄存箱管理員，打開寄存箱，取出黑行李箱時，卻發現裡面的 100 萬元贖金已不翼而飛。如果你是得知上述線索的雙魚偵探，知道百萬現金什麼時候被取走的嗎？

答案：其實，計程車司機也是同夥，女子在車輛到達地鐵站之前，就已經把箱子裡的錢取走了。隨後，將行李箱存入地鐵站旁的物品寄放區，只是為了轉移警察的視線，同時也便於取贖金的女人藉助下班的人流，通過地鐵站逃離。

◆ 哪裡來的惡人

接到家書，得知老婆生了個兒子，查理曼十分開心，他向老闆借了一匹馬，一大早就趕回家。傍晚時分，查理曼路過桃樹鎮，他需要在這裡歇歇腳，餵餵馬，讓馬好好休息一下，明天繼續趕路。

第二天一早，查理曼結算後，牽著馬剛要上路，一個老頭跑過來，一把拉住馬韁繩，大喊：「好你個偷馬賊，總算讓我抓住你了。」附近的人都圍了過來，無論查理曼怎麼解釋，大家都不能辨別馬到底是誰的。鎮上的人也不認識這個老頭，不知道他是從哪裡來的。

就在查理曼急的直掉眼淚時，雙魚偵探恰好路過此地，他用雙手捂著馬的眼睛，問老頭說：「你說這馬是你家的，那你應該知道馬的哪隻眼睛是瞎的吧？」

老頭一愣，支支吾吾地說：「左眼。」

雙魚偵探放開捂著左眼的手，說：「你看，左眼是好的。」

老頭仍然不死心，他辯解道：「我記錯了，是右眼。」

雙魚偵探放開捂著馬眼睛的手哈哈大笑，說了一番話，老頭啞口無言，無力爭辯，紅著臉走了。查理曼千恩萬謝，騎著馬繼續趕路。

事實的真相是什麼呢？

答案：原來馬的另一隻眼睛也沒有瞎，所以，由此可知，這匹馬根本不是老頭的。

✦ 刻意丟失的菸斗

警方接到報案，在一家出租房裡發現一具女屍。雙魚偵探帶人火速趕到現場，死者是被人用枕頭悶住窒息而死的，經調查，死者是鮮花店的女老闆，已經死亡3天了。現場沒有什麼有價值的線索，只是在鮮花店調查的警察，打電話說死者的前夫最近總是來找她，為此，死者的現任丈夫還和他打了一架。對於死者為何死在出租房裡，死者的丈夫也覺得很奇怪，他根本不知道自己的妻子還有在外面租房子。雙魚偵探聽完這些話，決定去找死者的前夫，他臨走時順手將菸斗放在桌上，並對現場的幾個警察耳語了幾句，便離開了出租房。

第 12 章　雙魚座（Pisces）2 月 19 日～3 月 20 日

　　雙魚偵探找到死者的前夫基斯頓，問他知不知道前妻被人謀殺的事。基斯頓說：「不知道，我好多天都沒見到她了，今天剛從一個朋友家回來。」「我知道你和此事無關，找你只是想了解一點情況。如果你有證人的話，可以讓你的證人去我辦公室錄個口供，這樣我就不親自跑一趟了。」雙魚偵探一邊說，一邊伸手去口袋裡拿菸斗，「糟糕，我的菸斗忘在案發現場，請你幫我拿一下，並送到我辦公室好嗎？我現在要去見另一個有重大疑點的人。」基斯頓猶豫了片刻，還是答應了。

　　基斯頓來到出租處，見房門開著，還有警戒線，就對裡面的警察說：「雙魚偵探要我來拿他的菸斗。」只見雙魚偵探拿著菸斗自己走了出來，「果然不出我所料，你就是凶手！」基斯頓這才知道自己不打自招，自投羅網了。經審訊，基斯頓離婚後一直糾纏前妻，前妻想斬斷這層關係，基斯頓就將她殺害了。

　　雙魚偵探為什麼說他就是凶手呢？

　　答案：雙魚偵探故意要基斯頓去拿菸斗，卻沒有告訴他做案現場在哪裡。基斯頓不知道要他去拿菸斗是一計，就自己直接來到死者的出租屋，可見他是凶手。

✦ 隱藏起來的古幣

　　有一個路人無意間在小巷弄裡撞見了一起凶殺案，大叫聲中，凶手逃之夭夭。雙魚偵探匆忙趕赴現場，屍體被鈍器擊中，死不到 10 分鐘。雙魚偵探翻轉屍體，發現死者挽起的袖子裡夾著一款軟布，軟布裡有一樣東西閃閃發亮，原來是一枚古金幣。他將金幣放回原處，凝視著死者身上外翻出來的口袋，顯然凶手也在找這個古代的金幣。

　　不一會兒，死者的身分確定了，雙魚偵探趕赴死者家中調查，當他檢視這位獨居死者的廚房時，死者唯一的親人，他的姪子聖勞倫走了過來，

他問雙魚偵探怎麼回事。雙魚偵探說：「今天早上，你叔叔被人殺害了，他身上有一枚古金幣，看樣子凶手是搜遍了屍體，但一無所獲。」

雙魚偵探停頓片刻，點燃菸斗說：「我認為這個金幣應該由你來繼承，我寫個紙條給你，你去把它拿回來吧！它就藏在挽起的袖子裡面。」聖勞倫立即高興地離開廚房。過了一會兒，他從叔叔身上找到了金幣。

「為什麼要謀殺你叔叔？」隨後趕來的雙魚偵探厲聲責問聖勞倫。

請問：雙魚偵探為什麼認定聖勞倫是凶手呢？

答案：假如聖勞倫是無辜的，他就不可能知道案發現場在哪裡。

12 星座探案，推理思維訓練：

神話起源 × 人格特質 × 情商評比 × 謎案推理，從性格剖析到邏輯思維，分析 12 星座的偵探潛力！

編　　著：張祥斌，閆哲美
發 行 人：黃振庭
出 版 者：崧燁文化事業有限公司
發 行 者：崧燁文化事業有限公司
E-mail：sonbookservice@gmail.com
粉 絲 頁：https://www.facebook.com/sonbookss/
網　　址：https://sonbook.net/
地　　址：台北市中正區重慶南路一段 61 號 8 樓
8F., No.61, Sec. 1, Chongqing S. Rd., Zhongzheng Dist., Taipei City 100, Taiwan

電　　話：(02)2370-3310
傳　　真：(02)2388-1990
印　　刷：京峯數位服務有限公司
律師顧問：廣華律師事務所 張珮琦律師

-版權聲明-
本書版權為作者所有授權崧博出版事業有限公司獨家發行電子書及繁體書繁體字版。若有其他相關權利及授權需求請與本公司聯繫。
未經書面許可，不得複製、發行。

定　　價：499 元
發行日期：2024 年 10 月第一版
◎本書以 POD 印製
Design Assets from Freepik.com

國家圖書館出版品預行編目資料

12 星座探案，推理思維訓練：神話起源 × 人格特質 × 情商評比 × 謎案推理，從性格剖析到邏輯思維，分析 12 星座的偵探潛力！/ 張祥斌，閆哲美 編著. -- 第一版. -- 臺北市：崧燁文化事業有限公司，2024.10
面；　公分
POD 版
ISBN 978-626-394-918-8(平裝)
1.CST: 占星術
292.22　　　　　　113014521

電子書購買

爽讀 APP

臉書